Irmi Seidl und Angelika Zahrnt (Hg.)

Tätigsein in der Postwachstumsgesellschaft

Irmi Seidl und Angelika Zahrnt (Hg.)

Tätigsein in der Postwachstumsgesellschaft

Metropolis-Verlag
Marburg 2020

Bibliografische Information Der Deutschen Nationalbibliothek
Die Deutsche Nationalbibliothek verzeichnet diese Publikation in der
Deutschen Nationalbibliografie; detaillierte bibliografische Daten sind
im Internet über <https://portal.dnb.de> abrufbar.

Metropolis-Verlag für Ökonomie, Gesellschaft und Politik GmbH
https://www.metropolis-verlag.de
Copyright: Metropolis-Verlag, Marburg 2020
Umschlagsgestaltung: Johannes Tolk, Berlin
Alle Rechte vorbehalten
ISBN 978-3-7316-1405-0

Vorwort

Unser Wirtschafts- und Gesellschaftssystem, das auf Wachstum aufbaut, stößt an Grenzen. Der Planet kann die Zunahme des Ressourcenverbrauchs und der Emissionen nicht länger verkraften. Gleichzeitig rufen Politik, Wirtschaft und Teile der Gesellschaft weiterhin nach Wirtschaftswachstum. Ein wesentliches Argument ist, Erwerbsarbeitsplätze zu erhalten und neue zu schaffen. Erwerbsarbeit sichert Einkommen und Konsum, sie ist Basis für Sozialbeiträge und Steuerzahlungen. Alle sind letztlich an ausreichend Arbeitsplätzen interessiert, und wenn Wachstum dieses verspricht, dann findet Wachstumspolitik breite Unterstützung. Doch das Argument, Wachstum schaffe Arbeitsplätze, hat Risse:

- aus ökologischen Gründen muss ein Strukturwandel in der Wirtschaft stattfinden. Manche Sektoren wie die Automobilindustrie dürfen nicht mehr wachsen, sondern müssen schrumpfen, andere wie die fossile Energiewirtschaft müssen ganz aufgegeben werden;

- weil der Konsum gesättigt ist, regen Einkommenssteigerungen nur mehr begrenzt die Konsumnachfrage und damit Wachstum an;

- technische Entwicklungen wie die Digitalisierung und Roboterisierung machen Arbeitsplätze überflüssig und es ist noch nicht klar, wie viele und welche Arbeitsplätze neu entstehen;

- die hohe Belastung von Löhnen für Sozialabgaben und Steuern treibt die Rationalisierung von Arbeit voran.

So wie sich im Übergang zur Industriegesellschaft die Rolle und Bedeutung von Arbeit grundlegend verändert hat, so ist nun, im Übergang von der Wachstums- zur Postwachstumsgesellschaft, eine Neugestaltung der Arbeitswelt und Neugewichtung der Erwerbsarbeit sowie der damit verbundenen Steuer- und Sozialsysteme nötig. Es gilt, die historisch gewachsene Situation zu verändern, so dass unser Wirtschafts- und Gesellschaftssystem vom Wirtschaftswachstum unabhängig wird, innerhalb der planetaren Grenzen bleibt, soziale und wirtschaftliche Stabilität sowie menschliches Wohlergehen ermöglicht und eine ausreichende Menge an Gütern und Dienstleistungen bereitstellt, die in verschiedenen Formen der Arbeit hergestellt werden.

Arbeit ist – in vielerlei Formen und Bereichen – zentraler Bestandteil menschlichen Lebens. Darauf und auf einer besser ausbalancierten Gewichtung von bezahlter wie unbezahlter Arbeit muss ein künftiges Wirtschafts- und Gesellschaftssystem aufbauen. Dieses Buch stellt Konzepte für ein Tätigsein in einer Postwachstumsgesellschaft vor. In den einzelnen Kapiteln wird der Frage nachgegangen, was das im Einzelnen bedeutet – für Unternehmen und KonsumentInnen, für Sozial- und Steuersysteme, für soziale Dienstleistungen oder für die Landwirtschaft.

Wir bedanken uns herzlich bei allen, die uns bei der Konzeption und Erarbeitung dieses Buches unterstützt haben, insbesondere bei den Autorinnen und Autoren, die sich darauf eingelassen haben, Postwachstum, Arbeit und weitere Themen zusammenzubringen, und die viel Geduld und Arbeit für den Austausch mit den Herausgeberinnen aufgebracht haben.

Ebenfalls danken möchten wir dem Lektor Marcel Hänggi für die hervorragende Zusammenarbeit, die sprachliche Präzision und das inhaltliche Mitdenken und Nachhaken sowie dem Verleger Hubert Hoffmann für die angenehme und unkomplizierte Zusammenarbeit. Und schließlich gilt unser Dank den Stiftungen, die das Buch finanziell unterstützt haben.

Irmi Seidl und Angelika Zahrnt
Zürich und Neckargemünd, August 2019

Inhaltsverzeichnis

Erwerbsarbeit, Tätigsein und Postwachstum

Irmi Seidl, Angelika Zahrnt

Zusammenfassung: Das gegenwärtige Wirtschaftssystem ist paradox: Wachstum soll Erwerbsarbeitsplätze schaffen. Zum Wachstum beitragen soll die Steigerung der Arbeitsproduktivität, doch damit gehen gleichzeitig Arbeitsplätze verloren. Entsprechend muss Wachstum zusätzlich die wegrationalisierten Arbeitsplätze kompensieren. Verstärkt wird diese Paradoxie durch das Sozial- und Abgabensystem mit seiner zentralen Finanzierungsgrundlage Erwerbsarbeit: es treibt die Steigerung der Arbeitsproduktivität voran. Doch Wirtschafts- und Produktivitätswachstum können nicht unbegrenzt fortgesetzt werden. Es ist deshalb wichtig, die große Bedeutung der Erwerbsarbeit – für die Sozialversicherung, als Basis für öffentliche Abgaben sowie für die gesellschaftliche Anerkennung und Integration – zu relativieren. Zugleich ist ein Verständnis von Tätigsein zu entwickeln und seine Umsetzung institutionell zu fördern, das neben der Erwerbsarbeit auch Eigen-, Freiwilligen-, Care-, Gemeinschaftsarbeit und andere Arbeitsformen einschließt.

1. Enge Verknüpfung von Arbeit und Wachstum

In den letzten zehn Jahren hat die kritische Auseinandersetzung mit dem ständigen und zum Teil starken Wirtschaftswachstum seit der zweiten Hälfte des 20. Jahrhunderts deutlich zugenommen. Auch die zugrunde liegende Wirtschafts- und Gesellschaftspolitik und die Mechanismen, die zu Wachstum führen, kamen in den Blick.[1] Diese Kritik ist in erster Linie

---

[1] Petschow et al. (2019) haben eine umfangreiche Analyse zur jüngeren wachstumskritischen Literatur gemacht.

ökologisch motiviert: Wirtschaftswachstum geht mit einem hohen Ressourcenverbrauch und umfassender Zerstörung der natürlichen Lebensgrundlagen einher. Diese Wirtschaftsweise hat die planetaren Grenzen teilweise erreicht oder überschritten. Gleichzeitig verhindert die Ausrichtung auf Wirtschaftswachstum eine wirksame Umweltpolitik, denn diese könnte Wirtschaftswachstum bremsen oder unterbinden, so die geläufige Argumentation von WachstumsbefürworterInnen.

Ein wichtiger Aspekt in der kritischen Auseinandersetzung mit Wirtschaftswachstum sind dessen Treiber. In ihrem Buch „Postwachstumsgesellschaft. Konzepte für die Zukunft" benannten und analysierten Seidl und Zahrnt (2010) verschiedene Bereiche, die Wirtschaftswachstum antreiben und die umgebaut werden müssen, soll die Wachstumsabhängigkeit unserer Ökonomien und Gesellschaften beendet werden und ein Übergang in eine Postwachstumsgesellschaft stattfinden.[2] Das vorliegende Buch thematisiert nun (Erwerbs-)Arbeit, weil Arbeit – genauer: Erwerbsarbeit – das Wirtschaftswachstum stark antreibt.

Politik zugunsten von Wirtschaftswachstum wird sehr häufig damit begründet, es entstünden dadurch (Erwerbs-)Arbeitsplätze oder es blieben solche erhalten.[3] Zwischen Wirtschaftswachstum und Umweltpolitik wird ein Konflikt gesehen, weil letztere Wachstum bremse und so Arbeitsplätze koste. In jüngerer Zeit wird teilweise argumentiert, grünes Wachstum hebe einen solchen Konflikt auf und entkopple Wachstum und Ressourcenverbrauch (kritisch dazu siehe Parrique et al. 2019). Leitlinie für Wachstumspolitik ist in Deutschland das Stabilitäts- und Wachstumsgesetz, welches das Ziel der Vollbeschäftigung verankert. Kritisch hinterfragt wird diese Politik kaum, geht es doch um das Sicherstellen materi-

---

[2] Gemäß Seidl/Zahrnt (2010, 34) ist eine Postwachstumsgesellschaft nicht existentiell auf Wirtschaftswachstum angewiesen; sie ist gekennzeichnet durch folgende Kriterien: 1. Es findet keine Politik zur Erhöhung des Wirtschaftswachstums statt; 2. Wachstumsabhängige und -treibende Bereiche, Institutionen und Strukturen werden umgebaut, so dass sie von Wirtschaftswachstum unabhängig sind; 3. Energie- und Ressourcenverbrauch werden auf ein nachhaltiges Niveau reduziert und der Verlust der Biodiversität gestoppt.
[3] Petschow et al. (2019, 105) bestätigen den positiven Zusammenhang zwischen Wachstum und Beschäftigung, argumentieren allerdings aus ökonomischer Mainstream-Perspektive, es gebe keine unidirektionale Kausalität. Erwerbsarbeit und schließlich Wachstum könnten auch entstehen, wenn die Charakteristika des Arbeitsangebotes wie Qualifikation, Flexibilität oder Preis zur Arbeitsnachfrage passten.

eller Existenz. Seit Beginn dieses Jahrzehnts wird verstärkt mit „grünem Wachstum" argumentiert, das positive Beschäftigungseffekte haben und zugleich ökologische Probleme reduzieren soll (zum Beispiel OECD 2011). Zusätzlich zur Ankurbelung des Wachstums wird politisch das Ziel verfolgt, mittels Förderung des technischen Fortschritts und Qualifizierung der Erwerbstätigen die Arbeitsproduktivität zu erhöhen. In der Folge wird pro Arbeitsstunde mehr produziert oder für eine bestimmte Produktionsmenge wird weniger Arbeit eingesetzt. Somit entsteht Wachstum, und zusätzlich – so die Argumentation – steige die Wettbewerbsfähigkeit, weil die Preise sinken könnten. Dies führe zu einer erhöhten Nachfrage und mithin wiederum zu Wachstum.[4]

Interesse an möglichst vielen Erwerbsarbeitsplätzen mit hohen Löhnen haben Erwerbstätige wie der Staat: Die Erwerbstätigen sichern so ihre Existenz und die ihrer Familien und können sich sozial absichern, der Staat erhebt auf Basis von Erwerbseinkommen Steuern und Sozialabgaben. Die Einkommenssteuern machen in Deutschland 27 Prozent des gesamten Steueraufkommens aus, in Österreich sind es 22 Prozent, in der Schweiz 31 Prozent (zu Abgabesätzen für verschiedene Einkommenshöhen vgl. Köppl/Schratzenstaller in diesem Buch).[5] Die Sozialabgaben auf Arbeit (Arbeitnehmer- und Arbeitgeberanteil) belaufen sich in Deutschland auf 38 Prozent des gesamten Abgabenaufkommens[6], in Österreich auf 35 Prozent und in der Schweiz auf 24 Prozent.[7] Damit ist ein beträchtlicher Anteil des Abgabeaufkommens von Erwerbseinkommen abhängig (in Deutschland 65%, in Österreich 57% und in der Schweiz 55%).[8] Es ist nachvollziehbar, dass angesichts dieses Abgabesystems ein breites Interesse an einer hohen Erwerbsbeteiligung und an hohen Löhnen besteht.

---

[4] Für eine Diskussion der Zusammenhänge zwischen Arbeit und Wachstum in verschiedenen ökonomischen Theorien siehe Petschow et al. (2018).

[5] Hinzu kommen Steuereinnahmen aufgrund von Haushaltsausgaben, die größtenteils auf Löhnen basieren, wie die Mehrwertsteuer. Ihr Anteil am Abgabenaufkommen beträgt in Deutschland 26%, Österreich 28% und der Schweiz 22%.

[6] Abgabe ist der Oberbegriff für Steuern, Gebühren und Beiträge.

[7] Die Sozialabgaben in der Schweiz können nur bedingt mit denen anderer Länder verglichen werden, denn die soziale, obligatorische Absicherung erfolgt dort zum Teil über nicht staatliche Organisationen, so dass diese Zahlungen nicht in der Abgabenrechnung erscheinen.

[8] OECD-Zahlen, data.oecd.org/tax/social-security-contributions.htm

Interesse an einer zunehmenden Arbeitsproduktivität haben Erwerbstätige, ArbeitgeberInnen und der Staat. Erstere haben Aussicht darauf,
einen Teil des Produktivitätsfortschrittes als Lohnerhöhung zu erhalten
(vgl. Reuter in diesem Buch). Die ArbeitgeberInnen schöpfen einen Teil
des Produktivitätsfortschrittes als Gewinn ab und verbessern allenfalls
ihre Marktposition. Der Staat profitiert von höheren Steuereinnahmen.
Führt die erhöhte Arbeitsproduktivität dazu, dass Arbeit wegrationalisiert
wird, so muss für diese Menschen neue Arbeit entstehen – im herkömmlichen Denken idealerweise durch Wirtschaftswachstum.

Das Abgabesystems mit seiner hohen Belastung von Erwerbseinkommen führt dazu, dass ArbeitgeberInnen einen permanenten Anreiz haben,
die Arbeitsproduktivität zu steigern, um „teure" Arbeit zu ersetzen.[9] KonsumentInnen meiden Produkte und Dienstleistungen, die hohe Arbeitskosten beinhalten (lieber neue Schuhe kaufen, als alte reparieren zu lassen
oder lieber billige Produkte aus konventioneller Landwirtschaft kaufen
als teurere, weil arbeitsintensivere Bioprodukte). Hohe Arbeitskosten ver-
leiten dazu, den Anteil menschlicher Arbeit zu reduzieren; gleichzeitig
aber streben Gesellschaft, Politik und Wirtschaft nach hoher Beschäftigung. Kurz: Anreize des Abgabensystems, Wachstumspolitiken und steigende Arbeitsproduktivität führen dazu, dass Erwerbsarbeit (weg)rationa-
lisiert wird, um dann Wachstum zu fordern und zu fördern, damit neue
Erwerbsarbeitsplätze entstehen, die wiederum rationalisiert werden. So
dreht sich die Spirale weiter.

Die wissenschaftliche und politische Diskussion zu (Erwerbs-)Arbeit
und Wirtschaftswachstum sowie zur Bedeutung der Arbeit für Existenzsicherung, Sozialsystem und Steuersystem steht am Anfang. Es gibt aber
durchaus Reformdebatten, an die angeknüpft werden kann. Zu nennen ist
vor allem die lange Debatte und umfangreiche Konzeptentwicklung zu
einer öko-sozialen Steuerreform (vgl. unter anderem Köppl/Schratzenstal-
ler in diesem Buch), zu neuen Konzepten von Arbeit (vgl. unter anderem
Gerold, von Jorck/Schrader, Wehner, Gottwald et al. in diesem Buch) sowie zu Möglichkeiten, das Sozialsystem weiterzuentwickeln (vgl. unter
anderem Hagedorn und Kubon-Gilke in diesem Buch).

---

[9] Hohe Abgaben auf Erwerbseinkommen machen Arbeit deshalb „teuer", weil die
ArbeitnehmerInnen beziehungsweise Gewerkschaften versuchen, einen Teil der
Abgabenlast mit höheren Löhnen wettzumachen, und weil bei den Sozialabgaben
ein Arbeitgeberanteil anfällt.

Vor diesem Hintergrund leitet folgende These dieses Buch: Soll sich unsere Gesellschaft aus der Fixierung auf Wirtschaftswachstum und Erwerbsarbeitsplätze lösen, muss das Erwerbsarbeitssystem umgebaut werden. Erwerbsarbeit darf nicht weiter ein so großes Gewicht haben, dass es die beschriebenen nachteiligen Dynamiken verursacht. Daraus folgt, dass die starke Abhängigkeit des Sozialsystems von Erwerbsarbeit – ein Resultat der wirtschaftlichen und sozialstaatlichen Entwicklung vor allem seit Mitte des 20. Jahrhunderts – verringert werden muss. Zugleich brauchen wir ein breiteres Verständnis von Arbeit, das neben der Erwerbsarbeit auch Sorgearbeit, Selbstversorgung, Freiwilligenarbeit und andere Formen der Nicht-Erwerbsarbeit einschließt, und wir brauchen Strukturen, die es ermöglichen, Arbeit in ihren verschiedenen Formen nachzugehen.

2. *Aktuelle Herausforderungen im Bereich der Erwerbsarbeit*

Technologische, wirtschaftliche und gesellschaftliche Entwicklungen führen zu einem ständigen Wandel der Arbeit. Aktuell finden verschiedene Entwicklungen statt, die Arbeit verändern und im Hinblick auf eine Neubewertung von Arbeit und Erweiterung des Arbeitsverständnisses relevant sind.

– *Digitalisierung und Roboterisierung* reduzieren Erwerbsarbeit und den Anteil gesicherter Normalarbeitsverhältnisse. International sind ungesicherte, flexible Arbeitsverhältnisse die Regel, inzwischen nehmen sie auch in Europa zu (vgl. Stoll in diesem Buch). In welchem Ausmaß diese technologischen Entwicklungen Erwerbsarbeit ersetzen, wird kontrovers diskutiert; erkennbar ist jedoch ein gravierender Strukturwandel, in dessen Verlauf viele Erwerbsarbeitsplätze frei werden dürften (vgl. Nierling/Krings in diesem Buch). Relevant ist diese Entwicklung für die Neubewertung von Arbeit und für die Erweiterung des Arbeitsverständnisses, weil sie zu Einnahmeausfällen im Sozial- und Steuersystem führt und weil die Zahl prekär lebender Menschen steigt. Diese technologischen Entwicklungen üben also einen großen Druck auf das gewachsene System der Erwerbsarbeit, der sozialen Absicherung und Steuerbasis aus.

– Parallel dazu findet ein *Wertewandel* bezüglich Erwerbsarbeit statt: Vor allem die jüngere Generation stellt den hohen Stellenwert von

Erwerbsarbeit und -einkommen als Lebensziel und Statussymbol in Frage; sie erwartet und lebt eine größere Flexibilität, Selbstbestimmtheit und eine zufrieden stellende Work-Life-Balance. Sie bewertet (Erwerbs-)Arbeit daraufhin, ob sie sinnvoll ist; fehlende Sinnhaftigkeit wird thematisiert und kritisiert und Arbeitgeber kommen unter Druck, Sinn zu ermöglichen (vgl. Gerold in diesem Buch). Relevant für die Neubewertung von Arbeit und die Erweiterung des Arbeitsverständnisses ist diese Entwicklung, weil in der Gesellschaft dadurch die Bedeutung der Erwerbsarbeit relativiert wird und sich eine größere Vielfalt von Tätigkeiten entfalten kann.

– Eine weitere Herausforderung besteht darin, dass *Arbeitskräfte in Bereichen fehlen*, die arbeitsintensiv und traditionell eher unterbezahlt sind und sich nur begrenzt automatisieren lassen, nämlich in den sozialen Dienstleistungen (vor allem Gesundheit, Pflege, Erziehung; vgl. Hagedorn in diesem Buch), in der Landwirtschaft (vgl. Gottwald et al. in diesem Buch) und in vielen Handwerksbereichen.[10] Diese Entwicklungen sind für eine Neugewichtung von Arbeit und Erweiterung des Arbeitsverständnisses relevant, weil sie steuerliche und abgabenpolitische Anreize und eine Gestaltung von Arbeit nötig machen, die diese Berufe attraktiver machen.

– Schließlich stehen wir am Anfang eines *Strukturwandels aus ökologischen Gründen*, der vor allem energie- und ressourcenintensive Branchen (z.b. Automobil- und Verkehrssektor, Energiesektor, Ressourcensektor) betrifft und ressourcenleichte Branchen (z.b. öffentlicher Verkehr, erneuerbare Energie, Re- und Upcycling) begünstigt und von politischen Entscheidungen sowie ökologischem Konsumentenverhalten

---

[10] Prognosen zum künftigen Arbeitskräftemangel müssen kritisch auf die zugrunde gelegten Wachstumszahlen hin geprüft werden. Eine Studie (VBW/Prognos 2019) zur Fachkräftesicherung rechnet beispielsweise mit einer Wachstumsrate des BIP von 1,6 % pro Jahr von 2016 bis 2025 und 1,2 % pro Jahr ab 2026. In den letzten 10 Jahren lag die Wachstumsrate des deutschen BIP bei durchschnittlich rund 1,3 % pro Jahr. Die Zunahme der Arbeitsproduktivität lag im gleichen Zeitraum bei etwa 0,7 % pro Jahr (Elstner/Schmidt 2017) mit seit Jahrzehnten sinkender Tendenz. Das heißt, die Differenz zwischen Wachstum des BIP und der Arbeitsproduktivität basiert auf der Erhöhung des geleisteten Arbeitsumfangs und/oder der Ausdehnung des Kapitals. Mindestens der Anteil des Wachstums, der auf die Ausweitung des Produktionsfaktors Arbeit zurückzuführen war, sollte aber bei Prognosen ignoriert werden, wenn es um die künftige Knappheit des Faktors Arbeit geht.

ausgehen dürfte (zu letzterem vgl. Walz et al. 2019). Es ist mit größeren Entlassungen und gleichzeitig dem Entstehen neuer Erwerbsarbeitsplätze zu rechnen. Relevant ist diese Entwicklung, weil möglicherweise arbeitsmarktpolitische Maßnahmen wie zum Beispiel Arbeitszeitreduktion und Qualifizierungsmaßnahmen nötig werden und neue Strukturen zu schaffen sind, die Menschen ermöglichen, in Bereichen mit Arbeitsnachfrage sowie außerhalb der Erwerbsarbeit tätig zu werden.

3. Verständnis von Arbeit und Tätigsein

Unter dem Begriff der Arbeit wird üblicherweise bezahlte Erwerbstätigkeit in einem Normalarbeitsverhältnis mit sozialer Absicherung verstanden. Dieses Verständnis entstand im Übergang von der vorindustriellen häuslichen Familienwirtschaft zur arbeitsteiligen Industriegesellschaft im 19. Jahrhundert, in der nur mehr außerhäusliche bezahlte (männliche) Arbeit als solche galt (vgl. Komlosy in diesem Buch). Damit einher ging die Entwertung anderer (meist weiblich konnotierter) Tätigkeiten wie der Haus- und Familienarbeit sowie der Selbstversorgung – und damit auch der Frauen, die diese Arbeit hauptsächlich leisteten. Die unterschiedliche Wertigkeit der Arbeit von Frauen und Männern ist immer noch verbreitet, trotz der hohen Erwerbsarbeitsbeteiligung von Frauen und der Professionalisierung der Care-Arbeiten und obwohl sich Familienrollen und Erwerbsbiografien stark verändert haben.

Die heutige zentrale Rolle der Erwerbsarbeit beruht gemäß Senghaas-Knobloch (1998, 11ff.) auf vier Funktionen: Erwerbsarbeit sichert das individuelle Einkommen; sie verleiht soziale Anerkennung und kann die psychische Gesundheit stärken;[11] sie bildet eine wesentliche Anspruchsgrundlage für die Sozialversicherungssysteme; und bürgerschaftliche Integration – das heißt die gleichberechtigte Einbeziehung der Menschen in das Gemeinwesen – ist an sie gebunden.

---

[11] Daraus folgt, dass jemandem, der keiner Erwerbsarbeit nachgeht, etwa wegen Arbeitslosigkeit oder langer Krankheit, nicht nur die materiellen Möglichkeiten fehlen, sondern auch Anerkennung im beruflichen und sozialen Umfeld, was auch gesundheitliche Folgen haben kann.

Die traditionelle Volks- und Betriebswirtschaftslehre versteht Arbeit vor allem als einen Produktionsfaktor neben Boden und Kapital.[12] Er beeinflusst als Kostenfaktor die Wettbewerbsfähigkeit von Unternehmen und von Volkswirtschaften. Dieses Verständnis ist traditionellerweise mit einem Menschenbild verbunden, das den Menschen als rational handelndes Wesen versteht, das seinen Nutzen maximieren will (homo oeconomicus). Zur Arbeit motiviert der Lohn, der eine hohe Bedürfnisbefriedigung ermöglichen soll, wobei die Bedürfnisse in diesem Menschenbild als unbegrenzt gelten. Zwar finden inzwischen andere Menschenbilder Eingang in die Ökonomik der Arbeit, doch durchzieht das Menschenbild des Homo oeconomicus weiter die ökonomischen und politischen Debatten und beeinflusst Entscheidungen in dem Sinne, dass ein ständiges Mehr an Erwerbsarbeit, Gütern und Dienstleistungen (v.a. ausgedrückt im BIP) das Wohlergehen der Menschen erhöhe.

Auch wenn heute das ökonomische Verständnis von Arbeit dominiert, so gibt es in den Sozial- und Geisteswissenschaften, vor allem in der Geschichtswissenschaft, Philosophie, Soziologie, Anthropologie und Theologie eine zum Teil lange und intensive Auseinandersetzung mit dem Begriff Arbeit. Einen allgemeingültigen Arbeitsbegriff gibt es aber nicht. Vielmehr hängt das Verständnis von Arbeit vom Erkenntnisinteresse, von (geistes-)geschichtlichen Epochen, vom Wirtschaftsleben und existentiellen Notwendigkeiten, technischen Möglichkeiten und Entwicklungen, Hierarchien und Machtstrukturen ab. Komlosy (2014, 11) bezeichnet Arbeit als ein „Chamäleon": „Jeder versteht etwas anderes darunter, die Definitionen und Begriffe sind in ständiger Veränderung."

Das dominierende enge Verständnis von Arbeit als Erwerbsarbeit wird der Vielfalt von Arbeit, die immer schon im täglichen und gesellschaftlichen Leben erbracht wurde und wird und die das individuelle und gesellschaftliche Leben und Überleben sicherstellt, nicht gerecht. Hannah Arendt (1967/1958) sprach von „Vita activa oder Vom tätigen Leben" und formulierte damit einen Gegenentwurf zur Eindimensionalität der modernen (Erwerbs-)Arbeit. Diese Vielfalt von Arbeit fassen wir unter den Begriff des Tätigseins.

Die Frauenbewegung hat große Verdienste dabei, die unbezahlte Arbeit in Haus und Familie, die zumeist von Frauen geleistet wird, zu the-

---

[12] Für eine ausführliche Auseinandersetzung mit dem Arbeitsverständnis in der Ökonomik siehe Diefenbacher et al. (2017, 38ff.).

matisieren und zu politisieren. Vor diesem Hintergrund entstanden Konzepte der erweiterten Arbeit, der Mischarbeit, des „Ganzen der Arbeit" (Biesecker 2000), der regenerativen Arbeit und andere, die über den engen Begriff der Erwerbsarbeit hinausgehen (für eine Übersicht vgl. Gerold in diesem Buch).

Tätigsein verstehen wir hier als einen Oberbegriff

– für die Vielfalt möglicher Arbeiten inklusive Erwerbsarbeit (a);

– dafür, dass Menschen verschiedene Formen von Arbeit nach- oder nebeneinander realisieren (b);

– für Arbeit, die den Anspruch hat, für den tätigen Menschen und die Gesellschaft sinnvoll zu sein (c).[13]

(a) Tätigsein kann bezahlt oder unbezahlt sein. Gerade die unbezahlte Arbeit ist äußerst vielfältig: sie kann existentiell sein (Sorge um Kinder, Kranke, Hausarbeit, Eigen- und Subsistenzarbeit), immaterielle Bedürfnisse (nach sozialer Einbindung, Kultur, Kunst etc.) befriedigen und Tätigkeiten umfassen, für die niemand etwas bezahlen will oder kann (Freiwilligenarbeit). Unbezahlte Arbeit dürfte meist eine andere Qualität haben als bezahlte Arbeit, weil der Tauschakt mit Geld („man ist nachher quitt", Znoj 2011) der Arbeit eine andere Qualität verleiht. Der Koordinationsmechanismus der unbezahlten Arbeit ist Reziprozität (oder Uneigennützigkeit); bei bezahlter Arbeit ist es der Markt (zu den ökonomischen Koordinationsmechanismen vgl. Kubon-Gilke in diesem Buch).

(b) Tätigsein entspricht dem Konzept der *Mischarbeit* (Brandl/Hildebrandt 2002). Mischarbeit integriert Erwerbs-, Versorgungs-, Gemeinschafts- und Eigenarbeit und „bezeichnet die Gleichzeitigkeit unterschied-

---

[13] Verschiedentlich findet sich in der Literatur auch der Begriff der „Tätigkeitsgesellschaft" (etwa Senghaas-Knobloch 1998). Die Katholische Arbeitnehmerbewegung (KAB) hat Anforderungen an eine Tätigkeitsgesellschaft formuliert. Darunter versteht sie ein Zukunftsmodell für ein gelingendes Zusammenleben der Menschen, für neue Formen der Arbeit und für eine Ökonomie der Gerechtigkeit im Rahmen einer sozialen und ökologischen Transformation der Gesellschaft. „Arbeit muss (…) befreiende Arbeit, muss ‚Tätigkeit' werden" (KAB 2017). Insgesamt aber scheint es kein konsistentes Konzept einer Tätigkeitsgesellschaft zu geben. Rosswog (2018), ein Post-work-Vertreter, versteht „Arbeit" als extrinsisch motiviert, als sinnlos, entfremdet; „Tätigsein" hingegen sei intrinsisch motiviert, selbstbestimmt.

licher gesellschaftlicher Arbeiten der oder des Einzelnen, die Vielfalt der
alltäglichen individuellen Kombinationen dieser Arbeiten und die Veränderung der Kombinationen in biographischer Perspektive" (ebenda 105).
Damit einher gehen „Mischqualifikationen, Mischbelastung und Mischein-
kommen". Solches Tätigsein erlaubt ein integriertes Arbeiten und Leben
und überwindet die funktionale Arbeitsteilung (Allmendinger 2016).

(c) Tätigsein findet schließlich in einem Kontext statt, in dem Menschen ihre Fähigkeiten, Fertigkeiten und Interessen verwirklichen können, in der sie eigene Bedeutung erfahren und in der soziale Beziehungen
gelebt werden. Im Tätigsein können Werte realisiert und Sinn erfahren
werden und über das Tätigsein entsteht Bezug zur Lebenswelt und zur
Gesellschaft (Weber 2005).

So zentral das Tätigsein für Menschen ist, so braucht es auch Zeit sein
fürs Nichts-Tun, Muße, Nachdenken und Kontemplation.

4. Ansatzpunkte für ein Tätigsein in einer
Postwachstumsgesellschaft

Während es in Politik und Wirtschaft zaghafte Ansätze gibt, ein Ende der
Wachstumsgesellschaft in Betracht zu ziehen (etwa Teulings/Baldwin
2014, Lichtblau et al. 2015, Petschow 2018), gibt es bisher unseres Wissens keine Überlegungen und keine Forschung zur Frage, wie das
Erwerbsarbeits- und Sozialsystem umgebaut werden könnten, sollte die
Wirtschaftsleistung – ungewollt oder gewollt – nicht mehr wachsen. Angesichts der existentiellen Bedeutung des Erwerbsarbeits- und Sozialsystems für die Mehrheit der Menschen unserer Gesellschaften besteht offen-
sichtlicher Bedarf an gesellschaftlicher Debatte und Forschung zu diesem
Thema. Dieses Buch soll einen Beitrag dazu leisten. Im Folgenden werden einige zentrale Punkte für die Debatte, Forschung und Transformation
genannt.

4.1 Erwerbsarbeit relativieren und Erwerbsarbeitssystem umbauen

Die Besteuerung von Arbeit und anderen Produktionsfaktoren prägt ganz
wesentlich Preisrelationen und damit den Faktoreinsatz. Arbeit ist heute
zu hoch mit Abgaben belastet. Die historisch gewachsenen Steuer- und

Sozialsysteme sind den heutigen sozialen, arbeitsmarktpolitischen, öko-logischen und finanziellen Herausforderungen nicht mehr angemessen (vgl. Köppl/Schratzenstaller in diesem Buch). Es liegen zahlreiche Vor-schläge vor, das Steuersystem weiterzuentwickeln; Politik und Gesell-schaft müssen endlich die Notwendigkeit einer umfassenden Reform er-kennen. Wie allerdings das Sozialsystem weiterentwickelt werden könnte, wenn Erwerbsarbeit und Wachstum zurückgehen, dafür fehlen Vorschläge.

Eine insgesamt reduzierte Erwerbarbeitszeit ist aus verschiedenen Gründen vorteilhaft: Der Umweltverbrauch geht zurück (Knight et al. 2013), es entstehen Freiräume für Tätigsein und verringerte Erwerbs-arbeitszeit passt zum gesellschaftlichen Wertewandel. Die zentrale Frage in diesem Zusammenhang lautet: Wie kann die Erwerbsarbeitszeit redu-ziert werden, wie wird diese Reduktion sozialversicherungstechnisch ab-gefedert und ist ein Lohnausgleich – und in welchem Ausmaß – nötig? (siehe dazu auch Reuter in diesem Buch). Parallel steht die Aufgabe an, Strukturen und förderliche Bedingungen für andere Arbeitsformen als Er-werbsarbeit (weiter) zu entwickeln (beispielsweise für Freiwilligen- und Eigenarbeit), Qualifikationen dafür zu fördern und Vorteile bei Steuern und Sozialabsicherung zu gewähren. Freiwilligenarbeit ist für viele Men-schen bereichernd, unter anderem, weil sie Sinn schafft und Autonomie verleiht. Zahlreiche gesellschaftliche Aufgaben können von Freiwilligen übernommen werden (vgl. Wehner in diesem Buch), idealerweise von einem breiteren Kreis der Gesellschaft als bisher. Parallel sind Strukturen für Eigen- und Subsistenzarbeit zu fördern, so dass Menschen einen grö-ßeren Teil ihrer alltäglichen Versorgung als bisher selbst übernehmen können.

4.2 Sozialsystem weiterentwickeln

Weit entwickelte Sozialsysteme sind äußerst komplexe Gebilde mit gro-ßem ökonomischem Gewicht. Die öffentlichen sozialen Ausgaben belie-fen sich 2018 in Deutschland auf 25 Prozent des Bruttoinlandsprodukts und liegen damit im oberen Bereich der OECD-Länder (OECD 2019).[14] Das deutsche Sozialsystem finanziert sich zu zwei rund Dritteln aus Bei-

---

[14] In Österreich sind es 26%. Die Zahl für die Schweiz (16%) ist wegen der um-fangreichen privat-obligatorischen Absicherung nicht vergleichbar.

trägen von ArbeitnehmerInnen und ArbeitgeberInnen und zu einem Drittel aus allgemeinen Steuermitteln.[15] Wie oben und im Beitrag von Köppl/ Schratzenstaller in diesem Buch deutlich wird, muss die starke Abhängigkeit der fiskalischen Einnahmen von Erwerbsarbeit verringert und die Finanzierung durch andere Steuerquellen ausgebaut werden. Angesichts des demographischen Wandels sowie der Unterversorgung und den teilweise niedrigen Löhnen im Gesundheits- und Pflegebereich wird der Mittelbedarf des Sozialsystems weiter steigen (vgl. Hagedorn in diesem Buch). Das Sozialsystem kann aber mit Elementen weiterentwickelt werden, die es finanziell entlasten und die Qualität der Leistungen erhöhen: durch eine präventive Sozialpolitik sowie eine Stärkung des Reziprozitätsprinzips bei der Leistungserbringung (vgl. Kubon-Gilke in diesem Buch), durch Ausbau der Vorsorge und personenbezogener Dienstleistungen in Gesundheit und Pflege sowie durch verstärkte soziale Einbettung der Leistungen in Nachbarschaften und Netzwerke.

Es gibt im Bereich der Sozialversicherung Reformdebatten, die an der Qualität verschiedener Leistungen und ihrer Finanzierung ansetzen, doch bisher gibt es keine Debatte und Forschung, wohin sich das System entwickeln könnte, wenn es weniger Erwerbsarbeit gibt, die erwerbsarbeitsbezogene Finanzierung zurückgeht und die Wirtschaft nicht mehr wächst.

4.3 Förderlicher Kontext für die Transformation des Sozial- und Erwerbsarbeitssystems

Der Umbau des Sozial- und Erwerbsarbeitssystems betrifft verschiedenste Interessen, Besitzstände und Errungenschaften. Solche Prozesse lassen sich leichter durchführen, wenn sie sozial gerecht sind. Dazu beitragen können ein Umbau des Steuersystems hin zu größerer sozialer Gerechtigkeit, finanzielle Absicherungen wie Grundrente und Mindesteinkommen (sowie Maximaleinkommen, das Ungleichheit reduziert) sowie eine so-

---

[15] Institut Arbeit und Qualifikation der Universität Duisburg-Essen (sozialpolitik-aktuell.de/tl_files/sozialpolitik-aktuell/_Politikfelder/Finanzierung/Datensammlung/ PDF-Dateien/tabII16.pdf). 50 Prozent des deutschen Bundeshaushaltes gehen in die soziale Sicherung (Monatsbericht des BMF, www.bundesfinanzministerium.de/ Monatsberichte/2018/08/Inhalte/Kapitel-3-Analysen/3-1-Sollbericht-2018-Ausgabe-Einnahmen-Bundeshaushalt.html).

ziale Infrastruktur und soziale Praktiken, die den Alltag erleichtern und es ermöglichen, einen Teil der eigenen Versorgung selbst zu erbringen. Elemente dafür sind Gemeingüter (beispielsweise allgemein nutzbare Räume und Einrichtungen wie Werkstätten und Gärten), enge soziale (Unterstützungs-)Netze (wie Nachbarschaften, Selbsthilfestrukturen oder Sozialdienste) sowie Strukturen, in denen man suffiziente und subsistente Lebensweisen praktizieren kann (Repair-Cafés, Häuser der Eigenarbeit). Es gibt verschiedenste Beispiele solcher Infrastrukturen und Praktiken, die inzwischen teilweise Eingang in die Mitte der Gesellschaft finden (vgl. Schneidewind/Zahrnt 2013, Baier et al. 2016, futurzwei.org).

Wie der aktuelle Transformationsdiskurs betont, entstehen neue Lösungen meist in der Nische (z.b. Kristof 2010, WBGU 2011, Schneidewind 2018). Dies gilt auch für das Fiskal- und Sozialsystem.[16] Deshalb ist es zentral, Experimentierräume für neue Lösungen im Bereich der Arbeit und des Sozialsystems zu schaffen und zu fördern sowie Erfahrungen zu gewinnen, wie das Verbreiten in die Mitte der Gesellschaft hinein vereinfacht und begleitet werden kann. In Experimentierräumen können neue Werte entstehen und gelebt werden und sich mit dem Übergang in den Mainstream verbreiten (vgl. Fritz-Schubert in diesem Buch). Solche Experimentierräume gedeihen leichter bei unterstützenden öffentlichen Rahmenbedingungen; vor allem für die Verbreitung braucht es das finanzielle Engagement der öffentlichen Hand, relevanter Institutionen und Stiftungen. Deshalb sollte es in öffentlichen Budgets feste Kategorien geben, um förderliche Bedingungen für Transformationen zu schaffen.

5. Schluss

Im Transformationsdiskurs kommt bisher das (Erwerbs-)Arbeits- und Sozialsystem kaum vor. Dies ist ein gewichtiges Defizit, denn ökologisch notwendige Transformation in den meist fokussierten Bereichen wie Mobilität, Energie, Industrie oder Ernährung wird gebremst durch Wachstumsinteressen, um Arbeitsplätze zu erhalten und zu schaffen sowie die soziale Absicherung sicherzustellen. Die Dominanz von Erwerbsarbeit ist

---

[16] Beispiel für eine fiskalische Neuerung, die in einer Nische entwickelt wurde, ist die Lenkungsabgabe der Stadt Basel auf Stromverbrauch (ab 1999). Für Beispiele im Sozialbereich vgl. unter anderem Lang/Wintergerst 2011.

deshalb zu relativieren und neue Möglichkeiten des Tätigseins sind zu fördern und zu entwickeln. Dazu braucht es, frei nach Herzog (2019), die pragmatische Auseinandersetzung mit konkreten institutionellen Verbesserungsmöglichkeiten einerseits sowie die großen Visionen einer besseren, aber ferneren Zukunft andererseits, wobei sich beides bedingt und ergänzt. Die folgenden Kapitel werden beide Perspektiven einnehmen.

Literatur

Allmendinger, J. (2016): Gute Arbeit. Ein analytischer Diskussionsrahmen. Diskussionspapier aus der Kommission „Arbeit der Zukunft", Düsseldorf

Baier, A., Hansing, T., Müller, C., Werner, K. (Hg.) (2016): Die Welt reparieren. Open Source und Selbermachen als postkapitalistische Praxis, Bielefeld

Biesecker, A. (2000): Kooperative Vielfalt und das Ganze der Arbeit: Überlegungen zu einem erweiterten Arbeitsbegriff, WZB Discussion Paper, P 00-504, Berlin

Brandl, S., Hildebrandt, E. (2002): Zukunft der Arbeit und soziale Nachhaltigkeit. Zur Transformation der Arbeitsgesellschaft vor dem Hintergrund der Nachhaltigkeitsdebatte, Opladen

Diefenbacher, H., Foltin, O., Held, B., Rodenhäuser, D., Schweizer, R., Teichert, V. (2017): Zwischen den Arbeitswelten: Der Übergang in die Postwachstumsgesellschaft, Bonn

Elstner, S., Schmidt, C.M. (2017): Die Verlangsamung des deutschen Produktivitätswachstums überwinden – Handlungsfelder für die Wirtschaftspolitik, in: Wirtschaftsdienst, 2, 87-92

Herzog, L. (2019): Die Rettung der Arbeit. Ein politischer Aufruf, Berlin

KAB (2017): Arbeit. Macht. Sinn. Beschluss der 16. Bundesverbandstagung der Katholischen Arbeitnehmer-Bewegung (KAB) Deutschlands, 26. bis 28. Mai 2017, www.kab.de/fileadmin/user_upload/kab_de/Downloads_pdf/leitantrag/Beschluss_Leitantrag_01_09_2017.pdf

Knight, K.W., Rosa, E.A., Schor, J.B. (2013): Could working less reduce pressures on the environment? A cross-national panel analysis of OECD countries, 1970-2007, in: Global Environmental Change, 23, 691-700

Komlosy, A. (2014): Arbeit. Eine globalhistorische Perspektive. 13. bis 21. Jahrhundert, Wien

Kristof, K. (2010): Wege zum Wandel. Wie wir gesellschaftliche Veränderungen erfolgreicher gestalten können, München

Lang, E., Wintergerst, T. (2011): Am Puls des langen Lebens. Soziale Innovationen für die alternde Gesellschaft, München

Lichtblau, K., Bähr, C., Millack, A., van Baal, S., Aus dem Moore, N., Korfhage, T. (2015): Zukunft von Wirtschaft und Gesellschaft unter Minimalwachstumsbedingungen: Begründungsmuster, Folgen, Handlungsoptionen, RWI Projektberichte, Essen u. a.

OECD (2017): Towards Green Growth, Paris

OECD (2019): Social Expenditure Update 2019, January, www.oecd.org/social/soc/OECD2019-Social-Expenditure-Update.pdf

Parrique, T., Barth, J., Briens, F., Kerschner, C., Kraus-Polk, A., Kuokkanen, A., Spangenberg, J.H. (2019): Decoupling Debunked. Evidence and arguments against green growth as a sole strategy for sustainability, European Environmental Bureau

Petschow, U., Aus dem Moore, N., Pissarskoi, E., Korfhage, T., Lange, S., Schoofs, A., Hofmann, D. (2018): Gesellschaftliches Wohlergehen innerhalb planetarer Grenzen: Der Ansatz einer vorsorgeorientierten Postwachstumsposition, UBA TEXTE 89/2018, Dessau-Roßlau, www.umweltbundesamt.de/publikationen/vorsorgeorientierte-post-wachstumsposition, abgerufen am 31. Juli 2019

Rosswog, T. (2018): After Work. Radikale Ideen für eine Gesellschaft jenseits der Arbeit: Sinnvoll tätig sein statt sinnlos schuften, München

Schneidewind, U. (2018): Die Große Transformation: Eine Einführung in die Kunst gesellschaftlichen Wandels, Frankfurt a. M.

Schneidewind, U., Zahrnt, A. (2013): Damit gutes Leben einfacher wird. Perspektiven einer Suffizienzpolitik, München

Seidl, I., Zahrnt, A. (Hg.) (2010): Postwachstumsgesellschaft. Konzepte für die Zukunft, Marburg

Senghaas-Knobloch, E. (1998): Von der Arbeits- zur Tätigkeitsgesellschaft. Politikoptionen und Kriterien zu ihrer Abschätzung, in: Feministische Studien, 2, 9-30

Teulings, C., Baldwin, R. (Hg.) (2014): Secular Stagnation: Facts, Causes and Cures, Centre for Economic Policy Research (CEPR), London

VBW (Vereinigung der Bayerischen Wirtschaft e. V.), Prognos (2019): Arbeitslandschaft 2025, www.vbw-bayern.de, abgerufen am 31. Juli 2019

WBGU (Wissenschaftlicher Beirat der Bundesregierung für Globale Umweltveränderungen) (2011): Welt im Wandel: Gesellschaftsvertrag für eine Große Transformation, Berlin

Walz, R., Oldenburg, C., Pfaff, M., Schuler, J., Gotsch, M., Marscheider-Weide-
    mann, F. (im Erscheinen): Wider economic and social implications of sus-
    tainable economy approaches. Some insights from a scenario exercise, in:
    GAIA 28/S1

Weber, P. (2005): Tätigsein – außerhalb der Erwerbsarbeit, in: Weber, P. (Hg.):
    Tätigsein. Jenseits der Erwerbsarbeit, Bonn, 168-174

Znoj, H. (2011): Kaufen, zahlen und geben – wie wir mit Geld unsere soziale
    Umwelt konstruieren, in: Brändle, T., Riedo, D. (Hg.): Über Geld schreibt
    man doch!, Basel, 49-58

Teil 1

Grundlegendes

Zur geschichtlichen Entwicklung von Arbeit

Andrea Komlosy

Zusammenfassung: Das enge Verständnis von Arbeit als bezahlte – und mit sozialer Sicherheit verbundene – Erwerbsarbeit ist historisch gesehen ein junges Phänomen, das sich in Westeuropa mit dem industriellen Kapitalismus im 19. Jahrhundert herausbildete, im 20. Jahrhundert weltweit zum Maßstab wurde und mit der Deregulierung und Flexibilisierung des globalen Kapitalismus im 21. Jahrhundert Auflösungserscheinungen zeigt. In der vormodernen häuslichen Familienwirtschaft war der Haushalt Lebens- und Arbeitsgemeinschaft. Im Industriesystem gilt nur die außerhäusliche Erwerbstätigkeit als Arbeit, während die unbezahlten Hausarbeiten entwertet wurden. Im Zuge der Globalisierung der Güterketten sowie der Digitalisierung transformiert sich ein Teil der gesicherten Erwerbsarbeit auch in den Zentren der Weltwirtschaft in flexible, prekäre, informelle Verhältnisse. Um eine Spaltung der Gesellschaft zu vermeiden, braucht es Gegenentwürfe zum Wachstums- und Verwertungszwang. Ein Blick auf die häusliche Familienwirtschaft kann dafür wertvolle Inspirationen bieten.

1. Einleitung

Dieser Beitrag wirft einen Blick in die Geschichte der Arbeit und macht deutlich, dass das enge Verständnis von Arbeit als bezahlter Erwerbstätigkeit, das alle anderen Formen von Arbeit aus dem Arbeitsbegriff ausklammert, eine relativ junge Erscheinung ist: Es bildete sich im Laufe des 19. Jahrhunderts im Übergang von der vorindustriellen Familienwirtschaft zur arbeitsteiligen Industriegesellschaft heraus, in der nur mehr die außerhäusliche bezahlte Tätigkeit als Arbeit galt. Dabei kristallisierte sich in den Industrieländern in mehreren Entwicklungsschüben im 20. Jahrhundert das „Normalarbeitsverhältnis" mit sozialer Absicherung heraus. Es war – und ist – am männlichen Lohnarbeiter orientiert und passt mit der Lebenswirklichkeit von Frauen, Kleingewerbetreibenden, Landwirten oder Heimarbeitern nicht zusammen. Im globalen Süden erfasste die Industrialisierung, wenn überhaupt, nur einen kleineren Teil der Bevölkerung und brachte den Lohnarbeitern und -arbeiterinnen keine vergleichbaren Einkommen, Sicherheiten und Sozialleistungen, sodass diese Personen zum Überleben auf Subsistenzwirtschaft und Tätigkeiten ihrer Familienmitglieder im informellen Sektor angewiesen waren und sind (vgl. Beitrag von Stoll in diesem Buch).

In den letzten Jahrzehnten ist das „Normalarbeitsverhältnis" durch Rationalisierung und Digitalisierung, Verlagerung der industriellen Massenproduktion in Schwellenländer und neoliberale Reformen der Arbeits- und Sozialgesetzgebung aber auch in den alten Industrieländern unter Druck geraten. Um Zukunftsentwürfe fundiert diskutieren zu können, lohnt der Blick auf die Gewordenheit der Industriegesellschaft und des von ihr hervorgebrachten engen Arbeitsbegriffs (Komlosy 2014).

Der Beitrag beginnt mit einem Vergleich: Er stellt das System der außerhäuslichen Erwerbstätigkeit, das den Begriff der Arbeit vom Familienhaushalt trennt, der häuslichen Familienwirtschaft gegenüber, in der der Haushalt Arbeits- und Lebensgemeinschaft war. Der Übergang von der Hauswirtschaft auf die Erwerbstätigkeit im industriellen Kapitalismus löste Kritik und Widerstand aus und brachte im 19. und 20. Jahrhundert zahlreiche alternative Projekte und Gesellschaftsentwürfe hervor. Diese beschäftigten sich allesamt mit der Frage, wie gesellschaftlich notwendige und wünschenswerte Arbeiten organisiert, aufgeteilt und bewertet werden sollen. Am Schluss fragt der Beitrag angesichts der aktuellen Krise der Erwerbsarbeitsgesellschaft, inwieweit sich der Übergang in eine Postwachstumsgesellschaft an der Stabilität der Kreisläufe in der häuslichen Familienwirtschaft orientieren kann und inwieweit die frühen Gegenentwürfe zum Wachstums- und Lohnarbeitszwang des industriellen Kapitalismus die anstehende Transformation der Erwerbsarbeitsgesellschaft in eine umfassende Tätigkeitsgesellschaft inspirieren können.

2. Vom „ganzen Haus" zum
Lohnarbeiter-und-Hausfrau-Haushalt

Die häusliche Familienwirtschaft, die aufgrund des Zusammenlebens und Zusammenarbeitens auch als „ganzes Haus" bezeichnet wird (Komlosy 2011, 252), war in der Geschichte der Menschheit seit der Sesshaftwerdung und der Einführung des Ackerbaus quer durch die sozialen Gruppen die Basis des Wirtschaftslebens. Dieser Beitrag nimmt ihre Erscheinung im europäischen Mittelalter und der frühen Neuzeit bis ins 19. Jahrhundert in den Blick.

Die Haushaltsmitglieder erwirtschafteten Produkte und Leistungen für den direkten Verbrauch (Subsistenz) und für den Verkauf auf dem Markt sowie als Abgaben an Grundherrn und Staat. Ob eine Tätigkeit Geld einbrachte oder nicht, spielte für ihre Selbstwahrnehmung beziehungsweise Anerkennung als Arbeitsleistung keine Rolle. Die Aufteilung der Tätigkeiten richtete sich – nach regionaler Sitte unterschiedlich – nach Geschlecht, Familienstand, Alter, Gelegenheit und Notwendigkeit. Das „ganze Haus" konnte verschiedene Erscheinungsformen annehmen, je nachdem, ob es sich um bäuerliche oder gewerbliche, ländliche oder städtische, sesshafte oder wandernde Haushalte handelte. Mit der Übernahme von Zulieferaufträgen für die Manufakturen – in erster Linie für Spinn- und Webarbeiten – konnten ab dem 17. Jahrhundert auch Besitzlose und Landarme Haushalte gründen und Arbeit im häuslichen Verlagswesen mit Selbstversorgungslandwirtschaft kombinieren (Komlosy 2014, 127; Kriedte et al. 1977). Die Unternehmensform, die sich dabei herausbildete, ist das Verlagswesen: Händler und Manufakturunternehmer verlegten die einzelnen Arbeitstätigkeiten in die ländlichen Haushalte. Aus heutiger Perspektive können wir diese Verlagerungen, die es sowohl im klein- als auch im großräumigen Maßstab gab, als Heimarbeit ansehen. Der Begriff konnte damals aber nicht existieren, da es das Gegenstück zur Heimarbeit – die zentralisierte und mechanisierte Fabrikarbeit – noch nicht gab. Mit der Ausweitung der Textilproduktion brachten gerade die spinnenden Hände der Frauen und Kinder die größten Verdienstmöglichkeiten, weshalb die anderen Familienmitglieder sie in ihren versorgenden Tätigkeiten entlasteten, damit sie ihre Zeit der Textilarbeit widmen konnten. Die Familienwirtschaft erwies sich trotz ihrer klaren Aufgabenzuteilungen als pragmatisch, flexibel und anpassungsfähig (Duden/ Hausen 1979).

Als im 19. Jahrhundert massenhaft außerhäusliche Arbeitsplätze in Fabriken, Bergwerken, Baustellen und Büros entstanden, wurde die außerhäusliche Erwerbstätigkeit durch eine scharfe Grenze von der im Haus verbliebenen Tätigkeit getrennt. Die eine Tätigkeit – die externe – wurde entlohnt und galt forthin als Arbeit. Der anderen – der unbezahlten Arbeit im Haushalt – wurde, auch wenn sich die konkreten Verrichtungen nicht änderten, der Arbeitscharakter abgesprochen. Der ökonomische Motor für den Übergang von der häuslichen Familienwirtschaft zur Fabrikindustrie war die Nachfrage nach LohnarbeiterInnen, die bereit waren, ihre Arbeitskraft dauerhaft zur Verfügung zu stellen. Dieser Übergang setzte eine Reihe von gesetzlichen Veränderungen voraus, die die Arbeitskräfte aus den Familienwirtschaften herauslösten. Untertanenverhältnis und Schollenpflicht wurden abgeschafft. Die Kehrseite dieser Entwicklung bildete der Verlust der Wirtschaftsgrundlage, des Erwerbs und der Versorgung im Rahmen von Familien-, Haushalts- und Dorfstrukturen, sodass die Lohnarbeit für immer mehr Menschen alternativlos wurde. Eine besonders krasse Form der Trennung der LandbewohnerInnen von ihren Subsistenzmitteln stellte in England die Aneignung bäuerlich genutzter Flächen durch Agrarunternehmer, die sogenannten Einhegungen, dar. Dazu kam die Privatisierung der Gemeindegründe (*commons*), die die Menschen auf der Suche nach Erwerbsarbeit in die Städte trieben. Da in der Industrie weder die soziale Ordnung der vorindustriellen Gesellschaft noch die Zunftregeln galten, gab es keinerlei Schutz für die Lohnarbeitenden. Die Folge war die regellose Ausbeutung im frühen Industriekapitalismus, deren drastische Ausmaße Zeitgenossen wie Charles Dickens oder Gerhard Hauptmann anschaulich beschrieben haben.

Das ideologische Beiwerk für die Abgrenzung der bezahlten Erwerbsarbeit von der unbezahlten Tätigkeit im Haus stellte die bürgerliche Vorstellung eines männlichen Familienerhalters bereit, der das Geld ins Haus bringt, während die Arbeit im Haus von den Frauen aufgrund ihrer Bestimmung als Gattin und Mutter unbezahlt erfolgt; mehr noch: Unbezahlte Hausarbeit galt fortan nicht mehr als Arbeit. Sie war weiblich konnotiert und damit entwertet – auch dort, wo Männer unbezahlt arbeiteten, etwa in Selbstversorgungslandwirtschaft, bei Bau- und Reparaturen im eigenen Haushalt oder in der Nachbarschaft. Da sich die industrielle Lohnarbeit erst allmählich und regional ungleich durchsetzte, verschwand die häusliche Familienwirtschaft keineswegs. Sie galt im Verständnis der politischen Ökonomie sowohl in ihrer bürgerlichen als auch in ihrer sozialistischen Ausprägung aber als rückständig, unproduktiv und letztlich nicht als „richtige Arbeit". Im Bruttosozialprodukt (BSP), das später als Messgröße volkswirtschaftlicher Leistungserfassung erfunden wurde, findet sie bis heute keinen Niederschlag. Dies betraf – mit Abstufungen – auch die Heimarbeit, die zwar bezahlt wurde, aufgrund ihrer Einbettung in den Haushalt jedoch weniger „wert" war.

Durchsetzen konnte sich das Familienerhalter-Modell tatsächlich nur im besitzbürgerlichen Milieu, wobei hier nicht die Damen die Hausarbeit erledigten, sondern DienstbotInnen. In Industriearbeiterfamilien waren auch die Frauen gezwungen, Lohnarbeit aufzunehmen. Dass Frauenlöhne – bis heute – unter jenen der Männer liegen, ist vor allem darauf zurückzuführen, dass diese Arbeitstätigkeit aufgrund der eigentlichen Zuordnung der Frauen zum Haus als ein – oft vorübergehendes – „Dazuverdienen" aufgefasst wurde und wird, das keine individuelle selbstständige Existenz begründet. Als Folge davon werden bis heute ganze Arbeitsbereiche und Berufe, die weiblich konnotiert sind, geringer entlohnt.

Wenn Frauen aufgrund von Qualifizierungsoffensiven oder Nachfrageverschiebungen in neue Bereiche vordrangen, nahmen sie die Lohndifferenz gleichsam im Gepäck dorthin mit. Die moderne Industriegesellschaft zieht also nicht nur eine Grenze zwischen bezahlter Arbeit und unbezahlte „Nicht-Arbeit", sondern trägt diese durch die Ungleichbehandlung von Frauen und Männern auch als Geschlechtergrenze in die Erwerbsarbeit hinein (Bock/Duden 1977; Komlosy 2014, 21). Daran hat sich bis heute nichts Grundlegendes geändert.

In mehreren Schüben – gegen Ende des 19. Jahrhunderts, in der Zwischenkriegszeit und nach dem Zweiten Weltkrieg – setzen sich der erwerbsorientierte Arbeitsbegriff und die Abwertung der Familienwirtschaft und der unbezahlten Arbeit im Haus in den westlichen Industrieländern als Norm durch. Das „Normalarbeitsverhältnis" wurde nun durch die Einführung des Arbeitsvertrags und die Sozialversicherungen gegen Krankheit und Unfall, gegenüber dem Alter und gegen Erwerbslosigkeit (und mit großer Verzögerung auch gegenüber Mutterschaft) abgesichert. In dem Maße, in dem Frauen im 20. Jahrhundert in mehreren Schüben in die Erwerbstätigkeit eingebunden wurden und dementsprechende Schul- und Ausbildung erhielten, nahm die Kommodifizierung der Sorgearbeit zu. Das heißt, aus ehemals unbezahlt im Haushalt geleisteten Tätigkeiten (Reinigung, Pflege, Kindererziehung) wurden Sorgeberufe, die in den niedrigen Rängen fast ausschließlich von Frauen bestritten wurden (und werden).

Die Einbindung der Frauen in die Erwerbsarbeit wurde insbesondere während der beiden Weltkriege vorangetrieben, während die Jobs nach der Rückkehr aus dem Krieg wieder von Männern übernommen wurden. Umgekehrt erlaubte oft erst das „Wirtschaftswunder" Frauen aus unteren sozialen Schichten, das Ideal der nicht-berufstätigen Hausfrau zu leben. Der Trend ging im Zuge der Nachfrage nach Arbeitskräften, aber auch aufgrund der Emanzipation von alten Rollenbildern jedoch zur Kleinfamilie mit zwei berufstätigen Partnern. Auch die Technologisierung der Haushalte begünstigte die Aufnahme außerhäuslicher Jobs durch Frauen.

Frauen erlangten in der Berufstätigkeit durch das eigene Einkommen größere Selbständigkeit gegenüber dem Ehemann. Dass ihre Tätigkeit nun wieder als Arbeit galt und Möglichkeit zu Aufstieg und Kommunikation bot, stärkte ihr Selbstwertgefühl. Dies zog in den 1960er und 1970er Jahren Anpassungen im Ehe- und Sorgerecht sowie in einigen Staaten auch die Legalisierung des Schwangerschaftsabbruchs nach sich. Aber Frauen bleiben bezüglich Lohn und Aufstiegschancen wie auch durch die Schwierigkeiten, Familie und Erwerb zu vereinbaren, benachteiligt. Zwar dringen Frauen in neue Arbeitsbereiche vor, doch der Schatten des „Dazuverdienens" begleitet sie dabei. Das durchgängig geregelte und sozial abgesicherte „Normalarbeitsverhältnis" beschränkt sich somit weiterhin in der Regel auf Männer, während weibliche Biographien vom Wechsel zwischen Erwerb und Haushalt, Unterbrechungen durch Schwangerschaft, Kindererziehung und häusliche Pflege sowie Teilzeitbeschäftigung geprägt sind. Dabei verschoben sich in der Haus- und Subsistenzarbeit, die nach wie vor allem den Frauen zufällt, die Tätigkeiten von der Überlebenssicherung in immaterielle Bereiche von Zuwendung, Lernhilfe und Motivationsstärkung für Ehemänner und Kinder. Subsistenzwirtschaft und Vorratswirtschaft werden lediglich aktiviert, wenn das Familieneinkommen nicht ausreicht. Doch das Erwerbseinkommen der Frauen hat, auch wenn die Frauen weniger verdienen als die Männer, die Kaufkraft der Haushalte vergrößert und auch ärmeren Familien ein relativ hohes Konsumniveau ermöglicht.

Seit den 1980er Jahren gerät die Normalität der – geschlechtsspezifisch differenzierten, im Familienhaushalt jedoch zusammengeführten – Erwerbsbiographien durch zyklische Krisen, ökologische Probleme, technischen Wandel und eine Neuordnung der internationalen Arbeitsteilung ins Wanken. Der neoliberale Umbau von Wirtschaftswelt und staatlicher Politik im Zuge der Globalisierung der Güterketten hat eine neue Phase der Kapitalverwertung eingeleitet. Die ArbeiterInnen- und die sozialen Bewegungen reagieren darauf auf zweierlei Weise: Mit einem Festhalten an erworbenen Rechten soll der Umbau verhindert werden. Auch weil dies oft aussichtslos erscheint, werden neue Wege gesucht, um die neoliberale Erneuerung durch eine Abkehr von der Wachstumslogik zu überwinden. In letzterem Fall könnte die Krise in eine Chance für eine Neugestaltung gewendet werden.

Die vorindustrielle häusliche Familienwirtschaft des „ganzen Hauses" und das auf dem Lohnarbeiter-und-Hausfrau-Paar basierende Erwerbssystem der Industriegesellschaft überlagern und ergänzen sich im Übergang vom vorindustriellen zum fabrikindustriellen Zeitalter. Die folgende Tabelle hilft, die beiden historischen Systeme in Hinblick auf wesentliche Bereiche von Arbeit, Versorgung, Konsum und Nachhaltigkeit, sozialer Sicherheit, Mitbestimmung sowie Arbeitsteilung zwischen Geschlechtern und Generationen zu unterscheiden.

In der letzten Zeile „Kapitalismus" der Tabelle geht es schließlich um die Frage, wie sich die beiden Modelle zum Kapitalismus als einem System verhalten, dessen wirtschaftliche Dynamik sich unter anderem durch Verwertungslogik, Expansions- und Wachstumszwang auszeichnet. Dabei folgen wir Fernand Braudels Dreiteilung der Wirtschaft in a) örtliche Subsistenzproduktion, b) regionale Marktwirtschaft und c) überregionalen Handel, Arbeitsteilung und Kapitalverwertung. Braudel versteht nur die dritte Ebene als kapitalistisch. Während sich die häusliche Familienwirtschaft dem Zugriff des Kapitalismus weitgehend entziehen konnte, unterliegt die Industriegesellschaft voll und ganz seiner Dynamik und seinen Zwängen. Die Dynamik des Kapitalismus wirkt über Ziele wie nachholende Entwicklung und Wirtschaftswachstum auch in die staatssozialistischen Varianten des Industriesystems hinein (Komlosy 2011, 257).

Tabelle 1: Häusliche Familienwirtschaft und
industriegesellschaftliches Erwerbssystem im Vergleich

Themen	Einheit von Leben und Arbeiten im „ganzen Haus" (13. bis 19. Jh.)	Getrennte Sphären: Lohnarbeit und das Heim (ca. 1880 bis 1980)
Arbeits-verhältnisse	Verpflichtende Beteiligung sämtlicher Haushaltsmitglieder an allen markt- und subsistenzorientierten Tätigkeiten.	Individueller Arbeitsvertrag im Rahmen der jeweiligen gesetzlichen Vorgaben als Idealfall; in der Praxis sind lebenserhaltender Lohn und soziale Absicherung oft nur für eine Minderheit zugänglich, die anderen arbeiten in informellen Verhältnissen unter prekären Bedingungen. Darüber hinaus leisten Erwerbstätige und Angehörige unbezahlte Arbeit in Haushalt und Nachbarschaftshilfe sowie in politischem oder sozialem Ehrenamt.
Versorgung und Konsum	Die Familienwirtschaft ist eine Versorgungsgemeinschaft (über Marktprodukte und Selbstversorgung). Die Qualität der Versorgung ist besitz- und statusabhängig.	Arbeitseinkommen und soziale Zuwendungen bestimmen den Konsumrahmen der Familienmitglieder am Markt. Reichen Lohn oder Sozialhilfe nicht aus oder geht der Job verloren, kompensiert unbezahlte Arbeit die Versorgungslücken.
Nachhaltig-keit des Konsums	Verbrauchs- und Investitionsgüter sind langlebig und werden bei Verschleiß repariert. Es gibt kaum Abfälle.	Mit zunehmender Kaufkraft steigt das Konsumvolumen, während die proletarische Lebensweise Reparatur und Wiederverwendung im eigenen Haushalt erschwert.
Soziale Sicherheit	Die Einbindung in den Haushalt beinhaltet die Versorgung bei Arbeitsunfähigkeit; fallen Haushalt und Familie aus, treten kommunale Versorgungssysteme in Kraft.	Soziale Sicherheit für unselbstständig Erwerbstätige ohne eigene Erwerbs- und Versorgungsbasis beruht auf: — Versicherungssystemen — Armenhilfe (Sozialhilfe) — unbezahlter Tätigkeit im Haushalt.

Themen	Einheit von Leben und Arbeiten im „ganzen Haus" (13. bis 19. Jh.)	Getrennte Sphären: Lohnarbeit und das Heim (ca. 1880 bis 1980)
Partizipation und Autorität	Während der Familienhaushalt nach außen durch den männlichen Vorstand repräsentiert wird, erfolgt die Leitung der Arbeiten in ihrem jeweiligen Tätigkeitsbereich durch Hausvater und Hausfrau.	Die Autorität in der Kleinfamilie obliegt auch in inneren Belangen dem männlichen Familienerhalter.
Arbeitsteilung und Beziehungen zwischen Geschlechtern und Generationen	Arbeitstätigkeiten werden aufgrund von Geschlecht, Alter, Fähigkeit, Status und Sitte zugeteilt. Die Zuteilung variiert im Lebenslauf sowie bei geänderten Anforderungen. Je enger die Familienmitglieder zusammenarbeiten, desto stärker ist die innerfamiliale Position der Hausfrau.	Die Beziehungen der Geschlechter sind durch das Ideal des männlichen Familienerhalters geregelt, der für das Erwerbseinkommen sorgt. Dazuverdienende Ehefrauen unterstehen seiner Autorität. Unbezahlte Arbeit im Haushalt verliert den Autorität stiftenden Charakter, den sie in der häuslichen Familienwirtschaft hatte.
Kindererziehung	Erziehung findet durch Teilnahme der Kinder an den Tätigkeiten der Erwachsenen statt. Seit Mitte des 18. Jh.s ergänzt die allgemeine Schulpflicht dieses Ausbildungssystem.	In der Welt der Erwerbsarbeit haben Kinder keinen (legalen) Platz. Das Einstiegsalter für die Erwerbstätigkeit steigt im Laufe des 19. Jh. von 9 auf 14 Jahre. Im Haushalt helfen Kinder weiterhin mit.
Kapitalismus	Folgt man Braudel, hat das „ganze Haus" an allen drei Ebenen des Wirtschaftens Anteil. Der Schwerpunkt liegt auf der lokalen und regionalen Ebene von Subsistenz- und Marktwirtschaft, auf der die Erzeugergemeinschaften eigenständige Handlungs- und Gestaltungsmacht besitzen, während sie im Kapitalismus in den Sog der Kapitalverwertung geraten.	In der modernen Industriegesellschaft wird alles Wirtschaften und Arbeiten den Erfordernissen der Kapitalverwertung unterworfen. Die Verwertungslogik greift auf Subsistenz- und Marktwirtschaft aus und macht sich nicht nur die Lohnarbeit, sondern auch kleine Selbständige und unbezahlt Arbeitende zunutze.

3. Kritik und Widerstand, Visionen und gelebte Alternativen zum Industriekapitalismus des 19. und 20. Jahrhunderts

Dieser Abschnitt zeigt auf, wie soziale Bewegungen und sozial engagierte Einzelpersonen im Laufe des 19. und 20. Jahrhunderts mit der neuen Situation am Arbeitsmarkt, dem Zwang zur Lohnarbeit, dem Fehlen arbeits- und sozialrechtlicher Bestimmungen, dem Elend der Industriearbeit und der Entwertung der unbezahlten Arbeit umgingen.

Die frühkapitalistische Deregulierung (Außerkraftsetzen vorindustrieller Sozialordnungen für die bäuerliche Bevölkerung, für DienstbotInnen und gewerbliche Arbeitskräfte), die die ArbeiterInnen bis zur physischen Erschöpfung dem Zugriff der Unternehmer aussetzte, ließ kaum Spielraum für Widerstand. Kritik am Fabriksystem, aber auch an der verschärften Ausbeutung der LandarbeiterInnen in der industrialisierten Landwirtschaft orientierte sich an der „alten Zeit" vor der Industrialisierung. Ländliche und städtische Unterschichten forderten in lautstarken, oft geradezu militanten Protestbewegungen die Rückkehr von der verwertungsorientierten zu einer „moralischen Ökonomie" ein (Hobsbawm 1979; Thompson 1979). Damit meinten sie eine Ökonomie, die trotz ständischer Ordnung und Klassengesellschaft den Unterschichten Erwerbsmöglichkeiten, sozialen Schutz und Freiräume der Subsistenz einräumte.

Mit dem Vormarsch der Lohnarbeit und der Einführung von Arbeitsgesetzen in der zweiten Hälfte des 19. Jahrhunderts verlagerten sich die Aktivitäten der sozialen Bewegungen sowie von ReformerInnen, die auch aus Unternehmerkreisen kamen, auf die Regulierung und soziale Absicherung der Arbeitsverhältnisse. De facto blieben die ersten Fortschritte auf qualifizierte Industriearbeiter beschränkt, die für die Unternehmer Humankapital darstellten. Die große Mehrheit der Menschen verblieb in Bereichen, in denen extreme Belastung, niedrige Löhne, Unsicherheit der Beschäftigung und mangelnde soziale Sicherheit fortbestanden. Diese HilfsarbeiterInnen, TaglöhnerInnen, im Kleingewerbe, ErntehelferInnen und in Heimarbeit, auf Baustellen oder als DienstbotInnen Beschäftigten waren auf andere Überlebensstrategien angewiesen: Sie griffen auf Gelegenheitsarbeiten, Mehrfachjobs und Armenhilfe zurück und rutschten angesichts der repressiven Vagabunden- und Armengesetze leicht in die Kriminalität ab. Ihre Tätigkeiten unterschieden sich in der Stadt und auf dem Land, entsprechend der Nachfrage und dem Konjunkturverlauf. In der sich organisierenden ArbeiterInnenbewegung

waren diese Menschen nicht gut angesehen und spielten dementsprechend nur eine marginale Rolle.

In den 1860er und 1870er Jahren entstanden in den westlichen Industriestaaten Verfassungen, die ArbeiterInnen Versammlungs- und Organi-
sationsfreiheit gewährten. Die Ausrichtung der ArbeiterInnen-Bewegung
war noch offen: Strömungen, denen es um den Erhalt des Handwerks und
seiner Regelwerke ging, koexistierten mit solchen, die auf Genossenschaften als Alternative zum Großbetrieb („Selbsthilfe") setzten. Ihnen
standen die „Staatshilfler" gegenüber, die sich schließlich in den sozialdemokratischen Parteien durchsetzten. Sie erwarteten die Lösung der sozialen Frage von staatlichen Gesetzen, wobei sich reformorientierte und
revolutionäre Strömungen herausbildeten. Anarchistische Gruppierungen
hingegen pochten nicht auf den Staat, sondern auf die freie Assoziation
der ArbeiterInnen in einer herrschaftsfreien Gesellschaft (Hautmann/Kropf
1976; Kocka/Breuilly 1983; van der Linden 2015).

Die unterschiedlichen Entwürfe wurden in utopischen Schriften, Ge-
sellschaftsentwürfen und Programmen zu Papier gebracht. Charles Fourier
schlug etwa vor, die Gesellschaft in sogenannten Phalanstereien zu organisieren – überschaubare kommunale Wohn- und Arbeitsgemeinschaften,
die ihre Basisversorgung gemeinschaftlich bestreiten sollten (Heyer 2006,
30f.). William Morris plädierte für einen Rückbau der Städte und eine
Rückkehr zu einer mittelalterlich inspirierten Handwerks- und Selbstver-
sorgungsökonomie, in der sämtliche Tätigkeiten den Arbeitenden erlauben sollten, sich mit ihren Produkten zu identifizieren (ebd., 48ff.; Morris
1914). Diesem positiven Arbeitsverständnis stellte Marx' Schwiegersohn
Paul Lafargue die Verkürzung der Erwerbsarbeitszeit auf drei Stunden
täglich entgegen, um dem „Recht auf Faulheit" Genüge zu tun (Lafargue
1966).

Als Alternativen zur Ausbeutung in der Industriegesellschaft wurden
praktische Projekte realisiert. Beispiele dafür waren im 19. Jahrhundert
selbstorganisierte Bruderschaftskassen, unternehmerische Sozialpolitik
wie Betriebskrankenkassen und Unterstützungsvereine sowie die Einführung staatlicher Arbeitsgesetze, Fürsorgeeinrichtungen bis hin zur ver-
pflichtenden Kranken- und Unfallversicherung. Unter den Projekten, die
mit unternehmerischer Unterstützung oder Initiative realisiert wurden,
stechen die Vorzeige-ArbeiterInnensiedlungen New Lanark und Saltaire
in Schottland respektive Nordengland hervor. Diese waren, nicht zuletzt
wegen der paternalistischen Überzeugung der Textilfabrikanten Robert

Owen und Titus Salt, als sozialreformerische erzieherische Institutionen gestaltet, in denen ArbeiterInnen von früh bis spät in allen Lebensbereichen zur Selbstverwirklichung angehalten werden (Davis Bob/O'Hagan 2010). Der französische Frühsozialist Saint-Simon trieb seine ArbeiterInnen zu größter Arbeitsdisziplin in der Meinung, durch Produktivitätssteigerungen den Gegensatz zwischen Kapital und Arbeit überwinden zu können. Solche Projekte erforderten Geld sowie Durchsetzungs- und Organisationkraft. Soziale Bewegungen der ArbeiterInnen waren daher auf Zusammenarbeit mit der Staatsverwaltung, mit politischen Parteien und UnternehmerInnen angewiesen, die alternatives Wirtschaften und Arbeiten aus welchen Gründen auch immer für vorteilhaft erachteten. Von Staats- und Unternehmerseite erfuhren die ArbeitnehmerInnen aber gleichzeitig auch Widerstand gegen ihre Forderungen, Streiks und Protestaktionen und in vielen Fällen physische Repression und Kriminalisierung – ein Grund, selbstständige Institutionen der ArbeiterInnenklasse aufzubauen (Kocka/Breuilly 1983; Tenfelde/Volkmann 1981).

Jenseits von gewerkschaftlicher Organisationskraft, Einzelprojekten und Modellunternehmen zielten sozialistische Gesellschaftsentwürfe im 20. Jahrhundert auf eine sozial gerechte Wirtschafts- und Gesellschaftsordnung mit Rahmenbedingungen, die Arbeit nicht als Quelle des Mehrwerts, sondern als Weg zur Selbstverwirklichung begriffen. Die Bandbreite dieser Entwürfe reicht vom sowjetischen Arbeiter- und Bauernstaat über Rätebewegungen und sozialrevolutionäre Assoziationen, die in den politischen Umbruchzeiten nach dem Ersten Weltkrieg kurzfristige Wirkungsmacht erlangten, bis hin zu kämpferischen sozialdemokratischen Parteien, die angesichts der revolutionären Aufbruchsstimmung hofften, dem kapitalistischen System sozialistische Regeln im Interesse der breiten Masse der Bevölkerung auferlegen zu können. Sie legten ihre je spezifischen Vorschläge für Eigentumsverhältnisse, Entscheidungsfindung sowie Programme für sämtliche Politikbereiche vor. Dies sollte gewährleisten, dass Arbeitsverhältnisse neu und befriedigend gestaltet werden konnten. Eine Wachstumskritik stand angesichts der Unterversorgung der Bevölkerung in der Nachkriegszeit nicht im Vordergrund. Die Grundbedingung kapitalistischen Wirtschaftens – das ständige Wirtschaftswachstum um der Kapitalverwertung willen – wurde von SozialistInnen jedoch prinzipiell abgelehnt.

4. Das Ende der Arbeitsgesellschaft?

Das Ende der Arbeitsgesellschaft, wie es heute in der medialen Öffentlichkeit häufig heraufbeschworen wird, ist ein großes Missverständnis. Es beruht auf der Verwechslung von geregelter und abgesicherter Erwerbsarbeit mit Arbeitstätigkeit an sich. Tatsächlich befindet sich die Erwerbsarbeit, wie sie sich seit Ende des 19. Jahrhunderts im „Normalarbeitsverhältnis" der Industriestaaten manifestierte, im Umbau. Sie transformiert sich seit den 1980er Jahren in flexible, prekäre, informelle, ungesicherte Verhältnisse. Diese stellen, nachdem zunehmend Gesetze diese Verhältnisse legitimieren, keine Abweichung von der Normalität dar, sondern werden zur neuen Norm. Für Entwicklungsländer ist dies nichts Neues. Nun kehrt die Ungeregeltheit jedoch in die alten Industrieländer zurück. Ausgelöst wurden Deregulierung und Flexibilisierung durch die Neuordnung der globalen Güterproduktion in Güterketten, das heißt die Auslagerung einzelner Arbeitsschritte an die jeweils kostengünstigsten Standorte (Fischer/Reiner/Staritz 2008). Im Verein mit Automatisierung und Digitalisierung bedeutete dies ab den 1980er Jahren das Ende der industriellen Massenproduktion in den alten Industrieländern (Komlosy 2014, 175f.). Im Wetteifern um möglichst hochwertige Investitionen entsteht ein weltweiter Unterbietungswettbewerb, dem die Errungenschaften der ArbeiterInnenbewegung in der westlichen Welt und schließlich die Bewegungen selbst zum Opfer fallen könnten.

Auch heute gibt es Kritik, Widerstand sowie Visionen, was an die Stelle der zerbröckelnden Ordnung treten soll (Kocka 2000). Und wieder ist die „alte Zeit", also der Wohlfahrtstaat der Jahre 1880 bis 1980, der nahe liegendste Orientierungsrahmen. Die geregelte Erwerbsgesellschaft möge beibehalten und Arbeit und Einkommen auf möglichst alle Erwerbstätigen aufgeteilt werden, lautet der gewerkschaftliche Haupttenor. Dieser Forderung widerspricht nicht nur die unternehmerische Seite, vor allem die großen transnationalen Konzerne, sondern es widersprechen ihr auch soziale Bewegungen, die nach Alternativen zur Erwerbs-, Wachstums- und Konsumgesellschaft suchen. Eine Rückkehr zum „Normalarbeitsverhältnis" der Wiederaufbaukonjunktur der 1960er und 1970er Jahre, darüber sind sich Sozial- und WirtschaftswissenschaftlerInnen einig, ist selbst dann, wenn dies wünschenswert wäre, nicht umsetzbar. André Gorz hat dies bereits 1980 in seinem Buch „Abschied vom Proletariat" prägnant formuliert (Gorz 1980). Eine solche Vorstellung repro-

duziere zudem genau jenen engen Arbeitsbegriff, der Arbeit auf entfrem-
dete Lohnarbeit reduziert und zum Ausschluss unbezahlter und ehrenamtlicher Tätigkeit aus dem Arbeitsverständnis geführt habe, äußern AutorInnen, die sich sozialen Bewegungen zugehörig fühlen, die Alternativen
zum Wachstumszwang suchen und erproben (Gorz 1989; Haug 2011). Es
gelte also, die globalen Umbrüche zum Anlass zu nehmen, Arbeit und
Leben ganz anders zu gestalten, also: Profit- und Wachstumszwang außer
Kraft zu setzen, um solidarische, reziproke Lebens-Arbeits-Entwürfe zu
realisieren, in Modellversuchen und Projekten zur Kombination verschie-
denster Arbeitsformen, mit dem Ziel einer alternativen, krisenresistenten
Gesellschaft. Es gibt in diesem Bereich so viele unterschiedliche Ideen,
Konzepte und Projekte, dass hierfür keine Literaturhinweise erfolgen.

5. Lässt sich aus der Geschichte für das Tätigsein in einer Postwachstumsgesellschaft lernen?

Die Frage, die über diesem Abschnitt steht, zielt einerseits auf die Arbeitsorganisation der vorindustriellen Familienwirtschaft im „ganzen
Haus" und andererseits auf die historischen Beispiele des Widerstands
gegen den industriellen Kapitalismus. Der Rückblick auf vorindustrielles
Leben und Arbeiten zeigt, wie vielfältig und wandelbar die Lebensformen sind. Der enge Erwerbsarbeitsbegriff der Industriegesellschaft erweist sich als menschheitsgeschichtlich junges Phänomen, also veränderbar, keineswegs in Stein gemeißelt. Warum sollten wir also nicht zur
Kombination unterschiedlicher bezahlter und unbezahlter Tätigkeiten
einschließlich der sozialen Absicherung und Versorgung aller Beteiligten
auf der Ebene von Haushalten und Gemeinden zurückkehren? Selbstverständlich müssen die alten, feudal und patriarchal geprägten Muster an
die heutigen Ansprüche an die Gleichstellung der Geschlechter, der Generationen und an neue Familienformen angepasst werden. Dann ließe sich
das „ganze Haus" zu einer Basiszelle kommunaler Selbstversorgung um-
bauen, die von überregionalem Austausch und konjunkturellen Schwan-
kungen weitgehend unabhängig ist – sofern sie in der Lage ist, sich dem
Diktat der Wettbewerbsregeln des internationalen Freihandels zu entziehen.
    Für Widerstand und Gegenkonzepte gibt es kein Patentrezept. Die so-
zialdemokratischen Bewegungen stehen in der Tradition, der Kapitalseite

Lohn- und damit Konsumsteigerungen abzuverlangen. Sie haben sich das Wachstumsziel, das der Kapitalverwertung zugrunde liegt, zu eigen gemacht und konzentrieren sich auf Verteilungsgerechtigkeit. Bei genauerem Hinsehen lassen sich jedoch, wie oben kurz angedeutet, innerhalb der Geschichte der ArbeiterInnenbewegung viele Ideen, Utopien und Projekte ausmachen, die die heute anstehenden Auseinandersetzungen inspirieren können. Was unsere heutigen Bedingungen maßgeblich vom 19. und 20. Jahrhundert unterscheidet, ist die globale Verflechtung unserer Lebensweise. Unser Konsum basiert auf dem niedrigen Lohnniveau in den Weltmarktfabriken im globalen Süden. Auch im Westen beziehungsweise Norden klafft eine riesige Kluft zwischen Arm und Reich. Diese Ungleichheiten zu ignorieren hieße, in dieselbe Falle zu tappen wie die alte ArbeiterInnenbewegung, die weder die PlantagenarbeiterInnen, die die Rohstoffe für die Fabriken lieferten, in ihre Kämpfe einbezog noch die Hausfrauen und SubsistenzarbeiterInnen, die das tägliche Überleben sicherten. Anders als damals haben wir es in den heutigen Industrieländern im globalen Süden mit einer zunehmend selbstbewussten ArbeiterInnenschaft zu tun (zum Beispiel in China: Scherer 2011; Fuchs/Egger 2013): Sie orientiert sich vielfach an westlichen Konsum- und Wachstumsnormen und betrachtet postkapitalistische Alternativentwürfe als Angriff auf eine nachholende Entwicklung und eine gerechtere Teilhabe ihrer Länder und Regionen am globalen Reichtum. Hier ist ein Dialog zwischen der Wachstumskritik im Westen und den Arbeitskämpfen im globalen Süden über die Folgen des Wachstums sowie Wege zu globaler Verteilungsgerechtigkeit unerlässlich.

Wir stehen heute an einem Umbruch, dessen Ausgang ungewiss ist. Wenn wir nicht wollen, dass es zur weiteren Polarisierung der Gesellschaft in Gewinner und Verlierer der technischen Umgestaltung kommt, müssen wir unseren erwerbsorientierten Arbeitsbegriff überdenken. Arbeit muss in all ihren Erscheinungsformen des Tätigseins als Quelle gesellschaftlichen Reichtums anerkannt werden. Dies erfordert eine gleichmäßigere Verteilung bezahlter und unbezahlter, schwerer und angenehmer, repetitiver und kreativer Tätigkeiten auf sämtliche Mitglieder der Gesellschaft. Dies setzt eine signifikante Reduktion der Erwerbsarbeit für alle Menschen sowie deren angemessene Bezahlung und soziale Absicherung voraus, damit genug Zeit für soziale, kulturelle, politische Tätigkeit bleibt. Die Geschichte in Hinblick auf die Gestaltung der Zukunft zu befragen, kann Möglichkeiten aufzeigen. Darüber hinaus erinnert ihre Gewordenheit daran, dass die Verhältnisse veränderbar sind.

Literatur

Bock, Gisela, Duden, Barbara (1977): Arbeit aus Liebe – Liebe als Arbeit: Zur Entstehung der Hausarbeit im Kapitalismus, in: Frauen und Wissenschaft. Beiträge zur Berliner Sommeruniversität für Frauen 1976, Berlin, 118-199

Braudel, Fernand (1991): Die Dynamik des Kapitalismus, Stuttgart

Davis, Bob, O'Hagan, Frank (2010): Robert Owen (= Continuum Library of Educational Thought, Bd. 25), London

Duden, Barbara, Hausen, Karin (1979): Gesellschaftliche Arbeit, geschlechtsspezifische Arbeitsteilung, in: Kuhn, Anette, Schneider, Gerhard (Hg.): Frauen in der Geschichte, Düsseldorf, 11-33

Egger, Georg, Fuchs, Daniel et al. (Hg.) (2013): Arbeitskämpfe in China. Berichte von der Werkbank der Welt, Wien

Fischer, Karin, Reiner, Christian, Staritz, Cornelia (Hg.) (2010): Globale Güterketten. Weltweite Arbeitsteilung und ungleiche Entwicklung, Wien

Gorz, André (1980): Abschied vom Proletariat. Jenseits des Sozialismus, Frankfurt am Main

Gorz, André (1989): Kritik der ökonomischen Vernunft. Sinnfragen am Ende der Arbeitsgesellschaft, Berlin

Haug, Frigga (2011): Die Vier-in-einem-Perspektive: Politik von Frauen für eine neue Linke, Hamburg

Hautmann, Hans, Kropf, Rudolf (1976): Die österreichische Arbeiterbewegung vom Vormärz bis 1945. Sozialökonomische Ursprünge ihrer Ideologie und Politik, Wien

Heyer, Andreas (2006): Die Utopie steht links!, Berlin

Hobsbawm, Eric J. (1979): Sozialrebellen. Archaische Sozialbewegungen im 19. und 20. Jahrhundert, Gießen

Kocka, Jürgen, Breuilly, John (Hg.) (1983): Europäische Arbeiterbewegungen im 19. Jahrhundert. Deutschland, Österreich, England und Frankreich im Vergleich, Göttingen

Kocka, Jürgen (2000): Arbeit früher, heute, morgen. Zur Neuartigkeit der Gegenwart, in: Kocka, Jürgen, Offe, Claus (Hg.): Geschichte und Zukunft der Arbeit, Frankfurt a. M./New York, 476-492

Komlosy, Andrea (2011): Arbeitsverhältnisse und Gesellschaftsformationen, in: Cerman, Markus, Eder, Franz X., Eigner, Peter, Komlosy, Andrea, Landsteiner, Erich (Hg.): Wirtschaft und Gesellschaft Europa 1000-2000, Innsbruck, 244-263

Komlosy, Andrea (2014): Arbeit. 13. bis 21. Jahrhundert. Eine globalgeschichtlich Perspektive, Wien

Kriedte, Peter, Medick, Hans, Schlumbohm, Jürgen (1977): Industrialisierung vor der Industrialisierung. Gewerbliche Warenproduktion auf dem Land in der Formationsperiode des Kapitalismus, Göttingen

Lafargue, Paul (1883/1966): Das Recht auf Faulheit & Persönliche Erinnerungen an Karl Marx, Wien/Frankfurt a. M.

Morris, William (1914): Kunde von Nirgendwo. Ein utopischer Roman, hg. von W. Liebknecht, Stuttgart

Tenfelde, Klaus, Volkmann, Heinrich (Hg.) (1981): Zur Geschichte des Arbeitskampfes in Deutschland während der Industrialisierung, München

Thompson, Edward P. (1979): Die „sittliche Ökonomie" der englischen Unterschichten im 18. Jahrhundert, in: Puls, Detlev, Thompson, E.P. et al. (Hg.): Wahrnehmungsformen und Protestverhalten. Studien zur Lage der Unterschichten im 18. und 19. Jahrhundert, Frankfurt a. M., 13-80

Van der Linden, Marcel (2008): Workers of the World. Essays toward a Global Labor History, Leiden/Boston

Orientierung an Werten für das Tätigsein in der Postwachstumsgesellschaft

Ernst Fritz-Schubert

Zusammenfassung: Werte sind ein grundlegendes Motiv für das Tätig-werden des Menschen. Sie werden geprägt von seinen Bedürfnissen nach Autonomie, sozialer Einbindung und Sinnfindung. Werteorientiertes Handeln kann zu Zufriedenheit und Selbstverwirklichung in beruflicher und ehrenamtlicher Tätigkeit sowie im persönlichen Leben führen. Im werteorientierten Handeln von Organisationen, Unternehmen, Initiativen und Individuen liegt ein großes Potenzial für die gesellschaftliche Trans-formation. Ein gesellschaftlicher Wertediskurs ist nötig für die Neuorien-tierung von Politik, Wirtschaft und Gesellschaft. Bildung muss zu dieser Werteorientierung beitragen und werteorientiertes Handeln durch Ver-mittlung von Kompetenzen ermöglichen und unterstützen.

1. Einleitung

Eine Gesellschaft, die zunehmend den Verlust von Werten beklagt und deren Spitzenmanager laut „Purpose, Purpose, Purpose" rufen, um für einen höheren Sinn zu werben, erweckt den Eindruck eines geläuterten Kapitalismus. Sind dies nur Lippenbekenntnisse ohne Abkehr von maxi-malen Gewinn- und Wachstumszielen oder nimmt die wirtschaftliche Verantwortung für das Gemeinwohl tatsächlich zu? Zumindest intensi-vieren diese Proklamationen, Initiativen und teilweise auch gesetzlichen Vorgaben zur Unternehmensverantwortung den Diskurs über die Notwendigkeit eines an immateriellen Werten orientierten Handelns in der Gesellschaft (siehe hierzu auch Faltin 2019).

Gleichzeitig wächst in der Bevölkerung das Bewusstsein, dass die ökologischen Grenzen des materiellen Wachstums überschritten sind und eine Umkehr dringend geboten ist. Selbst internationale Wirtschaftsorganisationen wie die OECD haben Ansätze entwickelt, die Lebensqualität eines Landes nicht vorrangig an seiner Wirtschaftskraft – ausgedrückt im Bruttoinlandsprodukt (BIP) –, sondern an vielfältigen Indikatoren zu messen. Umfragen in den Industriestaaten belegen, dass dort weiteres Wachstum des BIP die Menschen nicht glücklicher macht.

Die gegenwärtige Arbeitsmarktsituation erlaubt es qualifizierten MitarbeiterInnen und BewerberInnen, verstärkt nicht nur nach Lohn oder Gehalt, sondern auch nach dem Wert und Sinn ihres Tuns zu fragen. Es verwundert deshalb nicht, wenn in der Personalführung zunehmend auch immaterielle Werte Berücksichtigung finden. Vielleicht ist die Zeit reif, eigenes Handeln – sei es als Arbeitnehmerin oder Konsument – nicht nur über Lohn und Preis zu definieren, sondern sich über seine vielfältigen Möglichkeiten bewusst zu werden, zu handeln und tätig zu sein, sowie die zugrunde liegenden und angestrebten Werte für sich und andere als Quelle eigener Zufriedenheit zu ergründen. Das setzt voraus, die gewünschten und tatsächlich gelebten Werte zu hinterfragen. Es wird deshalb im Folgenden geklärt, was Werte sind, um anschließend ihre Bedeutung für die Sinnfindung, für die Orientierung in dieser Welt und für die Entwicklung von personaler Kompetenz darzustellen. Schließlich wird angedeutet, wie eine wertorientierte Führung in Unternehmen aussehen kann und welche Werte alternative Entwürfe des Lebens und Tätigseins prägen.

2. Werte und Werteorientierung

Gemäß Rokeach (1973) sind Werte Konzeptionen des Wünschbaren, die innerhalb von Gesellschaften und für jedes Individuum die Funktion von Standards oder Kriterien haben. In *allgemeinen* Werten verdichten sich Menschheitserfahrungen, sie haben breite Akzeptanz (vgl. Waibel 2011, 71). Menschen fühlen sich von allgemeinen Werten angezogen und angesprochen. *Personale* Werte beziehen sich auf eine Person und eine gegebene Situation. Allgemeine und personale Werte gehen den Menschen nahe und steuern nicht nur die Handlungsauswahl und das Handeln, sondern auch Prozesse der Beurteilung, der Einstellungsbildung, der Argumentation, des Hinterfragens, des Rationalisierens und der Attribution als Zuschreibung von sozialem Status oder sozialer Rolle. Werte werden immer in Beziehung zu und im Zusammenhang mit anderen Menschen verfolgt und verwirklicht. Über Werte kann der Mensch Sinn realisieren (Waibel 2011; Rokeach 1973).

Frankl unterscheidet den Sinn *des Lebens* als Universalbegriff klar vom Sinn *im Leben*, den jeder für sich selbst finden müsse. Er hebt den subjektiven Charakter von Wert und Sinn hervor und gibt zu bedenken, dass Wertetraditionen zwar für das Individuum entlastend sein können, aber nicht verabsolutiert, sondern auch verändert werden dürfen (Frankl 2005). Nach Riemeyer gehört Sinn nicht zur Sache selbst, sondern er wird ihr vom Menschen verliehen beziehungsweise entdeckt oder gefunden. Eine Sache oder ein Ereignis kann für den einen Menschen sinnvoll, für den anderen sinnlos sein oder für mich heute sinnvoll und ein Jahr später sinnlos (Riemeyer 2007, 174).

Eigenes Handeln unterliegt einem Rückkopplungsprozess, der es erlaubt zu überprüfen, ob – gemessen an allgemeinen und personalen Werten – der richtige Weg eingeschlagen wird. Menninger (1968) erkennt in der Bewertung der Rückkopplung das Maß der Angepasstheit, das sowohl den Eigenarten des Individuums als auch den Bedürfnissen seiner Umwelt Rechnung trage. Angepasstheit ist seiner Meinung nach klar zu unterscheiden von einer einseitigen Anpassung eines flexiblen Individuums an eine starre Umwelt. Fromm (1980) beschreibt sie als automatenhafte Anpassung an die gesellschaftlichen und wirtschaftlichen Trends. „Da der moderne Mensch sich gleichzeitig als Ware auf einem Markt und als Verkäufer dieser Ware empfindet, ist seine Selbstachtung von Voraussetzungen abhängig, die sich seiner Kontrolle entziehen. Hat er Erfolg, dann ist er wertvoll, wenn nicht, ist er wertlos. Das hieraus entstehende Gefühl der Unsicherheit kann kaum überschätzt werden" (Fromm 1980, 50).

Unendlich viele Handlungsmöglichkeiten und Chancen auf Glück und Zufriedenheit verspricht die Multioptionsgesellschaft (Gross 1994) dem modernen Menschen. Sie überträgt damit die Verantwortung für ein gelungenes Leben auf jeden einzelnen selbst. Weil Misserfolge zu Schuldzuweisungen und Selbstverachtung führen, wird Erfolgsorientierung zum Treiber von Selbstausbeutung und Selbstverwertung, Erfolg zum bestimmenden Wert. Das ökonomische Prinzip der Nutzenmaximierung bestimmt dann nicht nur den beruflichen Bereich, sondern zunehmend auch das Privatleben. Handy und Laptop sind die Insignien einer erfolgsorientierten Gesellschaft, die sich zunehmend beschleunigt und verdichtet und die das Denken in den Kategorien Verwertbarkeit, Effizienz und Effektivität begünstigt. Die Zunahme psychischer Erkrankungen ist ein Zeichen für die Entfremdungsprozesse, durch die sich Menschen nicht mehr in Beziehung zur Welt sehen und von ihrer Umgebung nicht mehr berührt werden. Die Multioptionsgesellschaft fördert demnach nicht nur die Vielfalt des menschlichen Seins, sondern begünstigt auch seine Einfalt durch einseitige Anpassung des Individuums an die vorhandenen wirtschaftlichen und gesellschaftlichen Verhältnisse.

Um die einseitige Anpassung und damit Konformität zu verhindern, bedarf es einer starken Persönlichkeit. Zu ihr gehören neben den ausgeprägten personalen Kompetenzen (siehe Abschnitt 4) auch personale (physische, materielle, kognitive, soziale und spirituelle) Ressourcen sowie das Gefühl der Selbstwirksamkeit (Rösing 2003). Allerdings reicht die Stärkung der Persönlichkeit nicht aus, um einen kulturellen Wandel hin zu nachhaltigen Lebensstilen zu fördern, denn auch starke Persönlichkeiten können einer materiellen Wertorientierung folgen. Die Erkenntnis, dass die Orientierung an immateriellen Werten und nachhaltigen Lebensweisen das Wohlbefinden steigern kann, kann die Bereitschaft zu ökologischen Verhaltensänderungen erhöhen.

3.　Werte als Quelle des Wohlbefindens und Orientierungshilfe für gelingendes Leben

Zwischen Wohlbefinden und Werten lässt sich bei genauem Hinsehen ein bedeutsamer Zusammenhang herstellen. Waibel konstatiert: „Wer sich nicht zu Werten stellen kann oder wer immer alles gleich bewertet, was einer Entwertung der Werte und damit der eigenen Person gleichkommt, gerät über kurz oder lang in eine ‚existentielle Frustration' und später vielleicht in ein ‚existentielles Vakuum'" (Waibel 2011, 105). Gemäß Waibel ist das existentielle Vakuum noch keine Krankheit, aber durch das resultierende Gefühl der Sinnlosigkeit wird die seelische Grundbefindlichkeit negativ beeinflusst. Der Verzicht auf eigene Werte oder die Werteindifferenz, das Gefühl, keinen Sinn im Leben zu finden, und die daraus entstehende Frustration können als Kausalkette betrachtet werden, an deren Ende depressive Stimmungen stehen und aus denen sich noogene (geistig veranlasste) Neurosen entwickeln können. Insofern hängen Wohlbefinden, Werte und die Orientierung daran eng zusammen.

Die humanistischen Persönlichkeitstheorien sehen eine Interdependenz von Wohlbefinden und Werteorientierung. Dieses Verständnis wird in der Theorie der Selbstdetermination von Deci und Ryan (1993) aufgegriffen. Diese Theorie geht davon aus, dass Menschen versuchen, ihre psychischen Grundbedürfnisse zu befriedigen, selbstbestimmt zu handeln und sich zugleich mit der Umwelt verbunden zu fühlen. Die Autoren nennen drei psychologische Grundbedürfnisse: Autonomie, Kompetenz und soziale Eingebundenheit. Die Befriedigung dieser Bedürfnisse stellt ihrer Meinung nach die Voraussetzung für die gedeihliche Entwicklung der Persönlichkeit dar, die durch persönliches Wachstum als kohärentes Selbst und durch die Integration in das soziale Umfeld entsteht (die Befriedigung dieser drei Grundbedürfnisse sind auch Kriterien guter Arbeit; vgl. Wehner in diesem Buch).

Um diese psychischen Grundbedürfnisse zu befriedigen, muss jeder Mensch herausfinden, welche Werte ihm wirklich wichtig sind und wie er selbst zum eigenen Wohlbefinden beitragen kann. Außerdem muss er wissen, was er kann und was er braucht, „was ihn wirklich anzieht, was er realisieren und erleben möchte und welchen Herausforderungen er sich stellen will"; das heißt, dass sich jeder Einzelne „[des] Fundament[s] seines Strebens" (Fritz-Schubert/Saalfrank 2015, 20), seiner Werte, bewusst werden muss. In der humanistischen Persönlichkeitstheorie von Rogers wird dies als Selbstaktualisierungstendenz beschrieben. Diese Tendenz ist für Rogers das grundlegende Motiv für Tätigwerden des Menschen und trägt dazu bei, Autonomie und Selbstständigkeit zu erlangen. Selbstaktualisierung im Sinne von Rogers und Maslow bedeutet, das eigene Ich mit dem in Übereinstimmung zu bringen, was ich aktuell bin und mit dem, was ich sein kann. Sie ist eine Werteorientierung, die über das eigene Ich hinausreicht und die als Antwort auf die Fragen, die das Leben an einen stellt, zu sehen ist.

Die menschlichen Bedürfnisse nach Sicherheit, Geborgenheit und Bindung bei gleichzeitigem Verlangen nach Selbstbestimmung und Freiheit sind nach Frankl nur harmonisch zu vereinbaren, wenn sie mit der Suche nach dem sinnhaften Leben und den Zusammenhängen zwischen dem Ich und der Welt verknüpft werden (Frankl 2015, 100f.).

Um eine eigene Priorisierung der Werte vornehmen zu können, bedarf es einer Basis, eines Ankers, von dem aus die Bewertung erfolgt. Diese Basis ist der Kern des Selbst, auf den sich der Mensch bezieht, von dem aus er sich selbst annimmt und „Ja" zu sich und seinem Leben sagt. Sie ist das Fundament seines Strebens nach einem gelingenden Leben.

Im werteorientierten Sein – sei es im produktiven Schaffen oder in Beziehungen zu anderen Menschen und im kontemplativen Erleben – erfährt sich der Mensch als sinnvoll und bedeutsam. Er akzeptiert allgemein gültige Werte oder verallgemeinerte Werte, wenn sie ihm Sicherheit, Geborgenheit und Verlässlichkeit versprechen und keinen Wertekonflikt mit personalen Werten auslösen oder mögliche Konflikte von ihm ausgehalten werden können. Die Bewertung der Ereignisse erfolgt zumeist über das Gewissen; nach Frankl das Sinn-Organ, welches zunächst fühlt und erspürt. Erst danach setzen die kognitiven Kontrollmechanismen (zum Beispiel die Überprüfung des Verhaltens an Werten und Wissen) ein. Der dadurch bewusstwerdende Mensch will sich für den Weg entscheiden, den er als richtig erfühlt und erkennt, und will ihn auch gehen. Der Mensch möchte sich nicht einfügen und anpassen, sondern aktiv gestalten und tätig sein. Dazu benötigt er allerdings die passenden Rahmenbedingungen, die sein Engagement würdigen und ihn ermutigen, auch unkonventionelle, vielleicht sogar anstrengende Wege zu gehen. Wohlbefinden entsteht nicht nur durch ein Handeln in der Komfortzone, sondern insbesondere durch die Bewältigung von Herausforderungen und ihrer gesellschaftlichen Wertschätzung als Belohnung.

4. Kompetenz ist mehr als Wissen

Die Befriedigung der eigenen Bedürfnisse und Bewältigung von persönlichen Herausforderungen erfolgt durch den Einsatz der erforderlichen Kompetenzen. Nach Erpenbeck und Heyse werden „Kompetenzen [...] von Wissen fundiert, durch Werte konstituiert, als Fähigkeit disponiert, durch Erfahrung konsolidiert, auf Grund von Willen realisiert" (Erpenbeck/Heyse 2007). Dafür ist Wissensvermittlung nötig, doch schwieriger ist die Antwort auf die Frage, wie Wissen in Einklang mit Werten gebracht werden kann.

Eine Antwort hierauf gibt Heinrich Roth, der als Mitglied des Deutschen Bildungsrates die Kompetenzforschung in Deutschland maßgeb-

lich beeinflusst hat. Aufgrund seiner pädagogisch-anthropologisch ausgerichteten Forschungsarbeit beschreibt er die menschliche Handlungsfähigkeit auf verschiedenen Entwicklungsstufen von Reife und Mündigkeit bis hin zur mündigen moralischen Entscheidungshandlung als höchs-
ter Stufe menschlichen Handelns. Er erkennt in der Mündigkeit Kompetenz in dreifacher Hinsicht:

–   Selbstkompetenz als Fähigkeit, für sich selbst verantwortlich zu han-
    deln;

–   Sachkompetenz als Fähigkeit, für Sachbereiche urteils- und hand-
    lungsfähig und damit zuständig zu sein;

–   Sozialkompetenz als Fähigkeit, für sozial, gesellschaftlich und poli-
    tisch relevante Sach- und Sozialbereiche urteils- und handlungsfähig
    und zuständig zu sein (Roth 1971, 180).

Roth (ebd.) beantwortet die Frage, wie ein Mensch sich von instinktiven
Verhaltensregelungen zu einer zunehmenden Freiheit entwickeln könne,
durch ein Stufenmodell des Erlernens. Nach und nach lernt der Mensch
in seiner Entwicklung sacheinsichtiges Verhalten und Handeln (Sachkompetenz und intellektuelle Mündigkeit), sozialeinsichtiges Verhalten
und Handeln (Sozialkompetenz und soziale Mündigkeit) und als letzte
Stufe werteinsichtiges Verhalten und Handeln (Selbstkompetenz und
moralische Mündigkeit). Der Kompetenzbegriff der Kultusministerkonferenz bezieht sich auf Roths Kompetenzverständnis: „Schülerinnen und
Schüler sollen zu mündigen Bürgerinnen und Bürgern erzogen werden,
die verantwortungsvoll, selbstkritisch und konstruktiv ihr berufliches und
privates Leben gestalten und am politischen und gesellschaftlichen Leben
teilnehmen können" (KMK 2005, 6). Aus Roths entwicklungspädagogi-
schem Ansatz wird zudem der Zusammenhang zwischen Persönlichkeits-
und Kompetenzentwicklung deutlich, den auch die Kultusministerkonferenz sieht: Der Bildungsauftrag „zielt auf Persönlichkeitsentwicklung
und Wertorientierung, die sich aus der Begegnung mit zentralen Gegenständen unserer Kultur ergeben" (ebenda).
    Diese Ziele wurden nie ernsthaft in konkrete Lernziele umgewandelt
und realisiert, weil unter dem Primat des technisch-ökonomischen Fortschritts das Handeln des Menschen immer stärker unter funktionalen
Gesichtspunkten betrachtet wurde. Im Gefolge hat sich die Pädagogik

dementsprechend auf die Vermittlung verwertbaren Wissens und auf Anpassung ausgerichtet. Die OECD gibt die Messgrößen vor, wonach zu streben ist, und der internationale Vergleich zeigt an, wer sich zu den Spitzenreitern zählen darf oder wer zum Mittelfeld oder den Verlierern der Wissensvermittlung gehört.

Die Kompetenzbildung im schulischen Kontext richtet sich nach Meinung von Kuhnle et al. (2011) vorwiegend an schulischen, beruflichen und akademischen Erfolgen aus. Das führt zu einer starken Ausrichtung an Qualifizierungszielen und zu einer Überbewertung von Fach- und Methodenkompetenzen. Der Erwerb personaler Kompetenzen spielt eine untergeordnete Rolle. Erst wenn es gelingt, den „mündigen Bürger" im Sinne von Heinrich Roth als Erziehungs- und Bildungsziel zu priorisieren, statt unentwegt auf berufliche oder akademische Qualifikationen zu fokussieren, könnte die Schule einen ihrer wichtigsten Aufträge erfüllen, nämlich die Vorbereitung auf das gelingende Leben. Dazu muss sie konkrete Lernziele zu den Themen Glück und Zufriedenheit sowie zu ihrer Realisierung formulieren. Aufbauend auf den von Deci und Ryan genannten individuellen Bedürfnissen der Autonomie, Kompetenz und sozialen Eingebundenheit können daraus Motive und Ziele abgeleitet werden, die in konkrete Handlungen umgesetzt werden und so neue Erfahrungen ermöglichen. Die neu gewonnenen Erfahrungen führen zu neuen Kompetenzen und personalen Ressourcen, die eine Person für die Bewältigung von Herausforderungen benötigt (vgl. Fritz-Schubert 2017).

5. Werteorientierte Unternehmensführung und sinnvolle Erwerbsarbeit

Traditionell geführte Unternehmen werden eher „transaktional" geführt. Transaktionale Führung heißt die zielgerichtete Beeinflussung von Personen innerhalb von Organisationen über transparente und rationale Tauschprozesse. Ergebnisse werden honoriert, indem Leistung gegen Geld getauscht wird. Die erwünschte Motivation soll mit leistungsabhängigen Gehaltsanteilen, Bonuszahlungen oder sonstigen Vergünstigungen erreicht werden. Das unterstellte Menschenbild ist ein rational handelnder Mitarbeiter, der sich aus rein finanziellem Kalkül engagiert – ein Menschenbild, das die Psychologie längst widerlegt hat. Dass eine Mitarbeiterführung nach diesem Modell nicht (mehr) funktioniert, erkennt man an der sinkenden Motivation der Mitarbeitenden. Auch 2018 belegt die jährlich erhobene Galllup-Studie wieder ein großes Problem mit der Mitarbeiterzufriedenheit. Das Ergebnis: Nur ein Fünftel der befragten Mitarbeiter fühlt sich dem eigenen Unternehmen mehr oder weniger emotional verbunden, mit 15 Prozent fühlt sich ein noch kleinerer Anteil richtig wohl.

Es verwundert deshalb nicht, wenn sich immer mehr Unternehmen umorientieren und auf MitarbeiterInnen setzen, die mehr aus innerer Überzeugung und Verbundenheit als aus materieller Absicht arbeiten. „Transformationale Führung" soll Bedeutsamkeit und Sinn der beruflichen Tätigkeit vermitteln. Sie soll die Mitarbeiter emotional ansprechen und motivieren und zur Identifikation mit der Arbeit und dem Unternehmen beitragen (Babcock-Roberson/Strickland 2010). Unternehmen, die so führen, erarbeiten – als soziales System – gemeinsam einen Wertekonsens (zum Beispiel als Unternehmensleitbild), der handlungsweisend wird.

Unternehmen können über die Gestaltung von Arbeit und Produkten dazu beitragen, dass ArbeitnehmerInnen und KonsumentInnen Sinn erfahren. Sie haben die Möglichkeit, Alternativen zu dominierenden Produktions- und Konsummustern zu schaffen und Veränderungsprozesse in Richtung Nachhaltigkeit und Postwachstum voranzubringen (vgl. von Jorck/Schrader in diesem Buch). Die Orientierung an Werten kann Menschen auch motivieren, neue Unternehmen zu gründen und als Entrepreneure, insbesondere als soziale Entrepreneure, an der gesellschaftlichen Transformation mitzuwirken.

6. Ansätze für eine werteorientierte gesellschaftliche Veränderung mit vielfältigem Tätigsein

Transformationale Prozesse in Richtung einer Postwachstumsgesellschaft, die sich an ökologischen und sozialen Werten orientieren, gibt es als Bottom-up-Bewegungen in jüngerer Zeit in verschiedenen Bereichen. Alternative Arbeits- und Lebensformen wie Ecovillages, Findhorn-Communities[1] und (politische) Kommunen sind geleitet durch Werte und Lebens-

---

[1] Das Findhorn Ecovillage ist ein sich ständig weiterentwickelndes Modell, das von einer Reihe von Hochschul- und Schulgruppen sowie von Berufsverbänden und

praktiken wie gemeinschaftliches Leben, ökologisches Wohnen und Konsumieren, Arbeit für die eigene Subsistenz, Aufheben des Erwerbsarbeitszwanges und basisdemokratisches Entscheiden. Im Bereich Geld und Tausch geht es mit Regionalwährungsinitiativen um ein gedeihliches Miteinander von ProduzentInnen, KonsumentInnen und Gemeinschaft statt um Optimierung von Zinseinnahmen und Gewinn, und es geht um Autonomie lokaler Ökonomien und der beteiligten AkteurInnen. So werden Wachstumsdynamiken gedämpft und diese Ökonomien bleiben abgekoppelt vom nationalen Geldsystem und der globalisierten Ökonomie (Kennedy/Lietaer 2004). Tauschkreise, die sich am Wert der Gegenseitigkeit ausrichten, ermöglichen das Produzieren und Tauschen von Leistungen, die der formale Markt nicht bereitstellt oder nicht bereitstellen kann. Außerdem kann das Tun von Menschen eingebunden werden, die sich sonst am Marktgeschehen nicht beteiligen können oder möchten. Eine Erweiterung sind sogenannte Zeitbörsen, die es ermöglichen, tätige Zeit zu einem späteren Zeitpunkt als Unterstützungsleistung zurückzuerhalten (Lang/Wintergerst 2011; vgl. auch Kubon-Gilke in diesem Buch). Auf sparsamen Ressourcenverbrauch und eigenes Tun für die Sicherung der Lebensgrundlagen ausgerichtet sind moderne Subsistenzaktivitäten wie Urban gardening / Urban farming (Müller 2011), Do-it-yourself-Initiativen oder Repair- und Sharing-Initiativen. Hierbei geht es darum, existentielle Bedürfnisse auch mit geringen finanziellen Mitteln sicherzustellen; es geht um Nähe und Beteiligung an lokaler Lebensmittelproduktion, um Auflehnung gegen Verschleiß und Verschwendung, die Entwicklung eigener Kreativität und Loslösung von marktbestimmten Moden, die Entkopplung von wenig vertrauenswürdigen Produktions- und Marktstrukturen.

In solchen Graswurzelbewegungen stehen Werte des Gemeinsamen im Zentrum: Es findet eine Verlagerung vom individuellen zum gemeinschaftlichen Handeln, vom individuellen Güterbesitz zur gemeinschaftlichen Nutzung statt, unter anderem mit dem Schaffen neuer Commons (Gemeinschaftsgüter). Darunter fallen nicht nur vergesellschaftete materielle Güter wie zum Beispiel Immobilien und Produktionsanlagen, sondern auch immaterielle soziale und kulturelle Güter wie Wikipedia oder Open-Source-Software, die teilweise oder ganz unentgeltlich produziert und genutzt werden.

Gemeinden weltweit als Lernumgebung genutzt wird, um Nachhaltigkeitspraktiken zu fördern und zu vermitteln.

Der Großteil des Engagements für solche Bewegungen und Aktivitäten erfolgt in Freiwilligenarbeit (wenn das Gemeinwohl im Vordergrund steht) oder ist unbezahlte Arbeit für die eigene Existenzsicherung. Nicht zu vergessen sind die vielen traditionellen werteorientierten freiwilligen Tätigkeiten der 31 Millionen Menschen in Deutschland, etwa in Umweltprojekten, im sozialen Bereich, in Vereinen und politischen Ehrenämtern (Simonson et al. 2017).

Alle genannten Aktivitäten und Tätigkeiten befriedigen direkt oder indirekt die Bedürfnisse nach Autonomie, Kompetenz und soziale Eingebundenheit. Sie sind nicht nur wertschöpfend für die Allgemeinheit, sondern fördern als bewältigte Herausforderungen die persönliche Entwicklung der Protagonisten und tragen zum Aufbau ihrer Ressourcen bei. Das freiwillige Engagement für andere steigert das Selbstwertgefühl, das Gefühl, wirksam und bedeutsam zu sein, und eignet sich für die Selbsttranszendenz.

7. Schlussbemerkungen

Die Transformation zu einer Postwachstumsgesellschaft, in der eine Vielfalt von Tätigkeiten Platz hat, eröffnet Chancen für ein gutes und gelingendes Leben. Dies erfordert aber ein stärkeres gesellschaftliches Bewusstsein für die ökologischen und sozialen Folgen des gegenwärtigen hohen Konsum- und Produktionsniveaus, das zu einem Überschreiten der planetaren Grenzen geführt hat und die Grenzen des Wirtschaftswachstums aufzeigt. Einsichten gedeihen nur auf der Basis von Wissen, das der Orientierung des eigenen Handelns, seiner Zwecke und Ziele dient. Wissen kann sich auf der Grundlage von allgemeinen und personalen Werten zu einem Wertewissen verdichten. Ein solches Wertewissen ist Basis für eine Transformation und setzt zweierlei voraus: Erstens die Förderung allgemeiner Werte, die das aktuelle ökonomische Wachstumsparadigma überwinden. Zweitens die Integration dieser Werte in das individuelle Wertesystem der Menschen und dass sich diese Werte in den Einstellungen, Intentionen und dem tatsächlichen Verhalten der Menschen widerspiegeln.

Ob die Integration und das Handeln auf dieser Basis gelingen, wird maßgeblich davon abhängen, ob die Handlungen als vorteilhaft wahrgenommen, also im weitesten Sinne belohnt werden – sei es intrinsisch oder extrinsisch. Eine Initiierung eines kulturellen Wandels im Sinne einer Postwachstumsgesellschaft erfordert den Einsatz der vielfältigen politischen und ökonomischen Gestaltungsmöglichkeiten, die das werteorientierte Tätigsein aller Beteiligten anerkennt und belohnt.

Literatur

Babcock-Roberson, M.E., Strickland, O.J. (2010): The relationship between charismatic leadership, work engagement, and organizational citizenship behaviors, in: The Journal of Psychology, 144(3), 313-26

Deci, E.L., Ryan, R.M. (1993): Die Selbstbestimmungstheorie der Motivation und ihre Bedeutung für die Pädagogik, in: Zeitschrift für Pädagogik, 39(2), 223-238

Erpenbeck, J., Heyse, V. (2007): Die Kompetenzbiographie, Münster

Faltin, G. (2019): David gegen Goliath, Wir können Ökonomie besser, Freiburg i. B.

Frankl, V.E. (2005): Der Wille zum Sinn. (5., erw. Aufl.), Bern

Frankl, V.E. (2015): Der Mensch vor der Frage nach dem Sinn, 27. Aufl., München

Frankl, V.E. (1989): Das Leiden am sinnlosen Leben, Freiburg i. B./Basel/Wien

Fritz-Schubert, E., Saalfrank, W.-T. (2015): Schulfach Glück – Skizze und Hintergründe, in: Fritz-Schubert, E., Saalfrank, W.-T., Leyhausen, M. (Hg.): Praxisbuch Schulfach Glück. Grundlagen und Methoden, Weinheim, 14-39

Fritz-Schubert, E. (2017): Lernziel Wohlbefinden – Entwicklung des Konzeptes „Schulfach Glück" zur Operationalisierung und Realisierung gesundheits- und bildungsrelevanter Zielkategorien, Weinheim

Fromm, E. (1980): Gesamtausgabe. Band II: Analytische Charaktertheorie, Stuttgart

Gross, P. (1994): Die Multioptionsgesellschaft, Berlin

Kennedy, M., Litear, B.A. (2004): Regionalwährungen: Neue Wege zu nachhaltigem Wohlstand, München

Kuhnle, C., Hofer, M., Kilian B. (2011): Ein Vorschlag zur Erweiterung des Leistungsbegriffs angesichts multipler Ziele im Jugendalter, Wiesbaden

KMK (Kultusministerkonferenz) (2005): Bildungsstandards der Kultusministerkonferenz. Erläuterung zur Konzeption und Entwicklung, Neuwied

Lang, E., Wintergerst, T. (2011): Am Puls des langen Lebens – Soziale Innovationen für die alternde Gesellschaft, München

Menninger, K. (1968): Das Leben als Balance, München

Müller, C. (2011): Urban Gardening: Über die Rückkehr der Gärten, München

Riemeyer, J. (2007): Die Logotherapie Viktor Frankls und ihre Weiterentwicklungen. Eine Einführung in die sinnorientierte Psychotherapie, Bern

Rösing, I. (2003): Ist die Burnoutforschung ausgebrannt. Analyse und Kritik der internationalen Burnoutforschung, Heidelberg

Rokeach, M. (1973): The nature of human values, New York

Roth, H. (1971): Pädagogische Anthropologie. Band 2.: Entwicklung und Erziehung: Grundlagen einer Entwicklungspädagogik, Hannover

Simonson, J., Vogel, C., Tesch-Römer, C. (Hg.) (2017): Freiwilliges Engagement in Deutschland. Der Deutsche Freiwilligensurvey 2014, Wiesbaden

Waibel, E.-M. (2011): Erziehung zum Sinn – Sinn der Erziehung. Grundlagen einer existenziellen Pädagogik, Augsburg

Neubewertungen von Arbeit: Vielfalt von Tätigkeiten ermöglichen und kombinieren

Stefanie Gerold

Zusammenfassung: Dieses Kapitel diskutiert eine Reihe von Konzepten und Praxismodellen, die wertvolle Anregungen für ein Tätigsein in der Postwachstumsgesellschaft liefern. Erweiterte Arbeitskonzepte kritisieren den auf Erwerbsarbeit fokussierten Arbeitsbegriff und plädieren für eine Umverteilung und Neubewertung gesellschaftlich notwendiger Tätigkeiten. Debatten um die Nicht-Nachhaltigkeit oder die mangelnde Sinnhaftigkeit von Erwerbsarbeit implizieren nicht nur eine drastische Arbeitszeitverkürzung, sondern dass manche Jobs auch gänzlich verschwinden müssen. Verliert Erwerbsarbeit ihre zentrale Stellung in der Gesellschaft, bedarf es neuer Möglichkeiten der Existenzsicherung und Teilhabe. Innovative arbeitszeitpolitische Maßnahmen der letzten Jahre bieten wichtige Anknüpfungspunkte für zukunftsfähige Arrangements von Lebens- und Arbeitszeit.

1. Einführung

Um der sich zuspitzenden ökologischen Krise zu begegnen, müssen Energie- und Materialverbrauch drastisch sinken. Der notwendige Strukturwandel hätte zur Folge, dass zahlreiche Arbeitsplätze wegfielen. Dies würde die Krise der Arbeitsgesellschaft, die durch das Ende der Vollbeschäftigung und die Zunahme prekärer, nicht existenzsichernder Beschäftigungsverhältnisse gekennzeichnet ist, weiter verschärfen. Zusätzlich machen auch Digitalisierung und Automatisierung Angst, dass Stellen verloren gehen.

Aber während uns die Arbeit angeblich auszugehen droht, können para-
doxerweise zentrale menschliche Bedürfnisse – etwa Pflege, soziale Anerkennung oder gesellschaftliche Teilhabe – nur unzureichend befriedigt
werden. Zudem sind bezahlte und unbezahlte Tätigkeiten sehr ungleich
zwischen den Geschlechtern verteilt. Obwohl gesellschaftlich essentiell,
wird die vor allem von Frauen geleistete Haus- und Sorgearbeit finanziell
und auch gesellschaftlich weniger anerkannt.

Dieses Kapitel diskutiert vor diesem Hintergrund verschiedene Konzepte und Forderungen für neue Lebens-Arbeits-Zeit-Arrangements.
Konzepte zur Erweiterung des Arbeitsbegriffs (Abschnitt 2 und 3) zielen
darauf ab, den auf Erwerbsarbeit konzentrierten Arbeitsbegriff aufzu-
brechen und eine Umverteilung und Neubewertung verschiedener Tätigkeiten zu bewirken. Die Debatte um die Sinnhaftigkeit von Arbeit (Abschnitt 4) kritisiert eine Gesellschaft, in der Arbeit zum Selbstzweck geworden ist. Welche Möglichkeiten der Existenzsicherung und Teilhabe
sich durch die diskutierten Vorschläge ergeben, wird in Abschnitt 5 besprochen. Ein Einblick in arbeitszeitpolitische Maßnahmen der letzten
Jahre, die neue Lebens-Arbeits-Zeit-Arrangements ermöglichen, erfolgt
in Abschnitt 6.

2. Verkürzung der Erwerbsarbeitszeit – Erweiterung des Arbeitsbegriffs

Entwürfe für alternative Arrangements von Lebens- und Arbeitszeit gehen
davon aus, dass die Erwerbsarbeitszeit verkürzt werden muss. Eine Reduktion der Erwerbsarbeitszeit schüfe überhaupt erst die Voraussetzung
dafür, dass man auch unbezahlten Tätigkeiten nachgehen kann. Wenn das
gesamte Volumen der Erwerbsarbeitszeit auf mehr Personen verteilt
würde, wäre das gerechter und könnte die Arbeitslosigkeit senken, wo-
durch sich wiederum der Wachstumsdruck auf die Wirtschaft verringerte
(Reuter 2010). Würde darüber hinaus das Arbeitsvolumen reduziert, sänke
das Bruttoinlandsprodukt und somit möglicherweise auch die ökologische Belastung. Darüber hinaus ist anzunehmen, dass auch individuelle
Verhaltensänderungen positive ökologische Effekte bewirken könnten:
Sinken mit der Arbeitszeitverkürzung die Einkommen, kann dies ressourcenintensiven Konsum vermindern. Denkbar ist zudem, dass ein nachhaltiger Lebensstil ein gewisses Ausmaß an frei verfügbarer Zeit voraussetzt,

beispielsweise für umweltfreundliche (langsamere) Mobilität, informierte Kaufentscheidungen, Reparaturarbeiten oder stärkere Selbstversorgung (Knight et al. 2013).

Eine Verkürzung der Erwerbsarbeit steht auch im Mittelpunkt erweiterter Arbeitskonzepte (für eine umfassende Diskussion siehe Littig/Spitzer 2011). Sie kritisieren den auf die Erwerbsarbeit zentrierten Arbeitsbegriff und befürworten ein Konzept von Arbeit, das auch Tätigkeiten wie Hausarbeit, Eigenarbeit oder zivilgesellschaftliches Engagement umfasst (vgl. auch den Beitrag von A. Komlosy in diesem Buch). Solche Arbeitskonzepte basieren oft auf der feministisch orientierten Arbeitsforschung (Littig 2016). Diese problematisiert die mangelnde gesellschaftliche Anerkennung unbezahlter Versorgungs- und Betreuungsarbeit im Privatbereich. Im Zentrum steht dabei die Forderung, gesellschaftlich notwendige Tätigkeiten umzuverteilen und neu zu bewerten. Eine solche Perspektive unterscheidet sich von einem Modell der Geschlechtergleichstellung, das primär darauf abzielt, Frauen in den Arbeitsmarkt zu integrieren, ohne die vorherrschende Stellung der Erwerbsarbeit zu hinterfragen (Kurz-Scherf 2005).

Ein prominentes Beispiel für ein feministisch orientiertes Arbeitskonzept ist die *Vier-in-einem-Perspektive* von Haug (2011). Haug plädiert für eine Lebensweise, in der verschiedene Bereiche menschlicher Tätigkeit verknüpft werden und eine (zeitlich) gleichwertige Stellung einnehmen: Erwerbsarbeit, Reproduktionsarbeit, persönliche Weiterentwicklung und Muße sowie politische Mitgestaltung. Im Gegensatz zu Haug findet sich bei den Vertreterinnen des Ansatzes *Vorsorgendes Wirtschaften* auch ein explizit ökologischer Bezug. Dieser Ansatz kritisiert die geschlechtshierarchische Trennung von produktiver und reproduktiver Sphäre: Während marktvermittelte Prozesse als produktiv gelten, erfahren unbezahlte Tätigkeiten und natürliche Prozesse oft nur wenig Beachtung und Wertschätzung, obwohl sie für das Funktionieren der ökonomischen Sphäre essentiell sind. Der Ansatz fordert deshalb, den Arbeitsbegriff so auszuweiten, dass er sich am Erhalt natürlicher Reproduktionsprozesse und der Befriedigung menschlicher Bedürfnisse orientiert. Ein Konzept *Vorsorgender Arbeit* umfasst somit neben Erwerbsarbeit auch Sorgearbeit, Eigenarbeit und bürgerschaftliches Engagement, an denen sich Frauen und Männer gleichwertig beteiligen sollen (Biesecker/von Winterfeld 2011).

In den letzten Jahren sind auch einige erweiterte Arbeitskonzepte im Kontext der Nachhaltigkeitsdebatte entstanden. Das im Rahmen des For-

schungsprojekts „Arbeit und Ökologie" (HBS 2000) entwickelte Konzept
der *Mischarbeit* berücksichtigt neben Erwerbsarbeit auch private Versorgungsarbeit, Eigenarbeit sowie Gemeinschaftsarbeit. Die Idee einer *Halbtagsgesellschaft* geht davon aus, dass die Erwerbsarbeit auf zwanzig
Wochenstunden zu reduzieren und die Arbeit drastisch umzuverteilen sei.
Schaffer und Stahmer (2005) berechnen, wie stark die Halbierung der Erwerbsarbeitszeit die CO_2-Emissionen reduzieren würde. Diese Senkung
fiele nur bescheiden aus, denn das Modell nimmt an, dass auch ein Großteil der bislang nicht erwerbstätigen Personen in den Arbeitsmarkt ein-
gegliedert würden und das Produktionsniveau somit nur geringfügig sänke.
Anreize und Sanktionen sollten sicherstellen, dass die freigewordene Zeit
für gesellschaftlich wichtige Tätigkeiten wie Kindererziehung, Altenpflege
oder andere ehrenamtliche Tätigkeiten eingesetzt wird. Diese Anreize
und Sanktionen umfassen eine Entlohnung (in Form einer Komplementär-
währung), staatliche Zuschüsse für Kinder, ein höheres gesellschaftliches
Prestige für unbezahlte Arbeit sowie höhere Steuersätze bei mangelndem
sozialem Engagement (Schaffer/Stahmer 2005). Eine Verkürzung der Erwerbsarbeitszeit auf zwanzig Stunden ist auch ein zentrales Element bei
Paech (2012). Sein Entwurf einer *Postwachstumsökonomie* beruht auf der
Zurückdrängung arbeitsteiliger, industrieller Massenproduktion. Stattdessen soll lokale Subsistenzarbeit ohne monetäre Entlohnung an Bedeutung
gewinnen.

All diese Konzepte problematisieren das enge, auf Erwerbsarbeit fokus-
sierte Verständnis von Arbeit und treten für eine Umverteilung und Neubewertung gesellschaftlich notwendiger Tätigkeiten ein. So wichtig dieses
Vorhaben ist, besteht jedoch die Gefahr, sämtliche menschlichen Tätigkeiten als „Arbeit" zu bezeichnen (Hoffmann 2018). Haug spricht in ihrem
Vier-in-einem-Konzept sogar explizit von einem „16-Stunden-Arbeitstag"
(Haug 2014, 33). Dies könnte dazu führen, dass die in der Erwerbsarbeit
vorherrschende Produktivitätslogik noch weiter in unseren Alltag vordrin-
gen würde. Schon jetzt wird der Begriff „Arbeit" oft als „Adelsprädikat"
verwendet, das gewisse Tätigkeiten aufwertet, wie Liessmann (2018, 17)
am Beispiel des Begriffs „Beziehungsarbeit" kritisch feststellt. Anstatt
sämtliche Aktivitäten als Arbeit zu betrachten, sollten wir auch über die
wichtige Rolle von Nicht-Arbeit, von Formen der Muße und Kontemplation nachdenken.

3. „Nachhaltige Arbeit" und Exnovation

In den Gremien der Vereinten Nationen beschränkte sich die Debatte um Arbeit und Nachhaltigkeit bislang hauptsächlich auf die Schaffung von *Green Jobs* in einer *Green Economy*. Auch die 2015 verabschiedeten *Sustainable Development Goals* beziehen sich, wenn sie „produktive Vollbeschäftigung und menschenwürdige Arbeit für alle" fordern, ausschließlich auf Erwerbsarbeit (UN 2015).

Ein deutlich breiteres Verständnis von Arbeit präsentierte 2015 allerdings ein Bericht des UN-Entwicklungsprogramms: Es umfasst explizit auch Hausarbeit, private Betreuungs- und Pflegeleistungen, ehrenamtliche oder kreative Tätigkeiten (UNDP 2015). *Nachhaltige Arbeit* meint hier Arbeit, die die menschliche Entwicklung fördert und gleichzeitig ökologische Nebenwirkungen minimiert. Um nachhaltige Arbeit zu realisieren, müssten Veränderungen auf drei Ebenen stattfinden: Einige Arbeitsplätze würden ganz verschwinden, andere würden transformiert, zudem entstünden gänzlich neue Arbeitsfelder (etwa in der Bereitstellung erneuerbarer Energie).

Das UNDP-Konzept nachhaltiger Arbeit spricht somit explizit die Notwendigkeit an, gewisse Tätigkeiten gänzlich abzuschaffen, da sie mit inhärent nicht-nachhaltigen Produktionsweisen und Konsummustern verbunden sind. Dieser Ansatz von *Exnovation* – der „Abschaffung von Altem" (Arnold et al. 2015) – wurde bisher in der Nachhaltigkeitsdebatte eher vernachlässigt. Der Fokus von Politik und Forschung liegt auf der Förderung von Innovationen, um durch energie- und ressourcenschonendere Produktionsprozesse und Produkte eine Nachhaltigkeitstransformation zu erreichen. Es setzt sich aber immer mehr die Erkenntnis durch, dass eine „zielgerichtete Beendigung von nicht-nachhaltigen Infrastrukturen, Technologien, Produkten [und] Praktiken" (Heyen 2016, 10) notwendig ist, um die Erreichung der Nachhaltigkeitsziele zu ermöglichen.

Neben verschiedenen Pfadabhängigkeiten und Unternehmensinteressen steht vor allem die Angst vor Arbeitsplatzverlusten Exnovationen entgegen.

4. Diskussion der Sinnhaftigkeit von Arbeit

Gehen umweltpolitische Maßnahmen mit negativen Beschäftigungswir-
kungen einher, wird meist versucht, die wegfallenden Arbeitsplätze durch
neue Jobs zu ersetzen. Die Frage, wie sinnvoll diese neuen Beschäftigungsverhältnisse sind, wird jedoch kaum gestellt. Tatsächlich wurden in
den letzten Jahrzehnten unter dem Imperativ der Vollbeschäftigung zahlreiche Jobs geschaffen, ohne dass deren gesellschaftliche Sinnhaftigkeit
oder ökologische Tragfähigkeit hinterfragt worden wäre. David Graeber
(2018) geht in seinem jüngsten Buch *Bullshit Jobs* dem Phänomen nach,
wonach immer mehr Tätigkeiten und Jobs so überflüssig sind, dass nicht
einmal die Beschäftigten selbst sie als sinnvoll wahrnehmen. Der Befund
stimmt mit einer YouGov-Umfrage überein, in der 35 Prozent der erwerbstätigen Deutschen angaben, sie leisteten mit ihrer Arbeit keinen
sinnvollen Beitrag für die Welt (YouGov 2015).

Solche „Bullshit Jobs" sind oft gut bezahlte, prestigeträchtige Stellen
im mittleren Management und Verwaltungsbereich. Sie sind im öffentlichen wie im privaten Sektor zu finden, laut Graeber oft im Finanz-,
Versicherungs- und Immobiliensektor. Dagegen stehen gesellschaftlich
unabdingbare Tätigkeiten wie Reinigung, Pflege oder Kinderbetreuung
oft unter Rationalisierungsdruck, sind schlecht oder gar nicht bezahlt und
werden unter prekären beziehungsweise belastenden Arbeitsbedingungen
geleistet.

Den Grund dafür, dass sinnlose Arbeit so weit verbreitet ist, sieht
Graeber unter anderem in einer Gesellschaft, in der Arbeit zum Selbstzweck geworden ist. Anstatt die enormen Produktivitätsfortschritte der
Vergangenheit dazu zu nutzen, mehr freie Zeit für alle zu ermöglichen,
wurden immer mehr Lebensbereiche kommodifiziert und neue Jobs geschaffen. Die gezielte Förderung „falscher Bedürfnisse" (Marcuse 1968,
25) ermöglichte es, das Hamsterrad zwischen langen Arbeitszeiten, hohen
Einkommen und Konsum zu etablieren (Schor 1993). Doch auch gesellschaftliche Normen und Werte tragen dazu bei, dass Arbeit diesen hohen
Stellenwert hat. War Arbeit in vorkapitalistischen Gesellschaften meist
notwendiges Übel, so erfuhr sie mit der protestantischen Ethik eine bei-
spiellose Aufwertung zu einer tugendhaften Tätigkeit, die göttliche Er-
lösung versprach (Weber 2006). Diese Arbeitsethik wirkt in veränderter
Form weiter, obwohl die Religion an gesellschaftlicher Bedeutung verloren hat (Weeks 2011). So wird Arbeit unabhängig von der ökonomi-

schen oder gesellschaftlichen Notwendigkeit als moralische Verpflichtung gesehen, während dem Nichts-Tun das Stigma der Faulheit und Nutzlosigkeit anhaftet.

André Gorz forderte deshalb eine breite gesellschaftliche Debatte über den Zweck der Arbeit sowie über die Menge und die Verteilung von Arbeitszeit. Es soll eine (Rück-)Aneignung fremdbestimmter, dem Produktionsprozess unterworfener Lebens- und Arbeitszeit erfolgen, um allen Menschen eine größere Freiheit in Form von autonomer Selbstentwicklung zu ermöglichen. Damit verbunden ist das Recht, das Berufsleben selbstbestimmt zu unterbrechen und ein „multiaktives Leben" zu führen (Gorz 2000, 136f.), das bezahlte und unbezahlte Tätigkeiten kombiniert.

Gorz' Kritik an der zentralen Stellung von Erwerbsarbeit in unserer Gesellschaft und dem gleichzeitigen Unvermögen, das mit Arbeit verbundene Versprechen nach materieller Teilhabe, Sinnstiftung und sozialer Anerkennung für breite Gesellschaftsschichten einzulösen, greifen die Diskussionen um eine *Postarbeitsgesellschaft* in den letzten Jahren wieder verstärkt auf. AutorInnen wie Weeks (2011), Frayne (2015) oder Hirsch (2016) entwerfen dabei die Vision einer Gesellschaft, in der Erwerbsarbeit nicht mehr als unhinterfragte Quelle von Einkommen, Identitätsstiftung und persönlichem Erfolg gilt. Sie fordern unter anderem eine radikale Arbeitszeitverkürzung und -umverteilung sowie ein bedingungsloses Grundeinkommen, um Erwerbsarbeit und materielle Sicherung zu entkoppeln. Zudem solle gesellschaftlich notwendige Arbeit anders organisiert und mehr Raum für selbstbestimmte Tätigkeiten und Selbstverwirklichung geschaffen werden.

5. Existenzsicherung und Teilhabe

Verliert Erwerbsarbeit an Bedeutung, fragt sich, wie Einkommen, sozialstaatliche Absicherung und gesellschaftliche Teilhabe sichergestellt werden können (vgl. dazu den Beitrag von G. Kubon-Gilke in diesem Buch). Einige Vorstellungen dazu wurden in diesem Beitrag bereits angesprochen. In diesem Abschnitt erfolgt dazu nochmals eine Zusammenschau verschiedener Ansätze.

Diskussionen um eine Arbeitszeitverkürzung werfen immer auch die Frage des Lohnausgleichs auf (vgl. dazu den Beitrag von N. Reuter in diesem Buch). Ein voller Lohnausgleich stößt auf Arbeitgeberseite meist auf Widerstand. Unternehmen dürften von einer höheren Produktivität und geringeren Krankenstandstagen, die mit der Arbeitszeitverkürzung einher gingen, aber auch profitieren, und das Sozialsystem würde durch sinkende Arbeitslosenzahlen entlastet.

Ein Kompromiss bestünde darin, dass Unternehmen oder staatliche Zuschüsse zumindest einen Teil des Einkommensrückgangs ausgleichen (Gerold et al. 2017). Zudem wäre es aus verteilungspolitischer Sicht erstrebenswert, den Lohnausgleich nach Einkommenshöhe zu differenzieren (Krull et al. 2009; BUND/EED 2008). Da es vor allem Besserverdienende sind, die einen besonders hohen ökologischen Fußabdruck zu verantworten haben (Moser/Kleinhückelkotten 2018), wäre ein gestaffelter Lohnausgleich auch ökologisch vorteilhaft.

Um Tätigsein jenseits von Erwerbsarbeit zu ermöglichen, müsste zunächst die Abhängigkeit von Lohneinkommen reduziert werden. Dies könnte zum einen durch ein *bedingungsloses Grundeinkommen* (BGE) erreicht werden. Arbeit und Einkommen werden entkoppelt, indem jede Person unabhängig von ihrem individuellen Bedarf und von ihrer Bereitschaft, eine Gegenleistung zu erbringen, ein staatliches Einkommen erhält (Gorz 2000; Weeks 2011; Krull et al. 2009; Vobruba 2019). VerfechterInnen eines BGE finden sich nicht nur auf links-progressiver, sondern auch auf neoliberaler Seite. Die propagierten Modelle unterscheiden sich in ihrer Ausgestaltung teilweise radikal voneinander, vor allem was die Höhe des Grundeinkommens betrifft oder die Frage, inwieweit das Grundeinkommen öffentliche Leistungen ersetzen soll. Ein BGE ist zu unterscheiden von Modellen einer bedarfsorientieren Grundsicherung (BUND/EED 2008, 449), bei der die Zahlungen an die Bereitschaft geknüpft sind, einer Erwerbs- oder BürgerInnenarbeit nachzugehen (zum Grundeinkommen siehe auch die kritische Sicht von Reuter in diesem Buch).

Ein weiterer Ansatz, die Abhängigkeit von Erwerbsarbeitseinkommen zu reduzieren, besteht in der Bereitstellung einer *öffentlichen Daseinsvorsorge* in Form öffentlicher Güter und Dienstleistungen wie Unterkunft, Gesundheitsversorgung, Transport, Information und so weiter (IGP 2017). Während die Idee eines BGE daran festhält, Bedürfnisse primär durch Geld zu befriedigen, könnte die Bereitstellung einer sozial-ökologischen Infrastruktur womöglich dazu beitragen, den konsumfixierten Lebensstil zu überwinden (Novy 2016). Auch bei Gorz spielt die Bereitstellung und Aneignung öffentlicher Räume und Infrastrukturen zur Nutzung für selbstbestimmte Aktivitäten eine wichtige Rolle, um ein multiaktives Leben führen zu können.

Dass eine Verringerung der Erwerbsarbeit selbst die Abhängigkeit von monetärem Einkommen reduziert, thematisiert beispielsweise Frayne (2015). Erwerbstätigkeit ist oft mit erheblichen Kosten für Pendeln, Arbeitskleidung oder Verpflegung verbunden. Würden Menschen ihre Bedürfnisse wieder verstärkt durch Eigenarbeit, lokale Versorgung und soziale Netzwerke befriedigen, sänke die Abhängigkeit von marktvermittelter Fremdversorgung und dadurch auch von monetär entgoltener Arbeit (Paech 2012).

Das Modell der Halbtagsgesellschaft geht davon aus, dass staatliche Leistungen zurückgehen würden, weil auch die öffentlichen Einnahmen sänken. Ehrenamtliche Tätigkeiten müssten diese Lücke füllen und könnten durch Zeitwährungen entgolten werden (Schaffer/Stahmer 2005). Bereits heute kennen lokale Netzwerke Zeitbanken: Unentgeltlich geleistete Haushalts- oder Gartenarbeiten können als Zeitgutschriften angesammelt und gegen Leistungen anderer eingetauscht werden. Eine besondere Form von Zeitbanken stellt der schweizerische Verein KISS zur Altersvorsorge bereit.[1] TeilnehmerInnen leisten Betreuungstätigkeiten für hilfsbedürftige, betagte Personen. Die gutgeschriebenen Stunden können sie zu einem späteren Zeitpunkt einlösen, wenn sie selbst auf Unterstützung angewiesen sind (vergleiche hierzu auch Kubon-Gilke in diesem Buch).

Zuletzt seien hier, als anregende Vorlagen für ökologisch und sozial nachhaltige Formen des Wirtschaftens und Zusammenlebens, kurz alternative Lebens- und Arbeitsformen erwähnt. Soziale Experimente im Bereich der solidarischen Ökonomie (Altvater/Sekler 2006) oder der Subsistenzwirtschaft (Bennholdt-Thomsen 2006), Transition Towns[2] oder Ecovillages[3] machen vor, wie Arbeiten, Wirtschaften und Leben auch anders funktionieren können. Allerdings stellt sich dabei immer die Frage, inwieweit solche Nischenprojekte verallgemeinerbar sind, sodass eine kritische Masse für eine sozial-ökologische Transformation entsteht. Auch die Frage der sozialen Absicherung solcher Lebensformen bleibt bislang offen.

---

[1] www.kiss-zeit.ch (abgerufen am 25.3.19).
[2] www.transition-initiativen.org (abgerufen am 25.3.19).
[3] ecovillage.org (abgerufen am 25.3.19).

6. *Innovative Arbeitszeitmodelle aus der Praxis*

Im Anschluss an die Zusammenschau der Diskussion um alternative Lebens-Arbeits-Zeit-Arrangements soll im letzten Abschnitt ein Einblick in kürzlich umgesetzte arbeitszeitpolitische Maßnahmen erfolgen, die eine bessere Vereinbarkeit von Erwerbsarbeit mit anderen Lebensbereichen ermöglichen. Zu solchen Maßnahmen gehören zunächst Arbeitszeitverkürzungen. Diese können nicht nur durch eine Reduktion der gesetzlichen oder branchenüblichen Wochenarbeitszeit erreicht werden, sondern auch durch den Ausbau des jährlichen Urlaubsanspruchs beziehungsweise der gesetzlichen Feiertage. Ein rechtlicher Anspruch auf eine berufliche Auszeit ermöglicht lebensphasenspezifische Unterbrechungen im Berufsleben. Dazu gehören Angebote für Eltern-, Pflege-, oder Bildungsurlaub. Ebenfalls zu berücksichtigen sind die bereits besprochenen Maßnahmen, die die Abhängigkeit von Erwerbsarbeitseinkommen reduzieren.

Während die meisten EU-Länder Regelungen für Eltern-, Pflege-, oder Bildungsurlaub anbieten, sind rechtliche Ansprüche für eine Verkürzung oder Unterbrechung der Erwerbsarbeit ohne den Nachweis „triftiger" Gründe eher rar. Eine Ausnahme bilden die Niederlande, wo seit 2000 ein Rechtsanspruch auf Teilzeitarbeit besteht. Niederländische Beschäftigte, die Teilzeit arbeiten, müssen bezüglich Entgeltzahlungen und Aufstiegschancen mit ihren Vollzeit arbeitenden KollegInnen gleichgestellt sein. Zwar sind es auch in den Niederlanden überwiegend Frauen, die teilzeitbeschäftig sind, doch arbeiten hier, im Gegensatz zur restlichen EU, immerhin deutlich mehr als ein Fünftel der Männer Teilzeit. Für einige Jahre konnten niederländische Beschäftigte auch von der sogenannten *Levensloopregeling* profitieren: Sie konnten bis zu 12 Prozent des jährlichen Einkommens steuerbegünstigt auf einem eigenen Konto ansparen, um zu einem späteren Zeitpunkt eine unbezahlte Auszeit zu finanzieren (Ministry of Social Affairs and Employment 2011). Die 2006 eingeführte Regelung wurde 2012 wieder eingestellt.

Ein ähnliches Modell kennt auch Belgien – zunächst für alle Beschäftigten, seit 2017 nur noch für Beschäftigte mit Kindererziehungs- oder Pflegeverpflichtungen. Der *Tijdskrediet* erlaubt eine berufliche Auszeit von bis zu einem Jahr, am Stück oder in mehreren Blöcken, mit geringem staatlichem Zuschuss und dem Recht, an den alten Arbeitsplatz zurückzukehren. Alternativ erlaubt der Tijdskrediet auch eine Reduktion der

Erwerbsarbeitszeit auf 50 Prozent für zwei, oder auf 80 Prozent für fünf Jahre. Während die Niederlande und Belgien diese Modelle wieder eingeschränkt haben, entwickelten Gewerkschaften in Deutschland und Österreich in den letzten Jahren innovative Modelle der Arbeitszeitverkürzung. Seit 2013 kennt Österreich die *Freizeitoption*: In einigen Branchen können Beschäftigte wählen, ob sie mehr Freizeit oder die kollektivvertraglich vereinbarte Lohnerhöhung wollen. 2013 wurde beispielsweise im Kollektivvertrag der Elektro- und Elektronikindustrie eine Lohnerhöhung von 3 Prozent ausgehandelt, die sich die Beschäftigten auch als Freizeitguthaben von 60 Stunden pro Jahr gutschreiben lassen können – vorausgesetzt, der jeweilige Betrieb stimmt dem zu. Andere Branchen haben das Modell seither übernommen. Es bleibt aber auf Hochlohnbranchen wie Metall-, Fahrzeug-, oder Papierindustrie beschränkt, da der kollektivvertragliche Mindestlohn nicht unterschritten werden darf (Gerold 2017).

Ein ähnliches Wahlmodell wurde in Deutschland in der Tarifrunde 2016 der Eisenbahn- und Verkehrsgewerkschaft (EVG) umgesetzt. 58 Prozent der Beschäftigten der Deutschen Bahn haben sich dafür entschieden, die für 2018 ausverhandelten 2,6 Prozent Lohnerhöhung in Form von mehr Freizeit in Anspruch zu nehmen (EVG 2018). Weil die Arbeitszeitverkürzung durch laufende Produktivitätszuwächse ermöglicht wird, ohne dass bestehende Einkommen beschnitten werden, dürfte dieses Modell bei den Beschäftigten auf mehr Zustimmung stoßen. Wollte man die frei verfügbare Zeit deutlich ausweiten, müssten Beschäftigte solche Freizeitoptionen wiederholt in Anspruch nehmen dürfen. Dies ist aufgrund des Widerstands vonseiten der Arbeitgebervertretung bislang nur beschränkt möglich (Gerold/Nocker 2015).

Ein weiteres innovatives Modell der Arbeitszeitverkürzung brachte der Tarifabschluss 2018 den Beschäftigten der Metallbranche. Sie können die Arbeitszeit für maximal zwei Jahre auf bis zu 28 Wochenstunden reduzieren und haben danach das Recht, wieder zu einer Vollzeitanstellung zurückzukehren. Beschäftigte, die Schichtarbeit leisten, Angehörige pflegen oder Kinder erziehen, können zusätzliche acht Tage pro Jahr freinehmen, wovon zwei Tage vom Arbeitgeber entlohnt werden (IG Metall 2018).

Mit diesen Arbeitszeitmodellen konnten die Gewerkschaften den individuellen, lebensphasenspezifischen Bedürfnissen von Beschäftigten entgegenkommen. Allerdings wurde dadurch auch die Arbeitszeitpolitik zu einem gewissen Grad individualisiert. Dies ist insofern problematisch, als solche Lösungen NiedriglohnbezieherInnen und nicht festangestellten MitarbeiterInnen verwehrt bleiben. Zudem bleibt ungewiss, ob solche individuellen Regelungen die vorherrschende Vollzeitnorm aufbrechen können.

7. Fazit

Das vorliegende Kapitel hat eine Reihe von Entwürfen und Praxismodellen diskutiert, die wertvolle Anstöße für ein Tätigsein in der Postwachstumsgesellschaft liefern. Konzepte, die für eine Erweiterung des Arbeitsbegriffs plädieren, weisen auf die zentrale Bedeutung gesellschaftlich notwendiger Tätigkeiten hin, die im derzeitigen Wirtschafts- und Gesellschaftssystem oft mit geringen Einkommen, fehlender sozialer Absicherung und wenig sozialer Anerkennung verbunden sind. So wichtig die geforderte Umverteilung und Neubewertung verschiedener Tätigkeiten ist, stellt sich dennoch die Frage, ob es tatsächlich erstrebenswert ist, sämtliche dieser Tätigkeiten als Arbeit zu bezeichnen.

Ein zukunftsfähiges Wirtschafts- und Gesellschaftssystem sollte danach ausgerichtet sein, zentrale menschliche Bedürfnisse zu befriedigen und gleichzeitig die ökologischen Grenzen zu respektieren. Das bedeutet einerseits, dass mehr Zeit in bisher vernachlässigte Bereiche wie Kindererziehung oder Pflege fließen muss. Andererseits müssen andere Tätigkeiten aufgegeben werden, wenn sie entweder ökologisch nicht mehr vertretbar sind oder keinen positiven sozialen Nutzen stiften. Schließlich ist auch zu berücksichtigen, dass es wohl gerade Zeiten der Muße und des Untätigseins sind, die mit den geringsten ökologischen Auswirkungen verbunden sind.

Literatur

Altvater, E., Sekler, N. (Hg.) (2006): Solidarische Ökonomie. Reader des Wissenschaftlichen Beirats von Attac, Hamburg

Arnold, A., David, M., Hanke, G., Sonnberger, M. (Hg.) (2015): Innovation – Exnovation: über Prozesse des Abschaffens und Erneuerns in der Nachhaltigkeitstransformation, Marburg

Bennholdt-Thomsen, V. (2006): Subsistenzwirtschaft, Globalwirtschaft, Regionalwirtschaft, in: Jochimsen, M., Knobloch, U. (Hg.): Lebensweltökonomie in Zeiten wirtschaftlicher Globalisierung, Bielefeld, 65-88

Biesecker, A., von Winterfeld, U. (2011): Erwerbsarbeit im Schatten – im Schatten der Erwerbsarbeit? Plädoyer für ein schattenfreies Arbeiten, in: Gegenblende 8/2011, www.gegenblende.dgb.de

EVG (Eisenbahn- und Verkehrsgewerkschaft) (2018): Gemeinsam mehr: EVG-Wahlmodell in Tarifrunde DB AG durchgesetzt, www.evg-online.org/gemeinsam-mehr, abgerufen am 31. Juli 2019

Frayne, D. (2015): The refusal of work: the theory and practice of resistance to work, London

Gerold, S. (2017): Die Freizeitoption: Perspektiven von Gewerkschaften und Beschäftigten auf ein neues Arbeitszeitinstrument, in: Österreichische Zeitschrift für Soziologie, 42(2), 195-204

Gerold, S., Nocker, M. (2015): Reduction of Working Time in Austria. A Mixed Methods Study Relating a New Work Time Policy to Employee Preferences, WWWforEurope Working Paper 97

Gerold, S., Soder, M., Schwendinger, M. (2017): Arbeitszeitverkürzung in der Praxis. Innovative Modelle in österreichischen Betrieben, in: Wirtschaft und Gesellschaft, 43(2), 169-196

Gorz, A. (2000): Arbeit zwischen Misere und Utopie, Frankfurt a. M.

Graeber, D. (2018): Bullshit Jobs: Vom wahren Sinn der Arbeit, Stuttgart

Haug, F. (2011): Die Vier-in-einem-Perspektive: Politik von Frauen für eine neue Linke (3. Aufl.), Hamburg

Haug, F. (2014): Zeit, Wohlstand und Arbeit neu definieren, in: Konzeptwerk Neue Ökonomie (Hg.): Zeitwohlstand – Wie wir anders arbeiten, nachhaltig wirtschaften und besser leben, München, 26-38

HBS (Hans-Böckler-Stiftung) (Hg.) (2000): Wege in eine nachhaltige Zukunft. Ergebnisse aus dem Verbundprojekt Arbeit und Ökologie, Düsseldorf

Heyen, D.A. (2016): Exnovation: Herausforderungen und politische Gestaltungsansätze für den Ausstieg aus nicht-nachhaltigen Strukturen. Working Paper 3/2016, Öko-Institut e. V., Freiburg i. B.

Hirsch, M. (2016): Die Überwindung der Arbeitsgesellschaft: eine politische Philosophie der Arbeit, Wiesbaden

Hoffmann, M. (2018): Kommentar zum Beitrag von Komlosy, A. What is Work? Socio-Historical and Discursive Approaches. Research Group Meeting „Critical Perspectives on ‚Sustainable Work' and ‚Postwork'", 16.-17. Mai 2018, WU Wien

IG Metall (2018): Ein starker Tarifabschluss: Mehr Geld und mehr Selbstbestimmung bei der Arbeitszeit, Pressemeldung 22/2018, www.igmetall.de, abgerufen am 31. Juli 2019

IGP (Institute for Global Prosperity) (2017): Social prosperity for the future: A proposal for Universal Basic Services, University College London

Knight, K.W., Rosa, E.A., Schor, J.B. (2013): Could working less reduce pressures on the environment? A cross-national panel analysis of OECD countries, 1970-2007, in: Global Environmental Change, 23(4), 691-700

Krull, S., Massarrat, M., Steinrücke, M. (Hg.) (2009): Schritte aus der Krise: Arbeitszeitverkürzung, Mindestlohn, Grundeinkommen. Drei Projekte, die zusammengehören, Hamburg

Kurz-Scherf, I. (2005): Kooperative Demokratie – Kritik der Arbeit und Arbeitslosigkeit, Münster

Liessmann, K.P. (2018): Mut zur Faulheit. Die Arbeit und ihr Schicksal, in: Liessmann K.P. (Hg.): Mut zur Faulheit. Die Arbeit und ihr Schicksal, Wien, 7-19

Littig, B. (2016): Nachhaltige Zukünfte von Arbeit? Geschlechterpolitische Betrachtungen, in: Barth, T., Jochum, G., Littig, B. (Hg.): Nachhaltige Arbeit. Soziologische Beiträge zur Neubestimmung der gesellschaftlichen Naturverhältnisse, Frankfurt, 77-99

Littig, B., Spitzer, M. (2011): Arbeit neu. Erweiterte Arbeitskonzepte im Vergleich, Düsseldorf

Marcuse, H. (1968): Der eindimensionale Mensch: Studien zur Ideologie der fortgeschrittenen Industriegesellschaft, Neuwied/Berlin

Ministry of Social Affairs and Employment (2011): Q+A Life-course savings scheme, www.government.nl, abgerufen 31. Juli 2019

Moser, S., Kleinhückelkotten, S. (2018): Good Intents, but Low Impacts: Diverging Importance of Motivational and Socioeconomic Determinants Explaining Pro-Environmental Behavior, Energy Use, and Carbon Footprint, in: Environment and Behavior, 50(6), 626-656

Novy, A. (2016): Sozialökologische Infrastruktur statt Grundeinkommen, in: A&W Blog, 18. Oktober 2016, awblog.at, abgerufen am 31. Juli 2019

Paech, N. (2012): Befreiung vom Überfluss: Auf dem Weg in die Postwachstumsökonomie, München

Reuter, N. (2010): Der Arbeitsmarkt im Spannungsfeld von Wachstum, Ökologie und Verteilung, in: Seidl, I., Zahrnt, A. (Hg.): Postwachstumsgesellschaft. Konzepte für die Zukunft, Marburg, 85-102

Schaffer, A., Stahmer, C. (2005): Die Halbtagsgesellschaft – ein Konzept für nachhaltigere Produktions- und Konsummuster, in: GAIA, 14(3), 229-239

Schor, J. (1993): The Overworked American: The Unexpected Decline Of Leisure, New York

UN (Vereinte Nationen) (2015): Transformation unserer Welt: die Agenda 2030 für nachhaltige Entwicklung, A/RES/70/1

UNDP (United Nations Development Program) (Hg.) (2015): Arbeit und menschliche Entwicklung, Berlin

Vobruba, G. (2019): Entkoppelung von Arbeit und Einkommen: das Grundeinkommen in der Arbeitsgesellschaft (3., durchges. und erw. Auflage), Wiesbaden

Weber, M. (2006): Die protestantische Ethik und der Geist des Kapitalismus. (Hg.: Käsler, D.) (vollst. Ausg., 2., durchges. Aufl.), München

Weeks, K. (2011): The Problem with Work: Feminism, Marxism, Antiwork Politics, and Postwork Imaginaries, Durham

YouGov (2015): Jeder dritte Arbeitnehmer hält seinen Job für sinnlos, 26. August 2015, yougov.de, abgerufen am 31. Juli 2019

Teil 2

Tätigsein konkret: Akteure

Alternative Konsumformen: Soziale Teilhabe jenseits von Markt und Arbeit

Corinna Fischer, Immanuel Stieß

Zusammenfassung: Die Begrenzung und qualitative Veränderung des Konsumniveaus bilden zentrale Voraussetzungen einer Postwachstums-gesellschaft. Doch nur selten berücksichtigt die Postwachstumsdebatte, dass der Konsum wichtige soziale Funktionen wie zum Beispiel Anerkennung und soziale Inklusion erfüllt. Der Beitrag diskutiert, mit welchen alternativen Konsumformen und -praktiken soziale Teilhabe unabhängiger von Erwerbsarbeit, Erwerbseinkommen und herkömmlichem Konsum verwirklicht werden kann.

1. Einführung

Wachstum, Erwerbsarbeit, Einkommen und Konsum sind in vielfältiger Weise verknüpft (Røpke 2010). Entwürfe für eine nachhaltige und weniger wachstumsabhängige Gesellschaft haben daher meist zwei Ansatz-punkte: eine Verkürzung der Erwerbsarbeitszeiten (Jackson 2009, Hirsch 2016) und entsprechende Veränderungen der Konsummuster hin zu Suffizienz (Stengel 2011; Linz 2012; Schneidewind/Zahrnt 2013; Fischer/Grießhammer 2013). Suffizienz umfasst sowohl eine quantitative Absenkung des Konsumniveaus als auch qualitative Veränderungen. Sie steht in doppelter Beziehung zu Arbeitszeitverkürzung: Einerseits erfordert ein geringeres Erwerbseinkommen eine suffizientere Lebensweise, andererseits schafft Arbeitszeitverkürzung Zeitwohlstand, der wiederum suffizientes Handeln erleichtert.[1]

Erwerbsarbeit wie auch Konsum erfüllen jedoch wichtige gesellschaftliche Funktionen. Sie werden unter den Stichworten „soziale Teilhabe" (Kronauer 2010; Bartelheimer/Kädtler 2012), „Anerkennung", „Inklusion" (Voswinkel 2008) oder „(symbolische) Funktionen des Konsums" (Jackson 2002; Reisch 2002) diskutiert. Im Folgenden fassen wir diese Funktionen von Erwerbsarbeit und Konsum unter dem Begriff der sozialen Teilhabe zusammen.[2]

Gesellschaftsentwürfe und Praktiken[3], bei denen reduzierte Arbeitszeit und Suffizienz im Mittelpunkt stehen, müssen sich daher der Frage stellen: Wie gehen sie mit der Tatsache um, dass Konsum und Erwerbsarbeit in vielfältiger Weise soziale Teilhabe ermöglichen und reduzierte Arbeitszeit und Suffizienz diese soziale Teilhabe einschränken könnten?

Dazu gibt es verschiedene, einander sinnvoll ergänzende Antworten.

Eine davon ist, positive Visionen ganzheitlicher Lebensentwürfe mit weniger Erwerbsarbeit und mehr Suffizienz zu entwickeln. Dafür stehen Begriffe wie „Zeitwohlstand" (Reisch/Bietz 2016), „Entrümpelung, Entschleunigung, Entflechtung und Entkommerzialisierung" (Sachs 1993), Trends wie „Minimalismus" oder Slogans wie „Gut leben statt viel haben" (BUND/Misereor 1996). Solche Visionen sind wichtige Beiträge zur gesellschaftlichen Debatte: Wie wollen wir in Zukunft leben? Zugleich sind sie aber sehr voraussetzungsvoll und haben sich bisher nur für eine kleine

---

[1] Arbeitszeitverkürzung ist auch mit vollständigem Einkommensausgleich denkbar und aus sozialpolitischer Sicht unter Umständen auch wünschenswert. Dabei verflüchtigt sich allerdings der ökologische Nutzen weitgehend, wie unter anderem aktuelle Modellrechnungen von Schumacher et al. (2019) zeigen.

[2] Die genannten Konzepte entstammen unterschiedlichen theoretischen und disziplinären Kontexten. Sie weisen aber ein erhebliches Maß an Überschneidungen auf, weshalb wir diese Verkürzung auf soziale Teilhabe aus Gründen der Lesefreundlichkeit für vertretbar halten.

[3] Unter dem Begriff der (sozialen) Praxis (zum Beispiel Spaargaren 2011) verstehen wir eine gesellschaftlich etablierte, überindividuelle, „typische" Art und Weise, wie eine bestimmte Aktivität ausgeführt wird. Wir haben den Begriff gewählt, weil er gegenüber dem Begriff des „Verhaltens" stärker die soziale Einbindung und kulturelle Rahmung des persönlichen Handelns hervorhebt und gegenüber dem Begriff des „Lebensstils" spezifischer auf einzelne Aktivitäten bezogen ist.

Minderheit als attraktiv erwiesen. Die Potenziale und Bedingungen ihrer gesellschaftlichen Verbreitung sind bislang wenig untersucht. Eine zweite Antwort besteht in der Änderung politischer Rahmenbedingungen. Nicht-nachhaltige, wachstumstreibende Formen des Arbeitens und Konsumierens können politisch erschwert und suffiziente Praktiken erleichtert werden; zum Teil sind auch Gebote und Verbote nötig (zum Beispiel Tempolimit, Produktvorschriften) (Schneidewind/Zahrnt 2013; Heyen et al. 2013; Linz 2015; Kopatz 2016). Solche Maßnahmen fordern die BürgerInnen und unterstützen sie gleichzeitig dabei, alternative Wege der sozialen Teilhabe zu finden, die mit Suffizienz vereinbar sind. Eine große Herausforderung besteht allerdings darin, Akzeptanz und Unterstützung für eine solche Suffizienz- oder Postwachstumspolitik zu finden.

Dieser Beitrag schlägt einen dritten Weg vor. Er zeigt am Beispiel konkreter, einzelner Praktiken, wie soziale Teilhabe unabhängiger von Erwerbsarbeit, Erwerbseinkommen und herkömmlichem Konsum verwirklicht werden kann. Dabei interessiert insbesondere, inwieweit sich unterhalb der Ebene eines ganzheitlichen alternativen Lebensentwurfs alternative Konsumpraktiken identifizieren lassen, die für Menschen in unterschiedlichen sozialen Lagen und mit unterschiedlichen Bedürfnissen und Werten wichtige Funktionen der sozialen Teilhabe erfüllen. Würden solche Alternativen gefördert und verbreitet, dürfte es auch leichter fallen, für positive Visionen von Suffizienz zu werben und Akzeptanz für Suffizienz- und Postwachstumspolitiken zu finden.

Der Fokus dieses Beitrags liegt auf dem Konsum. Unsere These lautet: Es existieren Konsumpraktiken, die weniger wachstumstreibend wirken und weniger Ressourcen verbrauchen als die üblichen, die zugleich soziale Teilhabe ermöglichen und eine Vielfalt des Tätigseins hervorbringen können. Wir bezeichnen sie als „alternative Konsumpraktiken". Dazu diskutieren wir folgende Fragen:

– Welche – unter dem Begriff der sozialen Teilhabe zusammengefassten – Funktionen hat Konsum (und Erwerbsarbeit)? (Abschnitt 2)

– Welche alternativen Konsumpraktiken lassen sich unterscheiden? (Abschnitt 3)

– In welchen sozialen Gruppen sind solche alternative Konsumpraktiken heute schon verbreitet und wie können sie für diese Gruppen Teilhabe ermöglichen? (Abschnitt 4)

– Welche gesellschaftlichen, strukturellen und persönlichen Voraussetzungen müssen für die Verbreitung alternativer Konsumpraktiken geschaffen werden? (Abschnitt 5)

2. Funktionen von Konsum (und Erwerbsarbeit)

Um die Funktionen von Konsum und Erwerbsarbeit genauer zu fassen, eignet sich der Begriff der *sozialen Teilhabe*, der aus der sozialen Ungleichheitsforschung stammt. In einem weiten Sinne umfasst soziale Teilhabe alle Aktivitäten und Beziehungen, in denen sich Akteure gesellschaftliche Möglichkeiten individueller Lebensführung aneignen (Bartelheimer/Kädtler 2012, 51). Damit sind Ressourcen für den eigenen Lebensunterhalt, Kompetenzen, Einbindung in soziale Netzwerke und Ähnliches gemeint. Gemäß Kronauer (2010) lassen sich vier Grundformen sozialer Teilhabe unterscheiden: Erwerbsarbeit, soziale Nahbeziehungen, Teilhabe durch Rechte und kulturelle Teilhabe.

– *Erwerbsarbeit* hat eine besondere Stellung, weil sie zum einen zentrale Quelle für den materiellen Lebensunterhalt ist und damit weitere Teilhabeformen beeinflusst. Zum anderen ermöglicht sie mittels der gesellschaftlichen Arbeitsteilung gesellschaftliche Integration, indem sie soziale Beziehungen schafft, den Alltag strukturiert, Kompetenzen entwickeln und erhalten hilft und die Erfahrung von gesellschaftlicher Nützlichkeit vermittelt (Kronauer 2010, 2012).

– Soziale Einbindung wird allerdings nicht nur durch Erwerbsarbeit bestimmt, sondern auch durch die Einbettung in soziale Beziehungen und Netzwerke, wie Familie, Freundes- und Bekanntenkreise und Nachbarschaft. *Soziale Nahbeziehungen* bilden daher eine zweite Form der sozialen Teilhabe.

– *Rechtsansprüche* sind eine dritte Form der Teilhabe. Hierzu gehören insbesondere Rechte, welche die soziale Absicherung betreffen, aber auch solche, die politische Partizipation ermöglichen. In Bezug auf Konsum bedeutet dies, dass Verbraucherrechte gewahrt sind und Konsumentinnen und Konsumenten Güter und Dienstleistungen diskriminierungsfrei erwerben können (Voswinkel 2008).

– Schließlich realisiert sich die Einbindung in die Gesellschaft auch durch *kulturelle Teilhabe*, die eine wichtige Voraussetzung für weitere Teilhabeformen bildet. Beispielsweise helfen Sprachkompetenz, berufliche Qualifikationen oder kulturelle Fähigkeiten (Kommunikation, Konfliktlösung, Anpassungsfähigkeit) bei der sozialen und bei der Arbeitsmarktintegration (Bartelheimer 2004, 54).

Über diese Beispiele hinaus definiert Bartelheimer den Begriff der kulturellen Teilhabe allerdings nicht genauer. Beim Versuch, ihn zu füllen, hilft ein Blick in die Kultursoziologie. Bourdieu (1982) hat gezeigt, dass der Erwerb kultureller Kompetenzen nicht allein auf die Hochkultur oder explizite Verhaltensregeln beschränkt ist. Das souveräne und virtuose Beherrschen informeller kultureller Codes bildet vielmehr eine zentrale Voraussetzung für soziale Distinktion und die Positionierung im sozialen Raum. Anknüpfend an diese Einsicht zeigten die Lebensstilforschung der 1980er und 1990er Jahre[4] sowie kulturanthropologische, wirtschaftshistorische und konsumsoziologische Arbeiten[5], dass sich Konsum nicht darin erschöpft, materielle Bedürfnisse zu erfüllen. Vielmehr hat er auch herausragende symbolische Funktionen.

Reisch (2008) hat diese Funktionen des Konsums systematisiert: Erstens ist Konsum ein Medium, das es erlaubt, die Zugehörigkeit zu einer bestimmten Gruppe zu zeigen oder einer (politischen) Überzeugung Ausdruck zu verleihen und sich zugleich von anderen Gruppen abzugrenzen (*Positionsfunktion*). Dabei kann nicht nur die Gruppenidentität, sondern auch der persönliche Geschmack und die Individualität durch Konsum ausgedrückt werden (*Expressionsfunktion*). Konsum ermöglicht, Kennerschaft bei der Auswahl von Produkten und ihrem Gebrauch zu erwerben und zu demonstrieren (*Kompetenzfunktion*). Ferner können Konsumgüter Erlebnisse, Wohlergehen und Genuss vermitteln (*Hedonismusfunktion*). Und nicht zuletzt bietet Konsum Entspannung und einen Ausgleich für negative Erlebnisse, Frustration oder Überlastung (*Kompensationsfunktion*). Diese kultur- und konsumsoziologischen Konzepte weisen Über-

---

[4] Ein Überblick findet sich in Götz et al. (2011).
[5] Übersichten geben Schneider (2000); Wiswede (2000); Reisch (2002); Voswinkel (2008).

lappungen mit den zwei der vier oben genannten Grundformen der Teilhabe auf, ohne dass die Begriffe vollständig ineinander aufgehen.[6]

Wir beziehen uns im Folgenden auf alle beschriebenen Funktionen von Konsum und fassen sie vereinfachend als „soziale Teilhabe" zusammen. Dabei wird deutlich, dass Konsum sowohl materielle als auch symbolische Funktionen erfüllt, wobei die symbolischen vielfach an materiellen gebunden sind.

Wie ein Wandel von Konsumpraktiken diese Funktionen des Konsums in der Postwachstumsgesellschaft erfüllen können, wollen wir im Folgenden genauer untersuchen.

3. Erweiterter Konsumbegriff und alternative Konsumpraktiken

Im herkömmlichen wirtschaftswissenschaftlichen Verständnis bezeichnet „Konsum" den Ge- und Verbrauch von Gütern und Dienstleistungen (Schneck 2015), wobei in der Regel vorausgesetzt wird, dass der Erwerb über den Markt erfolgt.

Um alternative Konsumpraktiken verstehen und beschreiben zu können, ist ein erweitertes Verständnis von Konsum sinnvoll, wie es in der Konsumsoziologie (Wiswede 2000), der Ökologischen Ökonomie (Røpke/ Reisch 2004) oder der Verbraucherforschung (OECD 2002) verwendet wird. Es setzt an zwei Stellen an:

– Konsum als Prozess: „Konsum" beschreibt nicht nur den Erwerb und/ oder Gebrauch beziehungsweise Verbrauch, sondern einen längerfristigen Prozess der Interaktion mit einem Gut[7]. Dieser Prozess beginnt mit einer Entscheidung über den Bedarf, setzt sich mit der Auswahl beziehungsweise Gestaltung des Gutes und mit dessen Erwerb bezie-

---

[6] „Kulturelle Teilhabe" kann als Kombination aus Positions-, Expressions- und Kompetenzfunktion genauer gefasst werden. „Soziale Nahbeziehungen" spricht Reisch implizit an: Sie führt aus, dass Konsumgüter eine Rolle in vielen Ritualen spielen, die soziale Beziehungen wie Schenken, Feiern, gemeinsame Mahlzeiten, Sport oder Spiel gestalten und festigen. „Erwerbsarbeit" und „Rechtsansprüche" tauchen in der Kultur- und Konsumsoziologie nicht explizit auf. Hingegen spricht die Konsumsoziologie Hedonismus- und Kompensationsfunktion an, die in der Teilhabeliteratur nicht aufgeführt sind.

[7] (Dienst-)Leistungen sind dabei mitgemeint.

hungsweise Herstellung fort, umfasst die Phase des Gebrauchs, der Pflege und Wartung und endet mit der Entsorgung, Weiternutzung oder Kreislaufführung (Wiswede 2000, 24).

– Konsum als Ko-Produktion („Prosuming"): Güter und Dienstleistungen werden nicht (allein) über den Markt bereitgestellt, sondern von den NutzerInnen individuell oder gemeinschaftlich (mit)entworfen, (mit)hergestellt, umgestaltet oder umgenutzt (Toffler 1983).

Ein solches erweitertes Verständnis von Konsum geht einher mit einem erweiterten Arbeitsverständnis, das Sorgearbeit, Eigenarbeit und gesellschaftliches Engagement einschließt und ein größeres Zeitbudget für diese Arbeiten einschließt (vgl. Gerold in diesem Buch): Während das erweiterte Arbeitsverständnis sich zu Tätigsein in seinen vielen Formen ausweitet, weist das erweiterte Konsumverständnis über Marktgüter hinaus auf ko-produzierte und gemeinschaftlich genutzte Leistungen und Güter.

Aufbauend auf diesem erweiterten Konsumverständnis zeigt Tabelle 1 eine Übersicht alternativer Konsumpraktiken[8], die verschiedenen Konsumformen und Handlungsebenen zugeordnet werden. Die drei Handlungsebenen sind durch wachsende Komplexität charakterisiert, aber nicht im Sinne einer logischen oder zeitlichen Abfolge zu verstehen: Ein Einstieg in alternative Konsumpraktiken ist auf jeder Ebene möglich.

Auf der Ebene des *individuellen Konsumhandelns* geht es darum, vorhandene oder auf dem Markt angebotene Güter und Dienstleistungen individuell anders zu nutzen oder auf nichtkommerziellen Wegen zu erwerben. Auf der Ebene *Prosuming* kommt hinzu, dass NutzerInnen Güter und Dienstleistungen für ihren Eigenbedarf selbst herstellen beziehungsweise umgestalten. Auf der Ebene *kollaborativen Konsums* erfolgt die Herstellung und Verteilung von Gütern und Dienstleistungen gemeinschaftlich, arbeitsteilig und organisiert.

Gemeinsam ist diesen alternativen Konsumformen und -praktiken eine größere Unabhängigkeit von Markt und Geld. Individuen und Gemeinschaften übernehmen eine aktivere Rolle, als nur fertige Güter zu kaufen, und damit mehr Verantwortung für den eigenen Konsum. Für eine Post-

---

[8] Diese Arbeit basiert auf dem laufenden Projekt Bürgerbeteiligung und soziale Teilhabe im Rahmen der Umsetzung des Nationalen Programms für Nachhaltigen Konsum: neue Impulse für das bürgerschaftliche Engagement.

wachstumsgesellschaft bietet das Chancen, da sich die Teilhabe durch
Konsum von Erwerbsarbeit und Einkommen ein Stück weit lösen können
(Abschnitt 4). Dazu braucht es passende gesellschaftliche Rahmenbedin-
gungen (Abschnitt 5).

*Tabelle 1: Übersicht über Handlungsebenen, Konsumformen
und Konsumpraktiken*

Handlungs-ebene	Alternative Konsumformen	Alternative Konsumpraktiken
Individuelles Konsum-handeln	Tausch-, Teil- und Leihan-gebote wahrnehmen; Pro-dukte länger nutzen, weiter-verschenken oder -verkau-fen, gebraucht kaufen	Kommerzielles Car-/Bike-sharing, Kleider-Abo, Biblio-thek oder Mediathek nutzen; Handy länger verwenden; Flohmärkte oder Gebraucht-plattformen im Internet nut-zen; Güter im Bekanntenkreis weitergeben etc.
Prosuming	Selbst produzieren, umbau-en, umnutzen, reparieren, up-cyclen[9], sich individuell an Produktentwicklung beteili-gen	Gemüse im Garten anbauen, handwerken, nähen, Strom mittels Photovoltaik selbst erzeugen, offene Software programmieren, Hausgeräte reparieren, Kleidung aufpep-pen, an Innovationsplattfor-men teilnehmen etc.
Kollaborativer Konsum	Gemeinsam (arbeitsteilig) designen, produzieren, kon-sumieren, reparieren, vertei-len und vernetzen	Sich an Urban Gardening, Solidarischer Landwirtschaft, Reparaturcafés, Lebensmittel-rettung, Tauschringen betei-ligen; Car-/Bikesharing im Bekanntenkreis selbst orga-nisieren etc.

[9] „Upcyclen" oder „Upcycling" bezeichnet die Umgestaltung eines gebrauchten
oder defekten Produktes in ein höherwertiges Produkt.

4. Soziale Teilhabe durch alternative Konsumformen in verschiedenen gesellschaftlichen Gruppen

4.1 Soziale Teilhabe durch alternative Konsumformen

Es stellt sich die Frage, wie alternative Konsumformen und -praktiken zu den unter „sozialer Teilhabe" zusammengefassten Funktionen beitragen können (siehe Abschnitt 2). Im Folgenden zeigen wir, welche Chancen hierfür bestehen, aber auch, wo es Hindernisse gibt – und wo nicht.

Die kollektive Herstellung, Beschaffung oder Nutzung kann den *materiellen* Zugang zu Gütern und Dienstleistungen erleichtern. In diesem Fall erweitern sie die Chancen materieller Teilhabe. Diese Chancen könnten aber ungenutzt bleiben, wenn erforderliche Kompetenzen, Zeit oder sonstige Ressourcen fehlen oder wenn die genannten Praktiken nicht mit den persönlichen Einstellungen oder Normen im sozialen Umfeld in Einklang zu bringen sind. Wenn die selbst hergestellten, reparierten oder geteilten Güter nicht in gleicher Fülle und Regelmäßigkeit verfügbar sind oder andere Eigenschaften haben, als man sie vom Konsumgütermarkt her kennt und erwartet, so kann dies zu besonderer Wertschätzung führen – oder aber als Makel wahrgenommen werden.

Alternative Konsumpraktiken können *symbolische* Funktionen in besonderer Weise erfüllen. Beispielsweise erfordert Reparieren oder Selbermachen Kompetenzen, die im Tun erworben und präsentiert werden. Individuell gestaltete Produkte dienen in besonderem Maß dem Ausdruck der eigenen Persönlichkeit, und gemeinschaftliches Handeln stiftet soziale Beziehungen. Doch alternative Konsumpraktiken können auch mit etablierten Formen sozialer Teilhabe kollidieren. So etwa, wenn der Verzicht auf ein eigenes Auto oder auf Flugreisen die Symbole der Zugehörigkeit und des Status (Positionsfunktion) sowie der Individualität (Expressionsfunktion) gefährdet.

Da sich die Bedingungen sozialer Teilhabe je nach sozialer Lage, sozialer Milieuzugehörigkeit und Lebensstil unterscheiden, hängt der jeweilige Beitrag alternativer Konsumpraktiken zur sozialen Teilhabe (materiell und symbolisch) von folgenden Fragen ab:

– Welche alternativen Konsumpraktiken sind für wen möglich (aufgrund vorhandener Ressourcen und Kompetenzen) und anschlussfähig (also akzeptabel, interessant)?

- Inwiefern und für wen erfüllen diese Konsumpraktiken die oben beschriebenen Funktionen?

Diese Fragen sollen im Folgenden anhand empirischer Befunde diskutiert
werden. Dabei beziehen wir uns vor allem auf eine Sekundäranalyse
zweier repräsentativer Befragungen des Umweltbundesamts zum Umweltbewusstsein in Deutschland (Scholl et al. 2015; 2017) sowie weiterer
Studien (Greenpeace 2015a; 2015b).

4.2 Verbreitung alternativer Konsumpraktiken

Die ausgewerteten Befragungen zeigen, dass einzelne alternative Konsumpraktiken vor allem im Bereich des *individuellen Konsumhandelns*
recht weit verbreitet sind. Ein Beispiel ist die *längere Nutzung* von Produkten, beispielsweise durch das Reparieren defekter Gegenstände. Gerade
bei teuren Geräten wie Smartphones kann eine Reparatur Geld sparen,
sofern die Geräte dies überhaupt zulassen und keine komplizierten Er-
satzteile oder Spezialwerkzeug benötigt werden.

Verbreitet sind auch Secondhand-Praktiken, insbesondere im Bereich
Bekleidung: Knapp die Hälfte der Bevölkerung hat schon einmal gebrauchte Kleidung gekauft oder verkauft (Greenpeace e.V. 2015b), wobei
dies vor allem Kinderkleidung betrifft (Greenpeace e.V. 2015a). Daneben
ist es üblich, Kleider im Familien- und Bekanntenkreis informell weiter-
zugeben. Eine milieuspezifische Auswertung zeigt jedoch, wie unterschiedlich Secondhand-Praktiken je nach sozialem Milieu verbreitet sind.
Vor allem Angehörige „junger Milieus"[10] kaufen gebrauchte Textilien, um
teure Kleidung zu einem erschwinglichen Preis zu erhalten und daraus
einen eigenen persönlichen Stil zu kreieren. Personen aus „gehobenen"
oder „prekären Milieus" zeigen größere Vorbehalte und tendieren dazu,
Secondhand-Kleidung aus hygienischen Gründen abzulehnen (Scholl et al.
2015).

---

[10] Die AutorInnen der Umweltbewusstseinsstudie verwenden ein Milieumodell, das
sechs soziale Milieus umfasst (Scholl et al. 2017, 71). Prekäre, traditionelle, kritisch-
kreative und gehobene Milieus haben jeweils einen Anteil von 13 bis 15 Prozent an
der Bevölkerung. Junge Milieus machen 18 Prozent und bürgerlicher Mainstream
25 Prozent aus.

Ebenfalls häufig ausgeübt wird Sharing (gemeinsame Nutzung) – und dies in unterschiedlichen Bedürfnisfeldern. Verbreitet ist das unentgeltliche Ausleihen und Verleihen von Gegenständen vor allem im privaten Umfeld. Kommerzielle Sharing-Angebote beispielsweise im Bereich Mobilität (Carsharing oder Fahrradverleihsysteme einschließlich E-Bikes und Lastenräder) werden deutlich seltener genutzt. Im Jahr 2016 nutzten lediglich vierzehn Prozent der Bevölkerung, die einen Führerschein und Zugang zu entsprechenden Angeboten hatten, Carsharing[11] (Scholl et al. 2017, 67). Ein Grund für die geringe Nutzung dieser Angebote ist die nur punktuell vorhandene Infrastruktur, die vor allem auf großstädtische Ballungsräume beschränkt ist. Zudem sprechen solche Angebote vorrangig „kritisch-kreative" und „junge Milieus" an, da Autobesitz zur Demonstration des sozialen Status sowie als Vehikel und Symbol gesellschaftlicher Teilhabe in diesen Milieus unbedeutend ist beziehungsweise der Nichtbesitz eines Autos inzwischen Statussymbol ist.

Praktiken des *kollaborativen Konsums* sind wenig verbreitet: In einer repräsentativen Befragung des Umweltbundesamts gaben knapp 10 Prozent der Befragten an, sich an gemeinschaftlichen Initiativen und Projekten wie Nachbarschaftsinitiativen, Tauschbörsen oder Reparatur-Cafés als Nutzende oder als Organisierende zu beteiligen (Scholl et al. 2017, 33), vor allem Angehörige des „kritisch-kreativen Milieus". Repair-Cafés sind auch für Ältere aus „traditionellen Milieus" attraktiv. Neben Geselligkeit und sozialen Kontakten bieten solche Initiativen Raum für Anerkennung und einen Zugewinn an handwerklichen Kompetenzen.

Initiativen zum urbanen Gärtnern erreichen und verbinden unterschiedliche Bevölkerungsgruppen, und dies aus verschiedenen Gründen: Sie knüpfen an etablierte Praktiken der Eigenproduktion und Selbstversorgung (Haus- und Schrebergärten) an, die in „traditionellen Milieus" und bei Zugewanderten aus ländlichen Regionen verbreitet sind. Berufstätigen bieten sie Entspannung und Ausgleich, für junge Familien sind sie eine Möglichkeit, gemeinsam Natur zu erleben. Und das gemeinsame Arbeiten und Feiern ist milieuübergreifend attraktiv.

---

[11] Bezogen auf die Gesamtbevölkerung beträgt der Anteil vier Prozent (ebd.).

4.3 Alternative Konsumpraktiken in „jungen" und
    „prekären Milieus"

Abschließend wollen wir beispielhaft auf alternative Konsumpraktiken bei Jugendlichen / jungen Erwachsenen und in „prekären Milieus" eingehen. Dabei wird deutlich, wie unterschiedlich nachhaltige Konsumpraktiken und soziale Teilhabe – je nach sozialer Lage und biographischer Situation – miteinander verknüpft sein können.

Für „junge Milieus" sind alternative Konsumpraktiken dann attraktiv, wenn sie die materiellen Teilhabechancen verbessern. Dies wird am Beispiel Fahrradfahren deutlich. Es ermöglicht eine rasche Fortbewegung, unabhängig von Linienführung und Taktung des Öffentlichen Verkehrs – und ohne dass Kosten für Führerschein und PKW entstehen. Sharing-Angebote sind ebenfalls attraktiv, wenn sie Zugang zu Lastenrädern, Autos oder zu preiswerten Privatunterkünften als Alternative zu teuren Hotels ermöglichen (Scholl et al. 2015). Auch Secondhand-Angebote können den Zugang zu hochpreisigen Gütern wie Smartphones oder Bekleidung erleichtern. Das Beispiel Bekleidung zeigt die hohe symbolische Bedeutung von Konsumpraktiken und die damit verbundene Ambivalenz: Während die einen Secondhand mit Expressivität und Demonstration des eigenen Stils verbinden, erfüllt für andere Jugendliche der Besitz neuer Markenprodukte diese Funktion. Materielle und symbolische Funktionen hat das gemeinsame Handeln in der Peergroup, beispielsweise durch Sharing, Urban Gardening oder gemeinsames Reparieren. Dabei können die Beteiligten soziale Beziehungen erleben, Selbstwirksamkeit erfahren (Kompetenzfunktion) und Spaß haben (Hedonismusfunktion).

Wenig verbreitet sind alternative Konsumpraktiken bislang in „prekären Milieus". Solche Praktiken können vor allem dann in die eigene Lebensführung integriert werden, wenn sie materielle Teilhabemöglichkeiten erweitern, die Lebensqualität verbessern oder einen verlässlichen und preisgünstigen Zugang zu Gütern und Dienstleistungen ermöglichen. Beispiele sind finanzielle Einsparungen durch längeres Nutzen und Reparieren von Produkten, preiswertere Ernährung durch das Teilen oder Weitergeben nicht benötigter Lebensmittel, gute Erreichbarkeit von Versorgungsangeboten und sozialen Einrichtungen durch nichtmotorisierte Nahmobilität, Nutzung guter und preisgünstiger Angebote zur Gemeinschaftsverpflegung, Freizeit- und Bewegungsmöglichkeiten durch Nutzung öffentlich zugänglicher Grünflächen, Sportanlagen, Bibliotheken und

Mediatheken in der Nähe des Wohnumfelds (vgl. Scholl et al. 2017, 75-76). Hemmnisse treten vor allem aus drei Gründen auf: Entweder die Praktiken sind zu teuer (zum Beispiel die Beteiligung an Energiegenossenschaften), sie erfordern spezielle Kompetenzen (zum Beispiel Reparieren) oder sie werden als sozial stigmatisierend erlebt (zum Beispiel das Tragen gebrauchter Textilien oder der Verzicht auf ein eigenes Auto).

5. Voraussetzungen schaffen

Wie wir in Abschnitt 4 gezeigt haben, sind einzelne alternative Konsumformen schon relativ breit in der Gesellschaft verankert, insbesondere wenn sie auf traditionellen Praktiken aufbauen. Andere alternative Konsumformen finden weniger Anklang – sei es wegen fehlender Zeit, fehlender Kompetenzen oder fehlender Anschlussfähigkeit an die gewohnten und üblichen Formen, soziale Teilhabe zu verwirklichen. Sollen solche Konsumformen eine größere Rolle in einer Postwachstumsgesellschaft spielen und soll eine Weiterentwicklung einzelner Praktiken hin zu umfassender suffizienten Lebensentwürfen stattfinden, so müssen zum ersten bessere Voraussetzungen geschaffen werden. Zum zweiten müssen diese Konsumpraktiken attraktiver werden, und drittens muss sichergestellt werden, dass diese Konsumpraktiken nicht zu neuen sozialen Spaltungen, Ausgrenzungen und Benachteiligungen führen.

Im Folgenden führen wir beispielhaft Voraussetzungen an, die auf förderliche gesellschaftliche Bedingungen und notwendige politische Rahmensetzungen verweisen.

– Viele alternative Konsumformen brauchen öffentliche Ressourcen, beispielsweise *öffentlich zugängliche Infrastrukturen*. Dies reicht von Bibliotheken und Mediatheken über Verkehrsinfrastrukturen bis zum Zugang zu Räumen und Flächen, in denen Selbstorganisation und Eigenproduktion stattfinden können.

– Notwendig ist weiter die Schaffung *zeitlicher Freiräume*. Eine Verringerung der Erwerbsarbeitszeit muss so realisiert werden, dass ausreichende und planbare Zeiträume für selbst bestimmte Tätigkeiten entstehen. Außerdem müssen sich die freien Zeiten ausreichend mit denen anderer Menschen überlappen, damit man sich gemeinschaftlich organisieren kann.

- Alternative Konsumpraktiken benötigen unterschiedlichste *Kompetenzen* – handwerklicher, technischer, organisatorischer, kommunikativer und anderer Art –, die bei Menschen verschiedener Milieus, Herkunft und sozialen Lage sehr unterschiedlich ausgeprägt sein können. Verbraucherberatung (etwa zu den Themen Umwelt, Ernährung) kann diese Kompetenzen stärken. Zudem sollte die Vermittlung praktischer und handwerklicher Fähigkeiten in den Bildungskanon von Schulen eingebaut werden.

- Schließlich müssen alternative Konsumpraktiken *bekannt und verbreitet* werden. Denn nur wenn alternative Konsumpraktiken und die auf sie aufbauenden Lebensentwürfe breiter bekannt und akzeptiert werden, können die Chancen auf materiellen Nutzen, soziale Beziehungen, Selbstverwirklichung, Anerkennung sowie Distinktion tatsächlich realisiert werden.

Damit die alternativen Konsumpraktiken bekannt und anschlussfähig werden und damit die dafür nötigen Kompetenzen und Motivationen entstehen, ist es wichtig, diese Formen ausprobieren und sich darüber mit anderen austauschen zu können. Ein Beispiel sind die vielfältigen Anleitungen und Erfahrungsberichte etwa zu Themen wie Kochen, Gärtnern, Nähen oder Minimalismus/Verzicht, die auf Plattformen wie YouTube oder Facebook zu finden sind, sowie die Diskussionsgruppen, die darum herum entstehen.

Eine wichtige Rolle spielen dabei vertrauenswürdige Bezugspersonen und MultiplikatorInnen, die in den jeweiligen Zielgruppen glaubhaft und gut vernetzt sind. Beispielsweise könnten Jugendhäuser, Geflüchteten-Initiativen, Influencer oder Vereine durch Aufbau kommunikativer Kompetenzen, finanzielle Unterstützung und entsprechende Vernetzung in den Stand versetzt werden, nachhaltige Konsumpraktiken bei ihren Zielgruppen zu verbreiten.

- Sozial flankierte *ordnungsrechtliche und ökonomische Instrumente einer Suffizienzpolitik* (Schneidewind/Zahrnt 2013; Heyen et al. 2013; Linz 2015; 2017) unterstützen einen Wandel hin zu alternativen Konsumpraktiken, indem sie nicht-nachhaltigen Konsum erschweren und nachhaltigen Konsum fördern. Solche Instrumente können auch dazu beitragen, unerwünschtes Verhalten zu ächten und damit den Wertewandel voranzubringen, der nötig ist, damit alternative Konsumpraktiken von mehr Menschen als Teilhabemöglichkeit statt als stigmatisierend erfahren werden können.

– Eine wichtige Frage ist schließlich, wie eine *Grundversorgung* mit notwendigen Gütern und Dienstleistungen (zum Beispiel Wohnen, Ernährung, Mobilität) sichergestellt werden kann. Alternative Konsumpraktiken können einen Beitrag leisten, die Grundversorgung aber nicht alleine leisten. Die Funktionen der materiellen Teilhabe und Sicherheit müssen daher insbesondere in einer Postwachstumsgesellschaft, die sich weniger auf einkommensbasierte Absicherung stützen kann, staatlich gewährleistet werden (vgl. Kubon-Gilke und Gerold in diesem Buch).

6. Fazit

Alternative Konsumpraktiken können einen Beitrag dazu leisten, soziale Teilhabe aus ihrer Abhängigkeit von Erwerbsarbeit, Erwerbseinkommen und Konsum von Marktgütern zu lösen. Damit können diese Konsumpraktiken eine Postwachstumsgesellschaft unterstützen. Doch alternative Konsumpraktiken sprechen längst (noch) nicht alle sozialen Gruppen an, sie umfassen nicht alle Konsumpraktiken und nicht alle Funktionen des Konsums. Es muss noch besser verstanden werden, welche Praktiken für welche Gruppen auf welche Weise Teilhabe ermöglichen können und welche Unterstützung und politischen Rahmenbedingungen dafür nötig sind.

So vernachlässigt die Forschung zu nachhaltigem Konsum, Gutem Leben oder alternativem Wirtschaften bislang bestimmte Funktionen des Konsums, nämlich materielle Teilhabe, Positionierung oder Kompensation. Diese Funktionen werden in der genannten Forschung als Wachstumstreiber und Motoren nicht-nachhaltigen Konsums mit Argwohn betrachtet. Daher gibt es kaum Erkenntnisse darüber, wie sie durch alternative Konsumpraktiken erfüllt werden könnten – und keine ergebnisoffenen Debatten darüber, ob sie erfüllt werden sollten. Dabei ist es denkbar, dass die Funktionen der materiellen Teilhabe, der Positionierung und der Kompensation zentral sind, um alternative Konsumpraktiken aus der Nische herauszuholen und für verschiedene Milieus zu öffnen und attraktiv zu machen.

Literatur

Bartelheimer, P. (2004): Teilhabe, Gefährdung und Ausgrenzung als Leitbegriffe der Sozialberichterstattung, in: *SOFI Mitteilungen* 32, 47-61

Bartelheimer, P., Kädtler, J. (2012): Produktion und Teilhabe – Konzepte und Profil sozioökonomischer Berichterstattung, in: Baethge, M., Bartelheimer, P. (Hg.): Berichterstattung zur sozioökonomischen Entwicklung in Deutschland, (1. Aufl.) Wiesbaden, 41-85

Bourdieu, P. (1982): Die feinen Unterschiede, Frankfurt a. M.

BUND, Misereor (1996) (Hg.): Zukunftsfähiges Deutschland. Ein Beitrag zu einer global nachhaltigen Entwicklung. Studie des Wuppertal Instituts für Klima, Umwelt, Energie, Basel

Fischer, C., Grießhammer, R. (2013): Mehr als nur weniger. Suffizienz: Begriff, Begründung und Potenziale, unter Mitarbeit von Barth, R., Brohmann, B., Brunn, C., Keimeyer, F., Wolff, F. (Working Paper, 2), Öko-Institut e. V., Freiburg i. B.

Götz, K., Deffner, J., Stieß, I. (2011): Lebensstilansätze in der angewandten Sozialforschung – am Beispiel der transdisziplinären Nachhaltigkeitsforschung, in: Rössel, J., Otte, G. (Hg.): Lebensstilforschung, KZfSS Sonderheft (51). Wiesbaden, 86-112

Greenpeace e.V. (2015a): Deutsche Eltern und Secondhand-Bekleidung, Vollständiger Bericht, Online verfügbar unter www.greenpeace.de, abgerufen am 31. Juli 2018

Greenpeace e.V. (Hg.) (2015b): Wegwerfware Kleidung, Repräsentative Greenpeace-Umfrage zu Kaufverhalten, Tragedauer und der Entsorgung von Mode, Hamburg

Heyen, D.A., Fischer, C., Barth, R., Brunn, C., Grießhammer, R., Keimeyer, F., Wolff, F. (2013): Mehr als nur weniger. Suffizienz: Notwendigkeit und Optionen politischer Gestaltung (Working Paper 3), Öko-Institut e. V., Freiburg i. B.

Hirsch, M. (2016): Die Überwindung der Arbeitsgesellschaft. Eine politische Philosophie der Arbeit, Wiesbaden

Jackson, T. (2002): Paradies-Verbraucher. Aufstieg und Fall der Konsumgesellschaft, in: Natur und Kultur 3(2), 55-74

Jackson, T. (2009): Prosperity without growth: economics for a finite planet, Routledge

Kopatz, M. (2016): Ökoroutine, Damit wir tun, was wir für richtig halten 2. Auflage, München

Kronauer, M. (2010): Exklusion. Die Gefährdung des Sozialen im hoch entwickelten Kapitalismus (2. aktual. und erw. Aufl.), Frankfurt a. M.

Linz, M. (2012): Weder Mangel noch Übermass, Warum Suffizienz unentbehrlich ist, München

Linz, M. (2015): Suffizienz als politische Praxis, Ein Katalog, Wuppertal Spezial 49, Wuppertal, verfügbar unter epub.wupperinst.org, abgerufen am 31. Juli 2019

Linz, M. (2017): Wie Suffizienzpolitiken gelingen. Eine Handreichung (Wuppertal Spezial 52), Wuppertal, verfügbar unter epub.wupperinst.org, abgerufen am 31. Juli 2019

OECD (2002): Towards Sustainable Household Consumption? Trends and Policies in OECD Countries, verfügbar unter www.oecd-ilibrary.org, abgerufen am 31. Juli 2019

Reisch, L.A. (2002): Symbols for Sale, Funktionen des symbolischen Konsums, in: Deutschmann, C. (Hg.): Die gesellschaftliche Macht des Geldes, Wiesbaden, 226-248

Reisch, L.A., Bietz, S. (2016): Zeit, Wohlstand und Gutes Leben: Was kann Zeitpolitik zur Großen Transformation beitragen?, in: Held, M. (Hg.): Politische Ökonomik großer Transformationen, Marburg

Røpke, I. (2010): Konsum: der Kern des Wachstumsmotors, in: Seidl, I., Zahrnt, A. (Hg.): Postwachstumsgesellschaft. Konzepte für die Zukunft, Marburg, 103-115

Røpke, I., Reisch, L.A. (2004): The Place of Consumption in Ecological Economics, in: Reisch, L.A., Røpke, I. (Hg.): The Ecological Economics of Consumption, Cheltenham/Northampton

Rosenkranz, D., Schneider, N.F. (Hg.) (2000): Konsum, Soziologische, ökonomische und psychologische Perspektiven, Wiesbaden

Sachs, W. (1993): Die vier E's: Merkposten für einen maß-vollen Wirtschaftsstil, in: Politische Ökologie 11(33), 69-72

Schneck (2015): Lexikon der Betriebswirtschaft, München, www.finanzen.net/wirtschaftslexikon, abgerufen am 31. Juli 2019

Schneider, N.F. (2000): Konsum und Gesellschaft, in: Rosenkranz, D., Schneider, N.F. (Hg.): Konsum. Soziologische, ökonomische und psychologische Perspektiven, Wiesbaden, 9-22

Schneidewind, U., Zahrnt, A. (2013): Damit gutes Leben einfacher wird. Perspektiven einer Suffizienzpolitik, München

Scholl, G., Gossen, M., Holzhauer, B., Schipperges, M. (2015): Umweltbewusst-sein in Deutschland 2014. Ergebnisse einer repräsentativen Bevölkerungs-umfrage, Umweltbundesamt und Bundesumweltministerium, verfügbar unter www.umweltbundesamt.de/publikationen, abgerufen am 31. Juli 2019

Scholl, G., Gossen, M., Holzhauer, B., Schipperges, M. (2017): Umweltbewusst-sein in Deutschland 2016, Ergebnisse einer repräsentativen Bevölkerungs-umfrage, Bundesministerium für Umwelt, Naturschutz, Bau und Reaktor-sicherheit und Umweltbundesamt

Schumacher, K., Wolff, F., Cludius, J., Fries, T., Hünecke, K., Postpischil, R., Steiner, V. (2019): Arbeitszeitverkürzung – gut für's Klima? Treibhausgas-minderung durch Suffizienzpolitiken im Handlungsfeld „Erwerbsarbeit", Dessau

Spaargaren, G. (2011): Theories of practices, Agency, technology, and culture, in: Global Environmental Change 21(3), 813-822

Stengel, O. (2011): Suffizienz, Die Konsumgesellschaft in der ökologischen Krise, München

Toffler, A. (1983): Die dritte Welle, Zukunftschance: Perspektiven für die Ge-sellschaft des 21. Jahrhunderts, München

Voswinkel, S. (2008): Anerkennung durch Konsum? In: Rehberg, K.-S. (Hg.): Die Natur der Gesellschaft: Verhandlungen des 33. Kongresses der Deut-schen Gesellschaft für Soziologie in Kassel 2006. Teilband 1 und 2, Frank-furt a. M., 3962-3972

Wiswede, G. (2000): Konsumsoziologie – eine vergessene Disziplin, in: Rosen-kranz, D., Schneider, N.F. (Hg.): Konsum. Soziologische, ökonomische und psychologische Perspektiven, Wiesbaden, 23-72

Unternehmen als Gestalter nachhaltiger Arbeit

*Gerrit von Jorck, Ulf Schrader**

Zusammenfassung: Unternehmen können einen wesentlichen Beitrag zum Übergang in eine Postwachstumsgesellschaft leisten, in der die dominierende Stellung von Erwerbsarbeit und Konsum verringert wird und andere Tätigkeiten an Bedeutung gewinnen. Dafür müssen sie die Erwerbsarbeit nachhaltig gestalten. Arbeit ist dabei nicht bloß ein Objekt einer sozial-ökologischen Transformation: Über die Ausgestaltung von Arbeitszeitregimen und der Arbeitsorganisation können Unternehmen einen aktiven Beitrag zu einer nachhaltigen Lebensführung der Beschäftigten erbringen und deren Zeitwohlstand steigern.

1. Einleitung

Unternehmen sind zentrale Akteure der Erwerbsarbeitsgesellschaft. Sie gestalten die Bedingungen, unter denen Erwerbsarbeit geleistet wird, und prägen maßgeblich das Verständnis von Arbeit. Beim Übergang von der Erwerbsarbeits- zu einer wachstumsunabhängigen Tätigkeitsgesellschaft spielen Unternehmen deshalb eine wichtige Rolle.

Dieser Beitrag zeigt auf, wie Unternehmen als Gestalter nachhaltiger Arbeit zu einer sozial-ökologischen Transformation der Gesellschaft und der alltäglichen Lebensführung ihrer Beschäftigten beitragen können. Dazu gehen wir zunächst auf die Bedeutung von Erwerbsarbeit für eine nachhaltige Lebensführung ein, bevor wir Möglichkeiten von Unternehmen beleuchten, Arbeit nachhaltiger und zugleich wachstumsunabhängiger zu gestalten.

* Die Autoren danken Viola Muster für ihre wertvollen Kommentare.

2. Arbeit und Nachhaltigkeit

Arbeit ist zentrales Objekt einer sozial-ökologischen Transformation. Das Entwicklungsprogramm der Vereinten Nationen definiert nachhaltige Arbeit als „Arbeit, die der menschlichen Entwicklung förderlich ist und gleichzeitig negative Außenwirkungen, die in verschiedenen geographischen und zeitlichen Zusammenhängen erlebt werden können, verringert oder ausschaltet. Sie ist nicht nur für die Erhaltung unseres Planeten entscheidend, sondern auch, um sicherzustellen, dass künftige Generationen weiterhin Arbeit haben" (UNDP 2015). Dieser Arbeitsbegriff bezieht sich sowohl auf bezahlte als auch auf unbezahlte Tätigkeiten. Nachhaltige Arbeit schont demnach sowohl die innere Natur des Menschen – seine physische und psychische Entwicklung – als auch die äußere Natur – die natürlichen Lebensgrundlagen.

Arbeit ist jedoch nicht bloß Objekt sozial-ökologischer Transformation, sondern kann auch zur sozial-ökologischen Transformation der Lebensführung beitragen. Bereits Marx beschreibt Arbeit als einen Stoffwechsel zwischen Mensch und Natur und verweist damit auf ihren transformativen Charakter. Der Mensch verändere seine innere Natur, indem er, vermittelt über den Arbeitsprozess, auf die äußere Natur einwirke (Marx 2005). Ist der Arbeitsprozess geprägt durch eine Steigerungslogik, beschleunigt sich auch der über Arbeit vermittelte Stoffwechsel zwischen Mensch und Natur. Der Arbeitsprozess transformiert dabei das Mensch-Natur-Verhältnis: Eine beschleunigte Arbeitsweise kann zu einer subjektiv wahrgenommenen Zeitnot führen (innere Natur) wie auch zu einem intensiveren Ressourcenverbrauch (äußere Natur). Zugleich stehen diese beiden Effekte in einer wechselseitigen Beziehung zueinander.

Unternehmen beeinflussen also aktiv die Lebensführung ihrer Beschäftigten, indem sie die Arbeitsorganisation und das Arbeitszeitregime gestalten. Die Arbeitgeber können vielfältigere und nachhaltigere Lebensführungen ermöglichen (etwa indem sie subsistente und suffiziente Verhaltensweisen erleichtern) und so die materielle und immaterielle Abhängigkeit von Erwerbsarbeit und Erwerbseinkommen verringern. Unternehmen, die so handeln, können als Arbeitgeber attraktiver werden und zur Resilienz und Wachstumsunabhängigkeit ihrer MitarbeiterInnen beitragen.

3. Anders Arbeiten
in alternativen Organisationen und Unternehmen

In der sogenannten alternativen Ökonomie – alternative Organisationen der Plattformökonomie wie Wikipedia, Fairmondo, offene Werkstätten und Genossenschaften oder Postwachstumsunternehmen (Gebauer et al. 2015) – wird vielfach ein Tätigsein jenseits klassischer Erwerbsarbeitsverhältnisse erprobt und praktiziert. Häufig lässt sich hier beobachten, wie Tätigkeiten der verschiedenen Arbeitsbereiche Erwerbsarbeit, Versorgungsarbeit, Gemeinschaftsarbeit und Eigenarbeit gleichberechtigt integriert werden. Da derartige alternative Konzepte des Wirtschaftens auch für klassische Unternehmen Impulse für ein anderes Arbeitsverständnis setzen können, gehen wir im Folgenden auf die Bedeutung von Arbeit in Organisationen der alternativen Ökonomie ein.

Die Chancen, welche die Digitalisierung für andere Arbeitsweisen bietet, lassen sich am Beispiel der Wikipedia beobachten, die als digitales Gemeingut weitgehend durch unbezahlte Arbeit bereitgestellt wird. Vielfach verschärft die Digitalisierung jedoch gesellschaftliche Spaltungen und erweitert die Sphäre bezahlter Arbeit. Plattformen wie Helpling, Uber oder Airbnb schaffen Arbeitsangebote jenseits klassischer Erwerbsarbeitsverhältnisse und ermöglichen dadurch eine Diversifizierung des Arbeitseinkommens, sie kommodifizieren aber zugleich privateste Lebensbereiche und schaffen teilweise ein neues „Dienstleistungsproletariat" (Nachtwey/Staab 2015, Scholz 2016). In eine andere Richtung entwickelt sich der sogenannte Plattform-Kooperativismus (Scholz 2016): Genossenschaftlich organisierte Alternativbetriebe greifen die Chancen der Digitalisierung auf, um verschiedene Formen von Arbeit zu integrieren. Gleichzeitig versuchen sie, die Risiken informeller Arbeit einzudämmen, indem sie die NutzerInnen der Plattform zu deren EigentümerInnen machen. Ein Beispiel ist das Wikitheater (Bauwens/Kostakis 2014), das kollaborativ in unbezahlter Arbeit Theaterstücke entwickelt. Die Stücke stehen frei zur Verfügung; bei kommerzieller Aufführung handelt die Kooperative eine Vergütung aus. Die Plattformkooperative schafft damit zum einen frei zugängliche Commons und zum anderen zusätzliche Einkommen.

Auch offene Werkstätten und Häuser der Eigenarbeit probieren neue Produktions- und Arbeitsweisen aus (Baier/Müller 2017, Simons et al. 2016). Sie stellen die Produktionsmittel bereit, um Bedürfnisse außerhalb des Marktes zu befriedigen oder neue Ideen zu entwickeln, die später auf dem Markt angeboten werden. Nach Schor (2016) sind im Zuge der Digitalisierung die Produktionskosten des Selbermachens deutlich gesunken (etwa mit dem 3-D-Druck), während die Lohnentwicklung in vielen Sektoren stagniert. Hierdurch sei es für viele Beschäftigte ökonomisch rational geworden, ihre Erwerbsarbeitszeit zu reduzieren und ihre Bedürfnisse direkt selbst zu befriedigen, anstatt weiterhin im klassischen „Work-and-Spend Cycle"[1] zu verbleiben. Offene Werkstätten können somit einen Beitrag zur Unabhängigkeit von Erwerbsarbeit leisten.

In manchen Energiegenossenschaften lassen sich Wechselwirkungen zwischen bezahlter und unbezahlter Arbeit beobachten, indem GenossenschafterInnen ehrenamtlich Kompetenzen einbringen, die sie sich in der Erwerbsarbeit angeeignet haben (Mautz 2016). Umgekehrt fließen auch die Erfahrungen aus alternativen Arbeitskontexten wieder in die Erwerbsarbeit ein. Auch die bei ehrenamtlicher Arbeit entstehenden sozialen Bindungen können die Beteiligten stärken (Rommel et al. 2018). Dieses Empowerment kann neue Gemeinschaften entstehen lassen, in denen sich die Abhängigkeit von Erwerbsarbeit dadurch verringert, dass die Beteiligten weitere Projekte einer lokalen Ökonomie anstoßen (beispielsweise in der solidarischen Landwirtschaft).

Bisher verbleiben alternative Organisationen oft in der Nische. Ein Grund dafür ist, dass sich dort vielfach Menschen zusätzlich zu ihrer regulären Erwerbsarbeit engagieren (Blättel-Mink et al. 2017). Das Engagement in der Alternativökonomie bleibt damit von konventioneller Erwerbsarbeit abhängig und muss sich in der Regel an deren Anforderungen anpassen: Zum einen vereinnahmt traditionelle Erwerbsarbeit einen Großteil der zeitlichen Ressourcen, zum anderen prägt sie unsere Haltung zur Erwerbsarbeit. Diese Haltung – etwa eine übersteigerte Leistungsorientierung – müssen die Beteiligten der Alternativökonomie zunächst aktiv verlernen. Ohne eine substanzielle Veränderung der Erwerbsarbeit auch in klassischen Unternehmen wird sich das allgemeine Verständnis von Erwerbsarbeit deshalb kaum wandeln.

---

[1] Schor (1993) beschreibt mit dem Work-and-Spend Cycle das Phänomen, dass Erwerbsarbeit vor allem der Befriedigung wachsender Konsumbedürfnisse dient, die dann wiederum zu Erwerbsarbeit motivieren, so dass Produktivitätsgewinne nicht in mehr freie Zeit überführt werden.

Ein Umdenken in der Arbeitsweise findet auch außerhalb alternativer Organisationen statt. Es kann ausgelöst werden, wenn starke Auftragslagen zu hoher Arbeitsbelastung führen und die anfallende Arbeit kontinuierlich verteilt werden soll. Dies kann ein Anlass sein, sich aktiv mit Wachstumsstreben und Stabilität auseinanderzusetzen und Freiräume zur Reflexion der Arbeits- und Produktionsweise zu schaffen (Jorck/Gebauer 2015). Daraus können Postwachstumsunternehmen entstehen, die sich für ein reduziertes Tempo und Kapazitätspuffer in Form kollaborativer Produktionsgemeinschaften und antizyklischer Personalpolitik entscheiden: In Aufschwungphasen stellen sie wenig neues Personal ein und in Abschwungphasen entlassen sie kaum jemanden, sondern etablieren beispielsweise Lebensarbeitszeitkonten (Gebauer/Mewes 2015). Solche Unternehmen verzichten bewusst darauf, alle Wachstumsmöglichkeiten auszuschöpfen. Dabei entwickeln sie ein Geschäftsmodell, das auf möglichst engen und oftmals auch regionalen Kunden- und Lieferantenbeziehungen basiert. Die Pflege von Beziehungen wird damit zu einem wichtigen Bestandteil von Erwerbsarbeit.

4. Beschäftigte als MitarbeiterInnen und KonsumentInnen

Wenn Unternehmen die doppelte Rolle ihrer Beschäftigten als MitarbeiterInnen und KonsumentInnen berücksichtigen, können Nachhaltigkeitsinnovationen in zweierlei Hinsicht entstehen: zum einen, wenn in der Arbeitswelt nachhaltige Lebens- und Konsumweisen möglich werden (etwa durch das Angebot einer Dusche für Fahrradpendler), zum anderen, indem Ideen und Erfahrungen aus dem Privatleben in die Arbeitswelt eingehen (wenn etwa private Sharing-Praktiken im Rahmen offener Innovationsprozesse in die Gestaltung von Produkten oder des Arbeitsplatzes einfließen).

Nachhaltigkeitsorientierte MitarbeiterInnen sind vielfach willens und in der Lage, ihre Kompetenzen und Erfahrungen von außen mit den Gegebenheiten von innen zusammenzuführen und Veränderungen voranzubringen (Schmidt-Keilich/Schrader 2019). Dazu bedarf es geeigneter Rahmenbedingungen wie einer partizipativen, nachhaltigkeitsorientierten Unternehmenskultur und ausreichender Handlungsspielräume (Schrader/ Harrach 2013). Gute Ideen etwa für die nachhaltige Gestaltung von Produktverpackungen oder Pausenräumen können auch von „einfachen" Beschäftigten kommen und nicht nur von professionellen DesignerInnen.[2]

So wie das privat Gelernte die Erwerbsarbeit befruchten kann, so hat auch der Arbeitsplatz das Potenzial, zum Lernort für nachhaltige Konsumpraktiken zu werden (Muster/Schrader 2011, Süßbauer/Schäfer 2018), indem beispielsweise der Arbeitgeber Dienstfahrräder bereitstellt oder in der Kantine nachhaltig produzierte Mahlzeiten anbietet. Nehmen Unternehmen ihre Beschäftigte sowohl als MitarbeiterInnen wie als KonsumentInnen wahr, können sie Selbstwirksamkeitserfahrungen stärken und die Zufriedenheit der Beschäftigten steigern (Muster 2014). Werden Nachhaltigkeitspraktiken als aufgezwungen wahrgenommen, kann dies allerdings auch Abwehrreaktionen bewirken. Deshalb benötigt eine solche Entgrenzung zwischen Erwerbsarbeits- und Privatleben durch Konsumangebote und die Integration von Konsumkompetenzen ein gewisses „Grenzmanagement"[3]. Dieses bedarf zum einen persönlicher Kompetenzen der MitarbeiterInnen, wie die Fähigkeit, Kosten und Nutzen entgrenzender Angebote des Arbeitgebers (Konsumangebote oder Arbeitszeitmodelle) für die eigene Lebensführung einzuschätzen, und zum anderen Vereinbarungen und Regeln, die es den MitarbeiterInnen ermöglichen, selbst zu bestimmen, wie sehr sie ihr Privatleben mit dem Erwerbsarbeitsleben verschränken möchten. Zeitpolitische Instrumente können dabei eine wichtige Rolle spielen.

5. Zeitpolitische Instrumente

Es lassen sich grob drei Formen zeitpolitischer Instrumente unterscheiden: Arbeitszeitflexibilisierung, innere Arbeitszeitverkürzung – also eine Reduktion der marktorientierten Tätigkeiten innerhalb der formal gleichbleibenden Erwerbsarbeitszeit – und äußere Arbeitszeitverkürzung – also eine Reduktion der absoluten Erwerbsarbeitszeit. Während in der folgenden Diskussion der zeitpolitischen Instrumente die quantitative Dimension

---

[2] Siehe dazu das Projekt „Integration von MitarbeiterInnen als KonsumentInnen in Innovationsprozesse" im Rahmen der Sozial-ökologischen Forschung des Bundesministeriums für Bildung und Forschung (www.nachhaltigkeitsinnovation.de).
[3] Jürgens (2009) versteht darunter die aktive Gestaltung der Wechselwirkungen und Widersprüche zwischen Erwerbsarbeit und anderen Tätigkeitsbereichen.

der Zeit im Fokus steht, umfasst das Konzept Zeitwohlstand (Kapitel 6) auch die qualitative Dimension der Zeit.

5.1 Arbeitszeitflexibilisierung

Eine Flexibilisierung der Arbeitszeit verspricht zunächst eine bessere Vereinbarkeit verschiedener Lebensbereiche. Anstatt das Leben um die Erwerbsarbeit herum zu gestalten, ermöglicht sie den Beschäftigten, die Familie, das gesellschaftliche Engagement oder die Muße ins Zentrum ihrer Lebensführung zu stellen. Vielfach tendieren Erwerbstätige in flexiblen Arbeitszeitregimen, die über einfache Gleitzeitmodelle hinausgehen, jedoch dazu, mehr zu arbeiten. Diese Mehrarbeit wird sowohl in Form einer Intensivierung (Mehrarbeit in derselben Zeit) als auch in Form einer Extensivierung (bezahlte und oft auch unbezahlte Überstunden) geleistet (Matta 2015).

Arbeitszeitflexibilisierungen wirken sich auf männlich und weiblich sozialisierte Beschäftigte unterschiedlich aus (Lott 2018). Orientiert sich die Flexibilisierung vorrangig an den Interessen des Unternehmens, erschwert die mangelnde Planbarkeit von Arbeitsabläufen vor allem die Lebensführung von Frauen. Können Beschäftigte ihre Arbeitszeiten hingegen weitgehend selbst bestimmen, neigen vor allem Männer dazu, ihre Arbeitszeit deutlich auszuweiten. Zwar tendieren auch Frauen zu Mehrarbeit, doch gelingt es ihnen offenbar besser, sich gegenüber Anforderungen der Erwerbsarbeit abzugrenzen. Mütter in flexiblen Arbeitsverhältnissen wenden deutlich mehr Zeit dafür auf, Kinder zu betreuen, während Väter dies umso weniger tun, je flexibler ihre Arbeitszeiten sind (Lott 2019). Arbeitszeitflexibilisierung kann somit die klassischen Geschlechterrollen festigen.

Unternehmen können das Grenzmanagement zwischen Erwerbsarbeits- und Privatleben ihrer Beschäftigten unter anderem dadurch unterstützen, dass sie zeitachtsam kommunizieren, das heißt die Betriebskommunikation auf gewisse Tage der Woche beschränken (Mückenberger 2017). Die klassische Rollenverteilung zwischen den Geschlechtern lässt sich etwas aufweichen, wenn Arbeitszeiten auch in flexiblen Arbeitszeitregimen erfasst und „Elternzeiten" als förderlich für die Karriere gewertet werden (Lott 2019).

5.2   Innere Arbeitszeitverkürzung

Wachstumsgesellschaften tendieren dazu, verschiedene Formen unbezahlter Arbeit in Erwerbsarbeit zu transformieren (Barth et al. 2018). Dadurch verschiebt sich die Grenze zwischen verschiedenen Lebenssphären zu Gunsten der Erwerbsarbeit. In der Folge fehlen dann vielfach notwendige Zeiten zur Pflege von Angehörigen, für gesellschaftliches Engagement oder für die persönliche Entfaltung. Das Konzept der „atmenden Lebensläufe" (Jurczyk/Mückenberger 2016) berücksichtigt die verschiedenen zeitlichen Ansprüche dieser Lebensbereiche. ArbeitnehmerInnen soll ermöglicht werden, sozial abgesichert anderen Formen gesellschaftlicher Arbeit nachzugehen. In Form „zeitlicher Ziehungsrechte" (Mückenberger 2017) hätten ArbeitnehmerInnen einen rechtlichen Anspruch auf bezahlte und sozial abgesicherte Auszeiten, etwa für gesellschaftlich notwendige Tätigkeiten oder zur Muße. Das Modell führt bestehende Rechte wie Elterngeld oder Bildungsurlaub zusammen und erweitert sie. Die Finanzierung läge dabei je nach Anlass beim Staat (Elterngeld), dem Unternehmen (Bildungsurlaub) oder den Beschäftigten (Sabbatical). Lebensläufe würden damit unabhängiger von der jeweiligen konjunkturellen und betrieblichen Lage.

Solche Formen innerer Arbeitszeitverkürzung sind nicht bloß über den Lebenslauf hinweg zentral, sondern auch für die alltägliche Lebensführung. Eine Ausweitung des Rechts auf innere Arbeitszeitverkürzung – analog zum Recht, bei kranken Kindern zuhause zu bleiben – auf weitere gesellschaftlich notwendige und erwünschte Tätigkeiten kann dabei ein wichtiger Schritt in die Tätigkeitsgesellschaft sein. Unternehmen können auf diese Weise „Zeitinvestitionen in die Umwelt" (Rinderspacher 1996) fördern, indem sie beispielsweise die längeren Fahrtzeiten der ArbeitnehmerInnen als Arbeitszeit anerkennen, die mit dem Fahrrad zur Arbeit fahren (Doiber 2018). Denkbar wären ebenso Freistellungen für Erntewochen in der solidarischen Landwirtschaft oder für ehrenamtliche Tätigkeiten. In Deutschland existieren solche Freistellungen bereits für politische Ämter oder das Engagement bei der Freiwilligen Feuerwehr oder dem Technischen Hilfswerk. Dabei stehen solche Formen der Umwidmung von Erwerbsarbeitszeit prinzipiell in einem Trade-off-Verhältnis zu äußerer Arbeitszeitverkürzung: je stärker Erwerbsarbeitszeit absolut gekürzt wird, desto weniger Spielraum ergibt sich für Formen der inneren Arbeitszeitverkürzung (Mückenberger 2017).

5.3 Äußere Arbeitszeitverkürzung

Im Hinblick auf zeitpolitische Instrumente dominieren im Postwachstumsdiskurs Konzepte einer äußeren Verkürzung der Erwerbsarbeitszeit (vgl. Hayden 1999, Kallis et al. 2013, siehe auch Gerold und Reuter in diesem Buch). Arbeitszeitverkürzung gilt als ein wichtiger Pfad in eine Postwachstumsgesellschaft, weil dadurch zum einen bei ausbleibendem Wirtschaftswachstum die verbliebene Erwerbsarbeit auf mehr Köpfe verteilt werden kann und weil zum anderen den Erwerbstätigen mehr Zeit für suffiziente und subsistente Konsumweisen (Reparieren, Selbermachen) bleibt (Paech 2012). Die erfolgreiche Implementierung von Kurzarbeit in Deutschland während der letzten Rezession hat zudem gezeigt, dass Arbeitszeitverkürzung durchaus die Resilienz gegenüber Wachstumsschwankungen stärken kann. Auch mag sich beim Wegfallen ganzer Arbeitstage der Umweltverbrauch verringern, der direkt mit Arbeit verknüpft ist, wie zum Beispiel der Pendelverkehr (King/van den Bergh 2017). Es können aber auch zusätzliche Pendelverkehre entstehen, wenn die vorhandene Erwerbsarbeit auf mehr Köpfe verteilt wird. Ein weiterer Rebound-Effekt äußerer Arbeitszeitverkürzung kann dadurch entstehen, dass zusätzliche Freizeit umweltschädigend genutzt wird (Buhl 2015) – etwa für Flugreisen.

Ob Arbeitszeitverkürzung mit oder ohne Lohnausgleich erfolgen sollte, wird kontrovers diskutiert (vgl. Reuter in diesem Buch). Vielfach wird angenommen, dass sich ein Einkommensrückgang ökologisch positiv auswirkt (z.B. Hayden 1999). Allerdings ist ein Einkommensverlust für GeringverdienerInnen oft nicht verkraftbar. Sozialpolitische Maßnahmen, die GeringverdienerInnen und Familien mit Kindern finanziell unterstützen, können zu einer gerechten Ausweitung frei verfügbarer Zeit beitragen (Goodin 2009). Arbeitszeitverkürzung kann aber auch befördert werden, wenn die Lohndifferenz verringert wird, so dass sich auch GeringverdienerInnen Arbeitszeitreduktionen leisten können, oder wenn der Arbeitgeber die Gehaltseinbußen ausgleicht. Aus betriebswirtschaftlicher Sicht würde ein Lohnausgleich nach Arbeitszeitverkürzung den Inputfaktor Arbeit verteuern. Er kann aber auch dazu veranlassen, Beschäftigte besser auszubilden, um ihre Produktivität zu erhöhen (Kallis et al. 2013). In beiden Fällen scheint eine Arbeitszeitverkürzung mit Lohnausgleich eine Steigerung der Produktivität zur Folge zu haben. Sie kann dann zur Dynamisierung der Wirtschaft beitragen, zu Wirtschaftswachstum und Ressourcenverbrauch.

6. Zeitwohlstand

Unternehmen können den Zeitwohlstand ihrer Beschäftigten auch fördern, ohne die Arbeitszeit zu verkürzen.[4] Zeitwohlstand definieren wir in Anlehnung an Rinderspacher (2012) als „genügend Zeit pro Zeitverwendung (Tempo) bei ausreichend stabilen Erwartungshorizonten (Planbarkeit) und zufriedenstellender Abstimmung unterschiedlicher zeitlicher Anforderungen (Synchronisierung) unter hinreichend selbst bestimmten Bedingungen (Zeitsouveränität) und einem angemessenen Umfang frei zur Verfügung stehender Zeit (freie Zeit)" (Jorck et al. 2019). Der Zeitwohlstand bezieht sich anders als die Debatte um Arbeitszeitverkürzung auf bezahlte und unbezahlte Arbeit.

Zeitnot als Gegenstück zu Zeitwohlstand ist ein möglicher Treiber ressourcenintensiver Konsumgewohnheiten. Der Wunsch, Zeitnot zu reduzieren oder zu verhindern, kann dazu führen, dass Beschleunigungstechnologien wie das Auto umweltfreundlicheren Techniken wie dem Fahrrad vorgezogen werden. Der durch Zeitnot erzeugte Stress kann zu Kompensationskonsum führen, etwa in Form eines Besuchs im Spa oder einer Shoppingtour. Ein intensiverer, stärker ressourcenverbrauchender Konsum kann wiederum das Gefühl von Zeitnot erhöhen, denn viele der erworbenen Güter werden als „Zeitdiebe" aktiv (Binswanger 2013).

Rosa (2014) definiert das Lebenstempo über die „Zahl an Handlungs- oder Erlebnisepisoden pro Zeiteinheit". Über eine Mindestpersonalbemessung, etwa in der Pflegebranche, lässt sich die Zahl dieser Handlungsepisoden pro Zeiteinheit deckeln und damit Zeitnot reduzieren. Letztlich käme eine Senkung des Arbeitstempos einer Senkung der Arbeitsproduktivität gleich: Je Arbeitsinput würde weniger Output generiert. Betrachtet man aber auch die Qualität des Outputs, so kann eine Senkung des Arbeitstempos die Arbeitsproduktivität auch erhöhen – etwa, wenn PatientInnen zufriedener sind, weil ihnen mehr Zeit gewidmet wird, und sie gegebenenfalls schneller gesunden. Ohne flankierende Maßnahmen wie allgemeinverbindliche Flächentarifverträge verringert sich durch eine Mindestpersonalbemessung tendenziell die Wettbewerbsfähigkeit von Unternehmen. Eine Senkung der Arbeitsproduktivität kann

---

[4] Siehe dazu das Projekt „Zeit-Rebound, Zeitwohlstand und Nachhaltiger Konsum" im Rahmen der Sozial-ökologischen Forschung des Bundesministeriums für Bildung und Forschung (www.zeit-rebound.de).

auch zu einer Schrumpfung der Wirtschaftsleistung führen, wenn die Beschäftigung nicht im gleichen Maße ausgeweitet wird. Auch eine stärkere betriebliche Mitbestimmung über Leistungsanforderungen kann das Lebenstempo entschleunigen. Ein Instrument dafür sind „kollektive Verfügungszeiten", in denen über die Zeitstrukturen eines Unternehmens reflektiert wird (Mückenberger 2017). Reflexionszeiten können darüber hinaus die Diskrepanz zwischen Umweltbewusstsein und Umweltverhalten verkleinern (Chai et al. 2015). Auch wenn bisherige Studien sich auf Einzelpersonen beziehen, könnten Reflexionszeiten im Betrieb ebenfalls dazu beitragen, dass aus einer allgemeinen Besorgnis um die Umwelt neue Verhaltenspräferenzen entstehen. Dass Achtsamkeitskurse im Unternehmenskontext zu einem stärkeren Präferieren sozialökologischer Werte beitragen können, konnten Geiger et al. (2018) zeigen.

Unternehmen bestimmen jedoch nicht bloß das Tempo der Arbeit, sondern oft auch den Planungshorizont der Beschäftigten. Dieser Planungshorizont kann mehrfach verkürzt werden: durch Befristung der Beschäftigung, durch spontane Veränderungen im Betriebsablauf oder durch digitale Kommunikationsmittel, die kurzfristige Terminänderungen ermöglichen. Eine Verkürzung des Planungshorizonts erschwert es, verschiedene Systemzeiten wie Familienzeit, Erwerbsarbeitszeit, Zeit des gesellschaftlichen Engagements oder Eigenzeit zu synchronisieren. Zwischen diesen Systemzeiten besteht ein Machtgefälle, so dass sich in der Regel Anforderungen der Erwerbsarbeitszeit gegenüber sozialen Zeiten und diese wiederum gegenüber Zeiten des gesellschaftlichen Engagements und der Eigenzeit durchsetzen. Indem Unternehmen den Planungshorizont erweitern, etwa durch langfristige Arbeitsverträge und vorhersehbare Betriebsabläufe, kann das Gleichgewicht zwischen den verschiedenen Systemzeiten aktiv gefördert werden.

7. Zusammenfassung und Fazit

Unternehmen können einen wesentlichen Beitrag zur Gestaltung nachhaltiger Arbeit leisten. Arbeit ist dabei nicht bloß ein Objekt einer sozialökologischen Transformation, sondern ihre Ausgestaltung kann einen aktiven Beitrag zu einer nachhaltigen Lebensführung erbringen. Von Organisationen der alternativen Ökonomie lässt sich lernen, wie bezahlte und unbezahlte Tätigkeiten sich befruchten können. Da das Engagement innerhalb der alternativen Ökonomie jedoch oft zusätzlich zur klassischen Erwerbsarbeit stattfindet, setzen auch konventionelle Unternehmen wichtige Rahmenbedingungen für die Entwicklung neuer Arbeitsweisen. Postwachstumsunternehmen zeigen, wie eine zeitsensitive Unternehmenskultur Erwerbsarbeit positiv gestalten kann. Doch auch jenseits dieser Nischen haben Unternehmen vielfältige Möglichkeiten, Arbeit nachhaltig zu gestalten. Nehmen sie ihre Beschäftigten als MitarbeiterInnen und als KonsumentInnen wahr, können Unternehmen Lernorte nachhaltigen Konsumierens werden und zugleich selbst von den nachhaltigen Konsumpraktiken ihrer Beschäftigten profitieren.

Auch als Gestalter von Arbeitszeitregimen können Unternehmen die Lebensführung ihrer Beschäftigten beeinflussen. So kann eine Flexibilisierung der Arbeitszeiten, die in eine zeitachtsame Unternehmenskultur eingebettet ist, die Vereinbarkeit verschiedener Lebensbereiche befördern. Maßnahmen innerer Arbeitszeitverkürzung wie Freistellungen für Umweltaktivitäten können nachhaltige Konsumpraktiken befördern. Ebenso kann eine äußere Arbeitszeitverkürzung zeitintensive Konsumpraktiken wie Reparieren und Selbermachen ermöglichen. Es können jedoch ökologische Rebound-Effekte einer Arbeitszeitverkürzung auftreten, wenn die gewonnene freie Zeit beispielsweise in häufigere Reisen investiert wird.

Unternehmen beeinflussen nicht bloß die quantitative Arbeitszeit ihrer Beschäftigten, sondern über das Tempo, die Planbarkeit oder das Timing auch ihre Qualität. Das Konzept Zeitwohlstand integriert die quantitative und die qualitative Dimension der Zeit. Indem Unternehmen beispielsweise Reflexionszeiten über Zeitstrukturen schaffen, ihren Beschäftigten mehr Planbarkeit ermöglichen und über eine Mindestpersonalbemessung das Tempo verringern, tragen sie aktiv zum Zeitwohlstand ihrer Beschäftigten bei.

Zusammengenommen stellen die diskutierten Maßnahmen mögliche Pfade hin zu einer sozial-ökologischen Transformation der Arbeits- und Lebensweise dar. Sie sind damit ein Beitrag zum Übergang in eine Postwachstumsgesellschaft, in der die dominierende Stellung von Erwerbsarbeit und Konsum verringert wird und andere Tätigkeiten an Bedeutung gewinnen.

Literatur

Baier, A., Müller, C. (2017): Vom Haus der Eigenarbeit zur Stadt der Commonisten – Zum Forschungsverständnis der Anstiftung, in: Jaeger-Erben, M., Rückert-John, J., Schäfer, M. (Hg.): Soziale Innovationen für nachhaltigen Konsum. Wissenschaftliche Perspektiven, Strategien der Förderung und gelebte Praxis, Wiesbaden, 243-262

Barth, T., Jochum, G., Littig, B. (2018): Nachhaltige Arbeit – die sozial-ökologische Transformation der Arbeitsgesellschaft befördern, in: GAIA, 27(1), 127-131

Bauwens, M., Kostakis, V. (2014): From the Communism of Capital to Capital for the Commons: Towards an Open Co-operativism, in: tripleC: Communication, Capitalism & Critique. Open Access Journal for a Global Sustainable Information Society, 12(1), 356-361

Binswanger, M. (2013): Die Tretmühlen des Glücks: Wir haben immer mehr und werden nicht glücklicher. Was können wir tun?, 8. Auflage, Freiburg i. B.

Blättel-Mink, B., Rau, A., Schmitz, S. (2017): Arbeit in der Postwachstumsgesellschaft, in: Diefenbacher, H., Held, B., Rodenhäuser D. (Hg.): Ende des Wachstums – Arbeit ohne Ende? Arbeiten in einer Postwachstumsgesellschaft, Marburg, 185-222

Buhl, J. (2015): Zeit-Rebound-Effekte nach Arbeitszeitverkürzung, in: Ökologisches Wirtschaften, 30(4), 28-29

Chai, A., Bradley, G., Lo, A., Reser, J. (2015): What time to adapt? The role of discretionary time in sustaining the climate change value–action gap, in: Ecological Economics, 116, 95-107

Doiber, M. (2018): Arbeits- und Mobilitätszeit neu gedacht, Graz

Gebauer, J., Mewes, H. (2015): Qualität und Suffizienz in stabilitätsorientierten KMU, in: uwf UmweltWirtschaftsForum, 23(1-2), 33-40

Gebauer, J., Mewes, H., Dietsche, C. (2015): Wir sind so frei: Elf Unternehmen lösen sich vom Wachstumspfad, Berlin

Geiger, S., Böhme, T., Fischer, D., Frank, P., Grossman, P., Schrader, U., Stanszus, L., Sundermann, A. (2018): BiNKA – Bildung für nachhaltigen Konsum durch Achtsamkeitstraining: Ergebnisse eines Interventionsprojekts, Berlin

Goodin, R. (2009): Temporal Justice, in: Journal of Social Policy, 39(1), 1-16

Hayden, A. (1999): Sharing the work, sparing the planet: Work time, consumption, & ecology, London

Jorck, G. von und Gebauer, J. (2015): Wir produzieren Zeitwohlstand, in: Ökologisches Wirtschaften, 30(4), 21-23

Jorck, G. von, Gerold, S., Geiger, S., Schrader, U. (2019): Zeitwohlstand. Arbeitspapier zur Definition von Zeitwohlstand im Forschungsprojekt ReZeitKon, Berlin

Jurczyk, K., Mückenberger, U. (2016): Einführung: Atmende Lebensläufe – Utopie und zeitpolitische Baustelle, in: Zeitpolitisches Magazin, 13(28), 1-2

Jürgens, K. (2009): Arbeits- und Lebenskraft: Reproduktion als eigensinnige Grenzziehung, 2. Auflage, Wiesbaden

Kallis, G., Kalush, M., O'Flynn, H., Rossiter, J., Ashford, N. (2013): „Friday off": Reducing Working Hours in Europe, in: Sustainability, 5(12), 1545-1567

King, L., van den Bergh, J. (2017): Worktime Reduction as a Solution to Climate Change: Five Scenarios Compared for the UK, in: Ecological Economics, 132, 124-134

Lott, Y. (2018): Does Flexibility Help Employees Switch Off from Work? Flexible Working-Time Arrangements and Cognitive Work-to-Home Spillover for Women and Men in Germany, in: Social Indicators Research, 1-24

Lott, Y. (2019): Weniger Arbeit, mehr Freizeit?: Wofür Mütter und Väter flexible Arbeitszeitarrangements nutzen, in: WSI Report, 47

Marx, K. (2005): Das Kapital. Kritik der politischen Ökonomie: Erster Band. Der Produktionsprozess des Kapitals, 37. Auflage, Berlin

Matta, V. (2015): Führen selbstgesteuerte Arbeitszeiten zu einer Ausweitung der Arbeitsstunden? Eine Längsschnittanalyse auf der Basis des Soziooekonomischen Panels, in: Zeitschrift für Soziologie, 44(4), 253-271

Mautz, R. (2016): Sozialökologischer Wandel im Energiebereich: Bürgerenergieprojekte im Grenzbereich von informeller und formeller Arbeit, in: Barth, T,. Jochum G., Littig, B. (Hg.): Nachhaltige Arbeit. Soziologische Beiträge zur Neubestimmung der gesellschaftlichen Naturverhältnisse, Frankfurt a. M., 289-309

Mückenberger, U. (2017): Rechtliche Beiträge zu einer zeitachtsamen familienfreundlicheren Veränderung der Arbeitskultur, Berlin

Muster, V. (2014): Wenn Mitarbeiter als Konsumenten produktiv sind: Zur Rolle des Mitarbeiterkonsums in entgrenzter Erwerbsarbeit, in: Soziale Welt, 65(3), 277-294

Nachtwey, O., Staab, P. (2015): Die Avantgarde des digitalen Kapitalismus, in: Mittelweg 36. Zeitschrift des Hamburger Instituts für Sozialforschung, 24(6), 59-84

Paech, N. (2012): Befreiung vom Überfluss: Auf dem Weg in die Postwachstumsökonomie, München

Rinderspacher, J. (1996): Zeitinvestitionen in die Umwelt: Annäherung an ein ökologisches Handlungskonzept, in: Rinderspacher, J.P. (Hg.): Zeit für die Umwelt. Handlungskonzepte für eine ökologische Zeitverwendung, Berlin, 69-129

Rommel, J., Radtke, J., Jorck, G. von, Mey, F., Yildiz, Ö. (2018): Community renewable energy at a crossroads: A think piece on degrowth, technology, and the democratization of the German energy system, in: Journal of Cleaner Production, 197, 1746-1753

Rosa, H. (2014): Beschleunigung und Entfremdung: Entwurf einer kritischen Theorie spätmoderner Zeitlichkeit, 4. Aufl., Berlin

Schmidt-Keilich, M., Schrader, U. (2019): Sustainability innovation by integrating employees: The potential of sustainable embedded lead users, in: International Journal of Innovation and Sustainable Development, 13(1), 98-115

Scholz, T. (2016): Plattform-Kooperativismus. Wie wir uns die Sharing Economy zurückholen können, in: Stary, P. (Hg.): Digitalisierung der Arbeit. Arbeit 4.0, Sharing Economy und Plattform-Kooperativismus, Berlin, 62-94

Schor, J. (1993): The overworked American: The unexpected decline of leisure, New York

Schor, J. (2016): Wahrer Wohlstand: Mit weniger Arbeit besser leben, München

Schrader, U., Harrach, C. (2013): Empowering Responsible Consumers to be Sustainable Intrapreneurs, in: Schrader, U., Fricke, V., Doyle, D., Thoresen, V.W. (Hg.): Enabling responsible living, Berlin, 181-192

Simons, A., Petschow, U., Peuckert, J. (2016): Offene Werkstätten – nachhaltig innovativ? Potenziale gemeinsamen Arbeitens und Produzierens in der gesellschaftlichen Transformation, Berlin

UNDP (2015): Bericht über die menschliche Entwicklung 2015. Arbeit und menschliche Entwicklung, Berlin

Erwerbsarbeit im Spannungsverhältnis von Ökologie und Verteilungsgerechtigkeit

Die Rolle der Gewerkschaften

Norbert Reuter

Zusammenfassung: Mit ihren regelmäßigen Lohnforderungen erscheinen die Gewerkschaften gerade bei ökologisch Engagierten oftmals als Treiber wirtschaftlichen Wachstums. Ein Verzicht auf Lohnforderungen wäre jedoch keine Alternative, die zu weniger Wachstum und einer ökologischen Wirtschaftsweise beitragen würde: Lediglich die Kapitalseite würde dann die Früchte des Produktivitätsfortschritts in Form höherer Gewinne ernten. Ein Ausweg aus diesem Dilemma ist die Arbeitszeitverkürzung. Auf diese Weise wird der Produktivitätsfortschritt nicht in Wachstum und damit mehr Umweltverbrauch gelenkt, sondern in mehr Freizeit. Deshalb ist die in jüngster Zeit zu beobachtende Renaissance der Arbeitszeitpolitik in Tarifverträgen auch aus ökologischer Sicht ein gutes Zeichen.

1. Das Grundproblem

In marktwirtschaftlichen beziehungsweise kapitalistischen Systemen[1] mit Privateigentum an Produktionsmitteln sichert die Erwerbsarbeit mit zwi-

---

[1] Kapitalistische Systeme werden üblicherweise als eine besonders ausgeprägte Form der Marktwirtschaft verstanden, in denen der (Sozial-)Staat nur eine untergeordnete Rolle spielt und „freie" Marktkräfte weitgehend schrankenlos walten können. Hall/Soskice (2001, 19f.) unterscheiden in dem Sinne die „liberal market econ-

schen Arbeitnehmer- und ArbeitgeberInnen ausgehandelten Löhnen prinzipiell die Lebensgrundlage der Menschen. Je höher die Wirtschaftsleistung – üblicherweise gemessen als Bruttoinlandsprodukt (BIP)[2] – eines Landes, desto höher können auch die Einkommen sein. Je höher wiederum das Wachstum des BIP, desto größer ist auch der Spielraum für Zuwächse bei den Einkommen. Aus dieser Perspektive hat Wachstum also einen äußerst positiven Effekt.

Das ändert sich jedoch radikal, wenn die ökologische Dimension einbezogen wird. Dann ist jedes (weitere) Wachstum in den fortgeschrittenen Ländern mit weiter steigenden Einkommen ein Schritt in Richtung einer absehbaren globalen ökologischen Katastrophe. Auch die Gewerkschaften sehen die fatale Alternative eines „Change by design or change by disaster" – also die Alternative zwischen einem bewusst gestalteten und einem durch (ökologische) Katastrophen erzwungenen Wandel.

2. Der sozioökologische Doppelcharakter der Erwerbsarbeit

2.1 Erwerbsarbeit zur Einkommenssicherung

Unter marktwirtschaftlichen Bedingungen verteilen sich alle Einkommen (das Volkseinkommen) auf einerseits Arbeitnehmerentgelte (Bruttolöhne und -gehälter, inklusive Sozialversicherungsbeiträge der ArbeitgeberInnen) und andererseits Gewinne (Unternehmens- und Vermögenseinkommen). Ein Anstieg des Volkseinkommens ist immer dann zu verzeichnen, wenn die Produktivität der Arbeitskraft steigt, wenn also pro Arbeitsstunde mehr Wert geschaffen wird (sogenanntes „intensives Wachstum"[3]). Bislang kennzeichnet eine anhaltende, vor allem durch die technische Entwicklung getriebene Steigerung der Produktivität alle sich entwickelnden

---

omy" (beispielsweise die USA) mit schwachem Sozialstaat von einer „coordinated market economy" (beispielsweise Deutschland) mit einem starken, regulierenden Sozialstaat.

[2] Das BIP misst den Gesamtwert aller Waren und Dienstleistungen, die während eines Jahres in einer Volkswirtschaft als Endprodukte bereitgestellt werden.

[3] Das intensive Wachstum ist vom extensiven Wachstum zu unterscheiden, das nicht durch Produktivitätssteigerungen zustande kommt, sondern durch den Einsatz von mehr Arbeitsstunden, etwa durch Zuwanderung oder eine Verlängerung der Arbeitszeiten.

Gesellschaften, wenngleich generell zu beobachten ist, dass langfristig die Produktivitätssteigerungen und damit auch die Wachstumsraten im Verlauf der wirtschaftlichen Entwicklung zurückgehen (vgl. hierzu ausführlich Reuter 2000).[4]

Solange sich die Arbeitseinkommen nicht erhöhen, führt eine höhere Produktivität gesamtwirtschaftlich automatisch zu einem Anstieg der Gewinne. Einen entsprechenden Mechanismus hinsichtlich der Steigerung der Arbeitnehmerentgelte gibt es jedoch nicht. Daher ist es eine zentrale Aufgabe der Gewerkschaften, in turnusmäßigen Tarifverhandlungen den Beschäftigten ihren Anteil am Produktivitätsfortschritt zu sichern – durch höhere Einkommen, kürzere Arbeitszeiten bei vollem Lohnausgleich oder eine Kombination von beidem. Ohne solche immer wieder zu erkämpfenden (Stunden-)Lohnsteigerungen würde der Anstieg des Volkseinkommens im Zuge laufender Produktivitätssteigerungen ausschließlich den Gewinnen zufließen. Deshalb ist eine zentrale Benchmark in jeweiligen Tarifverhandlungen, ob und inwieweit es gelingt, den sogenannten „verteilungsneutralen Spielraum", der sich aus dem prozentualen Produktivitätsfortschritt und der Inflationsrate zusammensetzt, mittels Lohnsteigerungen auszuschöpfen. Nur wenn dies in voller Höhe gelingt, bleibt die Verteilung zwischen Arbeits- und Kapitaleinkommen gleich. Dies lässt sich im Zeitverlauf an der sogenannten Lohnquote ablesen, die zeigt, welchen prozentualen Anteil die Arbeitnehmerentgelte am Volkseinkommen haben.

In der Vergangenheit – insbesondere in den Jahren 2000 bis 2007 – ist es den Gewerkschaften nicht immer gelungen, den verteilungsneutralen Spielraum in Tarifauseinandersetzungen jeweils auszuschöpfen. In Folge der „Agenda 2010"[5] der damaligen rot-grünen Bundesregierung mit abgesenkten Lohnnebenkosten, liberalisierter Leiharbeit, erweiterten Möglichkeiten zur Befristung von Arbeitsverhältnissen, Minijobs und insbesondere dem „Hartz IV"-Ansatz des Förderns und vor allem Forderns wurden die Löhne und Arbeitsbedingungen in den 2000er Jahren massiv

---

[4] Zinn (2015) geht davon aus, dass ohne Wachstum auch der Kapitalismus an sein historisches Ende kommt.

[5] Die „Agenda 2010" war eines der umstrittensten Projekte der Nachkriegsgeschichte zur Reform des deutschen Sozialsystems und des Arbeitsmarktes, das von 2003 bis 2005 von der aus SPD und Bündnis 90/Die Grünen gebildeten Bundesregierung (2. Kabinett Gerhard Schröder) umgesetzt wurde.

unter Druck gesetzt. Im Januar 2005 konnte der damalige Bundeskanzler Gerhard Schröder auf dem Weltwirtschaftsforum in Davos vermelden: „Wir haben einen der besten Niedriglohnsektoren aufgebaut, den es in Europa gibt" (Schröder 2005). Daran hat sich bis heute nichts geändert. Der Anteil der Niedriglohnbeschäftigten[6] in Deutschland stieg bis 2008 auf etwa ein Viertel aller Beschäftigten und stagniert seitdem auf diesem Niveau. Damit hat Deutschland einen der größten Niedriglohnsektoren Europas (Grabka/Schröder 2019).

In der Folge sank die Lohnquote, also der Anteil der Arbeitnehmerentgelte am Volkseinkommen, von knapp 72 Prozent im Jahr 2000 auf 63,6 Prozent im Jahr 2007. Seitdem ist sie zwar wieder angestiegen, liegt heute mit rund 69 Prozent aber immer noch deutlich unter dem Wert der Zeit vor dem Jahr 2000. Insofern hat es in der Vergangenheit eine erhebliche Umverteilung von den Löhnen zu den Gewinnen gegeben (zu den Details der Umverteilung in Deutschland vgl. Wehler 2013). Diese Umverteilung „von unten nach oben" diagnostiziert auch die Bundesregierung in ihrem fünften Armuts- und Reichtumsbericht: Die Schere zwischen Arm und Reich werde immer größer, was sich unter anderem daran zeige, „dass die Haushalte in der unteren Hälfte der Verteilung nur über rund 1 Prozent des gesamten Nettovermögens verfügen, während die vermögensstärksten 10 Prozent der Haushalte über die Hälfte des gesamten Nettovermögens auf sich vereinen". Der Anteil der vermögensstärksten Haushalte am Gesamtvermögen sei „dabei im Zeitverlauf immer weiter angestiegen" (Bundesministerium für Arbeit und Soziales 2017, 507).

Historische Aufgabe der Gewerkschaften ist es daher, den Beschäftigten im Rahmen der Primärverteilung ihren Anteil an den wirtschaftlichen Zuwächsen zu sichern und (Stunden-)Lohnsteigerungen durchzusetzen – jedenfalls, solange es noch wirtschaftliches Wachstum gibt. Alles andere würde zu einer weiteren Umverteilung zwischen „Kapital" und „Arbeit" beitragen, ohne dass dieser einseitige Verzicht mit positiven Folgen für die Ökologie verbunden wäre. Gleichzeitig nutzen sie wie immer schon ihren politischen Einfluss, um Reformen im politischen Bereich durchzu-

---

[6] Von Niedriglohn spricht man, wenn der Bruttostundenlohn weniger als zwei Drittel des mittleren Lohns (Medianlohn) aller Beschäftigten beträgt.

setzen, die über eine verbesserte Sekundärverteilung[7] einer zunehmenden Spaltung der Gesellschaft entgegenwirken.

2.2 Erwerbsarbeit und die ökologischen Folgen

Alle Gesellschaften unterliegen im Zuge ihrer wirtschaftlichen Entwicklung zwei überragenden, miteinander verwobenen Trends: dem Trend zur Dienstleistungsgesellschaft und dem bereits erwähnten Trend abnehmender Wachstumsraten (Reuter 2010). Ohne diese Entwicklungen wäre die ökologische Situation zweifellos noch dramatischer. Vor allem der Trend zur Dienstleistungsgesellschaft[8] könnte durch einen umfassenden Ausbau notwendiger öffentlicher Dienstleistungen massiv gestärkt werden – gerade in Deutschland, das anderen westlichen Gesellschaften diesbezüglich deutlich hinterherhinkt.

Höhere Löhne als verteilungspolitisch notwendige Folge anhaltender Produktivitätszuwächse erscheinen aus ökologischer Sicht natürlich problematisch – entsprechen sie doch zumindest auf dem ersten Blick exakt jener Konsum- und Wachstumslogik eines Immer-Mehr und Immer-Höher, die den Kern der ökologischen Probleme ausmacht. Ökologische Kreise nehmen die Gewerkschaften deshalb oft als Wachstumsfetischisten und mithin als Gegner wahr. Und in der Tat ist wirtschaftliches Wachstum bislang direkt mit einem Anstieg des „ökologischen Fußabdrucks" verbunden, also der Fläche, die eine Person benötigt um ihren Bedarf an Ressourcen zu decken und ihre Abfälle zu neutralisieren. Eine absolute Entkoppelung wirtschaftlichen Wachstums vom Naturverbrauch ist nicht absehbar. Wie lässt sich dieses Dilemma auflösen?

Der ökologische Fußabdruck der Menschen im „globalen Norden" ist bereits heute viel zu groß. Wir bräuchten zwei Erden, damit die gegenwärtige Entwicklung nachhaltig wäre – und die Tendenz ist steigend. Der Sommer 2018 mit Extremwetter und Ernteausfällen hat schlaglichtartig

---

[7] Durch die gezielte Verwendung der Staatseinnahmen wird aus der Primär- die Sekundärverteilung: Der Staat verteilt Teile seiner Einnahmen als Transferleistungen nach sozialen Gesichtspunkten um – als Geldleistung (beispielsweise Wohngeld) oder als reale Leistung (beispielsweise vergünstigte Kita-Plätze).

[8] Jean Fourastié (1949/1969) hat diesen Trend als die „große Hoffnung des 20. Jahrhunderts" bezeichnet und ihn durch die Herausarbeitung der Antriebskräfte theoretisch umfassend beschrieben.

deutlich gemacht, dass unsere „imperiale Lebensweise" (Brand/Wissen 2017) das Leben von Milliarden Menschen auf der Erde bedroht (Tallig 2018). Die naheliegende Forderung nach einem massiven Schrumpfen des BIP[9] kann jedoch mit Blick auf die Folgen für Arbeitsplätze keine sein, die sich Gewerkschaften zu eigen machen können. Um hier zu problemadäquaten Lösungen zu kommen, ist eine Unterscheidung in Bereiche notwendig, die – aus ökologischen Gründen – einerseits wachsen sollen (beispielsweise regenerierbare Energien) und andererseits schrumpfen oder verschwinden müssen (beispielsweise Kohleförderung). Im Dienstleistungsbereich (etwa Gesundheit, Bildung, Pflege) gibt es sogar enormen Wachstums- und damit Arbeitsplatzbedarf, der überdies vergleichsweise geringe ökologische Folgekosten verursacht[10]. Hier ist der Staat als gesamtgesellschaftlicher Akteur gefordert. Eine intelligente Politik (Gebote, Verbote, steuerliche Förderung und Belastungen, Ausstiegsszenarien etc.) müsste das eine wirksam fördern, das andere reduzieren.

Gewerkschaftliche Zurückhaltung in den Tarifverhandlungen wäre jedenfalls kein geeigneter Beitrag zu einer ökologischen Wirtschaftsweise, da hiervon vor allem ein umverteilender Effekt ausginge. Nicht die Umwelt würde profitieren, sondern lachende Dritte wären – wie ausgeführt – vor allem die Bezieher von Gewinn- und Vermögenseinkommen, die ihren Luxuskonsum weiter steigern könnten.

3. Das „magische Dreieck" der sozioökologischen Transformation

Gewerkschaften stehen somit vor einem Dilemma. Einerseits erkennen sie, dass der Weg anhaltenden wirtschaftlichen Wachstums ökologisch verhängnisvoll ist, und sehen die Notwendigkeit eines umfassenden Umbaus unserer Wirtschaftsweise. Andererseits sind sie kein Umweltverband und ihre Stärke und Durchsetzungsfähigkeit hängen unmittelbar von der Anzahl ihrer Mitglieder ab. Gewerkschaftsmitglied wird man aber nicht, um die Umwelt zu retten, sondern um seinen Arbeitsplatz zu sichern

[9] Matthias Schmelzer und Alexis Passadakis etwa halten einen Rückgang des BIP in den Industrieländern um 25 Prozent für notwendig (Schmelzer/Passadakis 2011).
[10] Dienstleistungen verbrauchen am wenigsten Energie von allen Produktionsbereichen – je Euro Wertschöpfung gerade einmal ein Sechstel des Primärenergieverbrauchs des produzierenden Gewerbes (Reuter 2016, 123f.).

und eine bessere Bezahlung und bessere Arbeitsbedingungen durchsetzen zu können.

Abb. 1: Das Magische Dreieck der Transformation aus gewerkschaftlicher Sicht

Anders als Umweltverbände, die sich vorrangig auf Maßnahmen konzentrieren können, die zu einer schnellen und massiven Reduzierung der ökologischen Belastung führen, müssen Gewerkschaften bei allem ökologischen Verantwortungsbewusstsein die ökonomischen und vor allem sozialen Folgen mit Blick auf die Beschäftigten berücksichtigen. Sie bewegen sich gewissermaßen in einem „magischen Dreieck", wobei das Adjektiv „magisch" wie beim klassischen „magischen Viereck der Wirtschaftspolitik"[11] ausdrückt, dass alle Ziele gleichzeitig kaum erreicht werden können:

– Aus ökonomischer Sicht müssen die wirtschaftlichen Reproduktionsbedingungen (vor allem Gewinne zur Sicherstellung notwendiger Investitionen) gesichert werden, damit der ökologische Umbau ermöglicht und ressourcensparende technische Entwicklungen umgesetzt werden können.

[11] Das „magische Viereck" geht auf das deutsche Stabilitätsgesetz von 1967 zurück, das vier wirtschaftspolitisch anzustrebende Ziele beschreibt, zwischen denen Zielkonflikte bestehen: Preisniveaustabilität, hoher Beschäftigungsstand, außenwirtschaftliches Gleichgewicht und stetiges und angemessenes Wirtschaftswachstum.

– Aus sozialer Sicht muss sichergestellt werden, dass Teile der Gesell-schaft (Beschäftigte, Arbeitslose, RentnerInnen) nicht zu VerliererInnen der Transformation werden.

– Aus ökologischer Sicht bedarf es einer Abkehr vom bisherigen Ent-wicklungs- und vor allem Wachstumsmodell des globalen Nordens („Degrowth"/„Postwachstum").

Vor diesem Hintergrund gilt es aus gewerkschaftlicher Sicht Strategien zu entwickeln und zu verfolgen, die die vorhandenen Zielkonflikte mini-mieren, also Arbeitsplätze, Arbeitseinkommen und Sozialstaat nicht ge-gen die Ökologie ausspielen. Hierfür können die Gewerkschaften als mächtige Organisationen (der Deutsche Gewerkschaftsbund zählt knapp sechs Millionen Mitglieder) ihren politischen Einfluss auf politische Ent-scheidungen und wirtschaftliche Entwicklungen geltend machen und die sozioökologische Transformation im Rahmen ihres Kerngeschäfts, der Tarifpolitik, unterstützen.

4.　Gewerkschaftliche Ansätze zur sozioökologischen Transformation

4.1　Die politische Ebene

Gewerkschaften haben sich nie nur als Lobbyorganisation zur Durchset-zung höherer Löhne verstanden, sondern immer auch eine gesamtgesell-schaftliche Verantwortung wahrgenommen. Sie sind nicht zuletzt auf-grund der Tatsache, dass sie die Interessen von Millionen Beschäftigten wahrnehmen, durchgängig in wichtigen staatlichen Kommissionen, in öffentlichen Anhörungen und politischen Beratergremien vertreten. Hier setzen sie sich zusammen mit anderen zivilgesellschaftlichen Organisa-tionen oft gegen den massiven Widerstand mächtiger Unternehmens- und Profitinteressen beispielsweise für armutsfeste Renten, für eine gerechte Steuerpolitik, für eine Stärkung des Sozialstaats, aber auch für einen so-zialverträglichen Ausstieg aus der Atom- und Kohleindustrie oder für die Festlegung von Grenzen für den Ressourcenverbrauch und CO_2-Ausstoß ein.

　　Einer der großen politischen Erfolge der Gewerkschaften war zuletzt die Einführung des gesetzlichen Mindestlohns Anfang 2015. Seit 2007 hatten die DGB-Gewerkschaften mit einer großangelegten Kampagne für dessen Einführung gekämpft. Hiermit konnte der zunehmenden Einkommensungleichheit entgegengewirkt werden. Ein anhaltend wichtiges Feld ist auch die Steuerpolitik. Immer wieder haben Gewerkschaften kritisiert, dass das deutsche Steuerrecht mit vielen Ungerechtigkeiten behaftet sei und viel stärker korrigierend in die zunehmend ungleicher werdende Verteilung von Einkommen und vor allem von Vermögen eingreifen müsse. Gemessen an ihrer Leistungsfähigkeit tragen Superreiche, multinational tätige Konzerne und Topverdiener viel zu wenig zur Finanzierung unseres Gemeinwesens bei, während die abhängig Beschäftigten über die direkten (vor allem die Lohnsteuer) und indirekten Steuern (vor allem die Umsatzsteuer) den überwiegenden Teil der Haushalte von Bund, Ländern und Gemeinden finanzieren. Auch wenn die Steuereinnahmen derzeit vergleichsweise hoch ausfallen, fehlen den öffentlichen Haushalten – von der Bildungspolitik über die Bereitstellung einer leistungsfähigen Infrastruktur bis hin zum ökologischen Umbau – finanzielle Mittel, um dem berechtigten Anspruch an einen modernen, handlungs- und zukunftsfähigen Staat gerecht werden zu können. Mit eigenen, durchgerechneten Steuerkonzepten versuchen die Gewerkschaften, Einfluss auf die Steuerpolitik zu nehmen (vgl. unter anderem ver.di 2014a).

Zudem haben sich die Gewerkschaften – etwa im Rahmen der Enquete-Kommission „Wachstum, Wohlstand, Lebensqualität" des Deutschen Bundestages (2011-2013) – für politische Maßnahmen zur Stärkung von Effizienz (höhere Ressourcenproduktivität, Dematerialisierung), Konsistenz (Naturverträglichkeit, Qualität) und Suffizienz (Selbstbegrenzung, Maßhalten) ausgesprochen. Adressat ist hier ebenfalls der Staat, der etwa mit den Instrumenten der Steuer- und Abgabenpolitik, der öffentlichen Ausgaben- und Einnahmenpolitik, aber auch der Eigentumspolitik sowie mit gesetzlichen Ge- und Verboten notwendige Entwicklungen initiieren und verstärken kann (vgl. Deutscher Bundestag 2013, 126-189, Sondervotum).

Wie im Fall der Enquete-Kommission nutzen Gewerkschaften ihre Möglichkeiten, durch öffentlichkeitswirksame Forderungen an die Politik, gestützt auf wissenschaftliche Gutachten, auf einen ökologischen Umbau hinzuwirken. Mit Blick auf ökologisch erforderliche Änderungen bei der Energieversorgung hat die Vereinte Dienstleistungsgewerkschaft ver.di beispielsweise bereits vor einigen Jahren gefordert, verlässliche Ausbauziele für erneuerbare Energien und klare Vorgaben für die Integration der erneuerbaren Energien in den Strommarkt für Deutschland und die EU zu formulieren. Bund und Länder wurden aufgefordert, die Ausbauziele für Wind und Photovoltaik regional zu konkretisieren. Parallel dazu appellierte ver.di an die EU, den deutschen Weg der Energiewende konstruktiv zu begleiten. Dazu wurden verbindliche Vorgaben für den Ausbau der erneuerbaren Energien in allen EU-Mitgliedsstaaten bis 2030 gefordert (ver.di 2014b).

Um diese Forderungen und ihre Umsetzbarkeit zu untermauern, gab ver.di 2016 zudem ein Gutachten (Enervis 2016) über die sozialverträgliche Ausgestaltung eines Kohleausstiegs in Auftrag. Die Wissenschaftler konnten anhand verschiedener Szenarien aufzeigen, dass der Kohleausstieg sozialverträglich machbar und über einen CO_2-Zertifikatehandel finanzierbar ist.

4.2 Die tarifpolitische Ebene

Die eigentliche Handlungsebene für Gewerkschaften ist aber die Tarifpolitik (vgl. Reuter/Sterkel 2019). Sie ist das Kerngeschäft der Gewerkschaften und hier ist ihr Einfluss aufgrund der in Art. 9 Abs. 3 Grundgesetz verankerten Tarifautonomie besonders groß und unmittelbar. Gewerkschaften haben hierdurch das Recht, mit den Arbeitgebern frei von staatlichen Eingriffen Verträge über Arbeits- und Wirtschaftsbedingungen abzuschließen und auf diese Weise den Beschäftigten ihren Anteil an der Steigerung des Volkseinkommens zu sichern (Ausschöpfung des verteilungsneutralen Spielraums). Dies geschieht traditionell über in Tarifverhandlungen vereinbarte Lohnsteigerungen.

Eine andere Möglichkeit, die Teilhabe zu sichern, ist die Verkürzung der Arbeitszeit mit (möglichst) vollem Lohnausgleich.[12] Da hierdurch die Stundenlöhne steigen, die Arbeitszeit aber entsprechend reduziert wird und somit das Gesamteinkommen (inklusive der Gewinne) nicht steigt, wirkt diese Art der Ausschöpfung des verteilungsneutralen Spielraums wachstumsdämpfend. Das heißt, mit Blick auf das „Magische Dreieck"

---

[12] Ohne vollen Lohnausgleich, das heißt mit Senkung der Arbeitseinkommen, würde die Primärverteilung zulasten der EmpfängerInnen von Arbeitseinkommen verschoben.

der Transformation verringert Arbeitszeitverkürzung mit vollem Lohn-ausgleich gegenüber einer Lohnerhöhung die beschriebenen Zielkonflikte.

Arbeitszeitverkürzung wurde von den Gewerkschaften zunächst vor allem zur Bekämpfung der lange Zeit grassierenden Massenarbeitslosig-keit gefordert. 1965 konnte in der Druckindustrie die 40-Stunden-Woche durchgesetzt werden, es folgte zwischen 1984 und 1990 die 38,5-Stunden-Woche in der Metallindustrie, im Großhandel und im Öffentlichen Dienst. Der letzte bedeutende Schritt liegt aber bereits weit zurück – die Einfüh-rung der 35-Stunden-Woche in der Druck-, Metall- und Elektroindustrie im Jahr 1995. Seitdem gab es keine bedeutenderen Schritte einer weiteren kollektiven Verkürzung der Arbeitszeit mehr. Überhaupt war es längere Zeit um die Arbeitszeitfrage sehr still. Andere Themen standen ange-sichts des Verfalls der Lohnquote und massiver Angriffe auf das Tarif-system auf der Tagesordnung, und ökologische Themen hatten noch nicht das heutige Gewicht. Sofern das Thema Arbeitszeit in einzelnen Tarifauseinandersetzungen überhaupt wieder auf die Tagesordnung rückte, geschah dies gewissermaßen mit umgekehrtem Vorzeichen: In einzelnen Branchen drängten und drängen Arbeitgeber auf eine Wiederverlänge-rung der Arbeitszeit. Es war deshalb oft schon ein arbeitszeitpolitischer Erfolg, wenn in einzelnen Tarifauseinandersetzungen eine Arbeitszeitver-längerung abgewehrt werden konnte.

Vor diesem Hintergrund erscheinen Entwicklungen der letzten Jahre bezüglich der Arbeitszeitfrage als durchaus positiv. Die tarifliche Arbeits-zeitpolitik hat neben der Entgeltfrage wieder deutlich an Bedeutung ge-wonnen. 2015 konnte in der österreichischen Elektro- und Elektronik-industrie erstmals ein neuartiges Optionsmodell tarifiert werden, mit dem die Beschäftigten zwischen „mehr Geld" und „mehr Urlaub" wählen können. Überraschend für alle Beteiligten war, dass nicht – wie von den ArbeitgeberInnen erwartet – vor allem ältere Beschäftigte das Modell für einen gleitenden Übergang in den Ruhestand nutzten, sondern gerade jüngere Beschäftigte Arbeitszeitverkürzung statt Lohnerhöhung wählten, was vielfach als Beleg für den voranschreitenden Wertewandel bei der jüngeren Generation gewertet wird (Burchardt 2017, siehe auch Gerold in diesem Buch).

Nachdem 2016 dann erstmals in Deutschland die Eisenbahn- und Ver-kehrsgewerkschaft (EVG) mit der Deutschen Bahn AG ein Optionsmodell tarifvertraglich vereinbaren konnte, und auch die IG Metall ein ähnliches Modell für die Metall- und Elektroindustrie durchsetzte (allerdings mit der gleichzeitigen Möglichkeit auch zur Verlängerung der Arbeitszeit), konnte auch ver.di eine Reihe von Tarifverträgen mit Optionen auf kürzere Arbeitszeiten bei vollem Lohnausgleich durchsetzen – etwa bei der Deutschen Post AG oder bei den bayerischen Nahverkehrsunternehmen. 2018 gelang es sogar, wieder eine tarifliche Vereinbarung zur kollektiven Arbeitszeitverkürzung durchzusetzen: In den großen operativen Einheiten der Deutschen Telekom AG wurde zur Sicherung von Arbeitsplätzen eine Verkürzung der wöchentlichen Arbeitszeit von 38 auf 36 Stunden mit einem Teillohnausgleich verhandelt.

Ein gemeinsames Kennzeichen der jüngeren Abschlüsse zur Arbeitszeitverkürzung ist, dass sie in der Regel nicht in Form einer wöchentlichen Verkürzung der Arbeitszeit, sondern in Form von zusätzlichen Freibeziehungsweise Urlaubstagen umgesetzt werden. So soll vermieden werden, dass die Arbeitszeitverkürzung zu einer zusätzlichen Arbeitsverdichtung führt, was oftmals Folge der Verkürzung der wöchentlichen Arbeitszeit in der Vergangenheit war.

Leitziel bleibt etwa für ver.di die „Kurze Vollzeit für alle". Hierzu liegt ein Konzept vor, das eine tariflich vereinbarte Reduzierung der Arbeitszeiten von Vollzeitbeschäftigten mit der Möglichkeit verknüpft, dass die (unfreiwillig) Teilzeitbeschäftigten ihre Arbeitszeit aufstocken können (ver.di 2018). Die „Kurze Vollzeit für alle" erleichterte es auch, Berufliches und Privates besser miteinander zu vereinbaren.

5. Die Rolle der Gewerkschaften im „change by design"

Den Gewerkschaften ist bewusst, dass anhaltendes wirtschaftliches Wachstum in den entwickelten Industrieländern des globalen Nordens zunehmend mehr Probleme schafft als löst. Ein Verzicht auf Lohnsteigerungen wäre aber keine Lösung und würde nicht zu einer Dämpfung der verbliebenen Wachstumsdynamik beitragen. Er hätte nur die Folge, den Beziehern von Gewinn- und Vermögenseinkommen noch mehr das Feld zulasten der breiten, auf Erwerbseinkommen angewiesenen Bevölkerung zu überlassen.[13] Bestehende Probleme mit der Verteilungsgerechtigkeit würden so bereits auf der Ebene der Primärverteilung vergrößert.

---

[13] Ähnliche Folgen drohen auch als Folge eines staatlich finanzierten bedingungslosen Grundeinkommens (bGE), das in ökologischen Kreisen gelegentlich als Lö-

Deshalb nutzen Gewerkschaften ihren gesellschaftlichen Einfluss auf unterschiedlichen Wegen und politischen Ebenen, um eine gerechtere Verteilung durchzusetzen und gleichzeitig die notwendige sozioökologische Transformation voranzutreiben, ohne dass diese einseitig zu Lasten der abhängig Beschäftigten, Arbeitslosen und RentnerInnen geht.

Neben diesen wichtigen politischen Strategien und Vorstößen versuchen die Gewerkschaften, im Rahmen ihrer Tarifpolitik positive Akzente zu setzen. So konnte in letzter Zeit in Tarifverhandlungen das Thema Arbeitszeitverkürzung wieder stärker in den Fokus gerückt werden. Neue Möglichkeiten, statt Lohnsteigerung zusätzliche freie Tage nehmen zu können, entlasten die Beschäftigten, sichern aber gleichzeitig ihren Anteil am Produktivitätsfortschritt. Erste Erfahrungen zeigen, dass mehr Freizeit statt mehr Einkommen und Konsum von der Mehrheit der betroffenen Beschäftigten, und hier vor allem von den jüngeren, genutzt und geschätzt wird. Daher dürfte sich der Trend hin zu mehr qualitativen Elementen in Tarifverträgen auch in kommenden Tarifrunden fortsetzen. Optionsmodelle geben den Beschäftigten die Möglichkeit, ihren sich wandelnden Präferenzen Ausdruck zu verleihen, und spiegeln daher einen voranschreitenden Wertewandel auf erreichtem hohem Einkommensniveau wider.

Sofern die Möglichkeit zu mehr Freizeit statt höherem Einkommen in mehr und mehr Branchen von den Beschäftigten genutzt wird, tragen die Gewerkschaften auch auf ihrem Kerngebiet, der Tarifpolitik, dazu bei, den Zielkonflikt zwischen Ökonomie, Sozialem und Ökologie abzumildern. Auf diese Weise würde der zwar sinkende, aber auf absehbare Zeit noch stattfindende und Verteilungsanstrengungen fordernde Produktivitätsfortschritt nicht in Wachstum und damit mehr Umweltverbrauch gelenkt, sondern in weniger Arbeitszeit. Damit eröffnen sich Chancen, dass

sung gesehen wird, aus der „Wachstumsspirale" auszubrechen. Daniel Kreutz (2010, 69) hat zurecht darauf hingewiesen, dass es letztlich nur „den Freunden des Kapitalismus in die Hände spielt", weil Unternehmen die lachenden Dritten wären: „Lohn ist dann (nach Einführung eines bGE, N.R.) nachrangiger ‚Zuverdienst'. Ein Mindestlohn müsste dann nur noch so hoch sein, dass es netto eine spürbare und deshalb attraktive Einkommensverbesserung über das bGE hinaus bringt. Ein Euro pro Stunde könnte dazu schon völlig ausreichen." Eine aktuelle Veröffentlichung von Johannes Mosmann (2019, 75) weist in die gleiche Richtung. Der Autor zeigt, dass „das bedingungslose Grundeinkommen ein nie dagewesenes soziales Sparprogramm" sei und damit „das Prinzip der Agenda 2010 nun auf die Spitze treiben" würde.

Wohlstand nicht mehr vor allem mit einem Mehrverbrauch an Gütern und damit wirtschaftlichem Wachstum gleichgesetzt wird, sondern sich ein neuer Wohlstandstyp herausbildet – der Zeitwohlstand.[14] Entscheidend ist dabei, dass die ArbeitnehmerInnen diese Möglichkeit verstärkt auch nutzen. Dazu sind unterstützende politische Weichenstellungen vor allem in der Steuer-, Sozial- und Abgabenpolitik notwendig, die gleichzeitig der wachsenden Verteilungsungleichheit entgegenwirken müssen. (vgl. den Beitrag von G. Kubon-Gilke in diesem Buch).

Alle kollektiven Politikstrategien – auf der Ebene der Politik wie der Zivilgesellschaft – in Richtung einer sozioökologischen Transformation werden aber nur dann zum Erfolg führen, wenn auch möglichst viele bereit sind, diese durch ein Verhalten zu unterstützen, das mit einem niedrigeren individuellen ökologischen Fußabdruck verbunden ist.

Literatur

Brand, U., Wissen, M. (2017): Imperiale Lebensweise: Zur Ausbeutung von Mensch und Natur in Zeiten des globalen Kapitalismus, München

Burchardt, H.-J. (2017): It's about time, stupid! Die Vermessung des guten Lebens zwischen Status quo und Wertewandel, in: Leviathan, 45(2), 255-280

Bundesministerium für Arbeit und Soziales (Hg.) (2017): Lebenslagen in Deutschland. Der Fünfte Armuts- und Reichtumsbericht der Bundesregierung, Bonn

Deutscher Bundestag (2013): Schlussbericht der Enquete-Kommission „Wachstum, Wohlstand, Lebensqualität – Wege zu nachhaltigem Wirtschaften und gesellschaftlichem Fortschritt in der Sozialen Marktwirtschaft", Berlin

Enervis (2016): Sozialverträgliche Ausgestaltung eines Kohlekonsenses, ver.di – Vereinte Dienstleistungsgewerkschaft, September, verfügbar unter ver-und-entsorgung.verdi.de, abgerufen am 31. Juli 2019

Fourastié, J. (1949/1969): Die große Hoffnung des zwanzigsten Jahrhunderts (1949), 2. Aufl., Köln

Grabka, M.M., Schröder, C. (2019): Der Niedriglohnsektor in Deutschland ist größer als bislang angenommen, in: DIW Wochenbericht, 14, 250-259

Hall, P.A., Soskice, D. (2001): An Introduction to Varieties of Capitalism, in: Hall, P.A., Soskice, D. (Hg.): Varieties of Capitalism – The Institutional Foundations of Comparative Advantage, Oxford

---

[14] Der Beitrag von von Jorck und Schrader in diesem Buch weist auf die Diskussion hin, ob eine reduzierte Arbeitszeit den Umweltverbrauch reduziert.

Kreutz, D. (2010): Bedingungslose Freiheit? Warum die Grundeinkommensdebatte den Freunden des Kapitalismus in die Hände spielt, in: Blätter für deutsche und internationale Politik, 4, 65-77

Mosmann, J. (2019): Das bedingungslose Grundeinkommen: Pathologie und Wirkung einer sozialen Bewegung, Berlin

Reuter, N. (2000): Ökonomik der „Langen Frist". Zur Evolution der Wachstumsgrundlagen in Industriegesellschaften, Marburg

Reuter, N. (2010): Der Arbeitsmarkt im Spannungsfeld von Wachstum, Ökologie und Verteilung, in: Seidl, I., Zahrnt, A. (Hg.): Postwachstumsgesellschaft. Konzepte für die Zukunft, Marburg, 85-102

Reuter, N. (2016): Der Ausbau von Dienstleistungen als Grundlage einer Postwachstumsgesellschaft, in: AK Postwachstum (Hg.): Wachstum – Krise und Kritik. Die Grenzen der kapitalistisch-industriellen Lebensweise, Frankfurt/New York, 115-134

Reuter, N., Sterkel, G. (2019): Tarifpolitik für ein gutes Leben. Nachholbedarf bei den Löhnen und Initiativen gegen Überlastung und soziale Spaltung, in: Schröder, L., Urban, H.-J. (Hg.): Transformation der Arbeit – Ein Blick zurück nach vorn (Jahrbuch Gute Arbeit 2019), Frankfurt a. M., 224-239

Schmelzer, M., Passadakis, A. (2011): Postwachstum. Krise, ökologische Grenzen und soziale Rechte, Attac Basistexte 36, Hamburg

Schröder, G. (2005): Rede vor dem World Economic Forum in Davos, Januar, www.gewerkschaft-von-unten.de/Rede_Davos.pdf, abgerufen am 31. Juli 2019

Tallig, J. (2018): Earth first: Der Preis des Lebens, in: Blätter für deutsche und internationale Politik, 10, 67-76

ver.di (2014a): Konzept Steuergerechtigkeit. Ergebnisse der Aktualisierung und Verteilung der Mehreinnahmen auf Bundesländer und ihre Städte und Gemeinden, Berlin

ver.di (2014b): Pressemitteilung: ver.di fordert verlässliche Ausbauziele der erneuerbaren Energien für Deutschland und die EU, 23. Januar, www.verdi.de/ presse/pressemitteilungen, abgerufen am 31. Juli 2019

ver.di (2018): Mehr Zeit für mich. Das Konzept der Verfügungszeit. Impulse für eine neue Arbeitszeitpolitische Debatte, Berlin, 2., überarb. Aufl., Berlin

Wehler, H.-U. (2013): Die neue Umverteilung. Soziale Ungleichheit in Deutschland, München

Zinn, K.G. (2015): Vom Kapitalismus ohne Wachstum zur Marktwirtschaft ohne Kapitalismus, Hamburg

Frei-gemeinnütziges Tätigsein: Motive, Voraussetzungen, Gelingen

*Theo Wehner**

Zusammenfassung: Menschen, die frei-gemeinnützig tätig sind, sind in erster Linie individuell motiviert: sie sehen Bedarf und Notwendigkeit für ihr Engagement. Sie engagieren sich aus altruistischen Motiven, können aber auch selbstbezogene Ziele wie Anerkennung, soziale Beziehungen oder Kompetenzerwerb verfolgen. Die wichtigsten Kriterien für eine gute beziehungsweise befriedigende frei-gemeinnützige Tätigkeit sind Sinnhaftigkeit und Autonomie im Tätigsein. Frei-gemeinnütziges Tätigsein kann ein Ausgleich bei fremdbestimmter Erwerbsarbeit sein, ändert aber nicht die Struktur einer kapitalistisch organisierten Erwerbsarbeit. Frei-gemeinnütziges Tätigsein, das bislang in der Mitte der bürgerlichen Gesellschaft verbreitet ist, steht vor zahlreichen Herausforderungen, in denen sich unter anderem die Veränderung der Erwerbsarbeitsgesellschaft widerspiegelt.

---

* Gedanken, Konzepte und Befunde, die hier ausgeführt werden, sind in der ETH-Forschungsgruppe „Frei-gemeinnützige Tätigkeit" entwickelt worden und hätten von jedem Mitglied der Gruppe formuliert werden können. Mit anderen Worten: Der Text hat hier nicht genannte MitautorInnen.

1. Frei-gemeinnütziges Tätigsein[1]
und das Verhältnis zur Arbeitsgesellschaft

Unbezahltes und nicht beauftragtes Hilfeverhalten, sei es in Familien, Freundschaften, in der Nachbarschaft oder in der Weltgemeinschaft, ist nicht das Werk kluger Kampagnen und keine anthropologische Konstante; es ist aber auch nicht unabhängig von der Gesellschaft, in der es auftritt. Dies gilt für die Philanthropie, für das Ehrenamt, die Vereinstätigkeiten oder auch für moderne Formen der Freiwilligenarbeit (Online-Volunteering, Voluntourismus). Spontanes Hilfeverhalten (jemanden, der eingeschränkt ist, über die Straße zu helfen) und sogenanntes fortgesetztes prosoziales Verhalten (jemanden, der demenzkrank ist, im Heim besuchen) muss zuallererst gewollt, aber nicht unbedingt von außen organisiert werden: Am Anfang frei-gemeinnützigen Tätigseins stehen die individuelle Einsicht in die Notwendigkeit und die Wahrnehmung von Bedürftigkeit oder Ungerechtigkeit durch Individuen oder Gruppen – und nicht etwa ein gesellschaftlich geschaffener organisatorischer Rahmen oder eine Anreizstruktur. Auch wenn die Schaffung von Strukturen oft die Folge von spontanem Bürgerengagement sind: Sie entstanden, nachdem sich Interessierte mit ihrem Anliegen zusammengeschlossen hatten. Zwei Beispiele: Dorfbewohner sprachen sich informell ab, wer als Nachtwächter die Feuerwache übernahm; die freiwillige Feuerwehr organisierte sich erst in der Folge dieser Freiwilligkeit und begegnet uns heute auch als Berufsfeuerwehr. Die heutigen Angebote für Voluntourism (Freiwilligenarbeit auf Reisen) haben einen Vorläufer darin, dass zunächst einzelne Jugendliche durch Südamerika reisten und zwischendurch freiwillig beispielsweise auf einer genossenschaftlichen Kaffeeplantage arbeiteten (Wehner/ Güntert 2015).

Steuerliche und sonstige Vergünstigungen für frei-gemeinnütziges Tätigsein waren und sind in der Regel nicht Voraussetzung dafür, dass sich Individuen engagieren, sondern sollen v.a. staatliche Organe und Non-Profit-Organisationen bei ihrem Engagement unterstützen und dieses

---

[1] Unter frei-gemeinnützigem Tätigsein werden hier verschiedene Formen und Begriffe unbezahlter Arbeit wie bürgerschaftliches, zivilgesellschaftliches oder gemeinwohlorientiertes Engagement, Ehrenamt, Freiwilligenarbeit etc. verstanden. „Frei" bezieht sich auf freiwillig, unabhängig (vgl. Wehner et al. 2018).

fördern. Solche Vergünstigungen bergen das Risiko, dass sie die individuellen Motive der Tätigen zerstören können.

Kurzum: Frei-gemeinnütziges Tätigsein ist in erster Linie von individuellen Interessen, Bedürfnissen, Einstellungen beziehungsweise Motiven abhängig. Politische Rahmenbedingungen, zivilgesellschaftliche Strukturen sowie organisationale Unterstützungen durch Profit- und Non-Profit-Organisationen sind eine Antwort auf freiwillige Initiativen. Es wird hier die Position vertreten, dass, wer sich mit der Organisation frei-gemeinnütziger Tätigkeiten befassen möchte, nicht umhinkommt, zuerst eine individuumsbezogene Perspektive auf das Wesen dieses Verhaltens einzunehmen – genau dies geschieht in diesem Text.

Da individuelles Verhalten nicht losgelöst von Traditionen beziehungsweise gesellschaftlichen Verhältnissen betrachtet werden sollte (Leontjev 1977), gilt für unseren Zusammenhang die folgende These: Wer von Freiwilligenarbeit oder Ehrenamt spricht, der spricht immer auch von der jeweiligen Arbeitsgesellschaft, in der sie ausgeübt wird.

In der Zusammenschau von frei-gemeinnütziger Tätigkeit und Erwerbsarbeit verfolgt die arbeitspsychologische Freiwilligenforschung auch das Anliegen, sämtliche Tätigkeiten neu zu bewerten – von der Eigenarbeit über die Hausarbeit bis hin zur Erwerbsarbeit. Dabei sind die Funktionen der Erwerbsarbeit „als Dreh- und Angelpunkt für die Lebensorientierung der Einzelnen und für das Gemeinwesen" (Senghaas-Knobloch 1999, 119) von zentraler Bedeutung. Denn Erwerbsarbeit hat die Funktion der Existenzsicherung, der psychosozialen Orientierung, der sozialen Absicherung und der bürgerschaftlichen Integration (Senghaas-Knobloch 1999). Von daher lässt sich die Forderung ableiten: Gemeinwohlorientiertes Engagement kann kein Refugium und kein Ort des Ausgleichs für Entfremdungserlebnisse, mangelnd wertgeschätzte Lohnarbeitsverhältnisse und ein sozial ungerechtes Gesellschaftssystem sein.

Es ist gut belegt, dass in der frei-gemeinnützigen Tätigkeit Menschen ihre Arbeit oft als selbstbestimmt erleben, ihre Erwerbsarbeit aber als fremdbestimmt wahrnehmen (Negt 1985). Frei-gemeinnützige Tätigkeit kann damit zwar individuell einen Ausgleich zur Erwerbsarbeit bieten, damit verändert sich aber nicht die Struktur einer kapitalistisch organisierten Erwerbsarbeitsgesellschaft, in der die Freiwilligenarbeit ausgeführt wird.

2. Frei-gemeinnütziges Tätigsein:
Was ist das, welche Motive und Erwartungen liegen zu Grunde?

Der folgende Abschnitt gibt – sehr reduziert – den *state of the art* der Freiwilligenforschung wieder. Dabei bleiben viele Themenfelder ausgespart; beispielsweise Probleme der Führung von Freiwilligen (Güntert/ Wehner 2008) oder der Zusammenarbeit mit hauptamtlichen Mitarbeitenden in Freiwilligenorganisationen. Diese Themen sind noch nicht gut genug erforscht und lassen sich nicht verallgemeinern. Zurückhaltung ist auch geboten, wenn beispielsweise Zeitvorsorgeinitiativen (Wehner/Güntert 2017)[2], der Europäische Freiwilligendienst (Strubel et al. 2016) oder Voluntourism (Neufeind et al. 2015) mit der klassischen Freiwilligenarbeit verglichen werden: Es gibt nicht nur quantitative, sondern große qualitative Differenzen zwischen solchen Aktivitäten.

2.1 Frei-gemeinnütziges Tätigsein: Definition und Abgrenzung

Frei-gemeinnützige Tätigkeit umfasst unbezahlte, organisierte, soziale Arbeit; gemeint ist ein persönliches, gemeinnütziges Engagement, das mit einem (regelmäßigen) Zeitaufwand verbunden ist, prinzipiell auch von einer anderen Person ausgeführt und, wenn ein Markt hierfür vorhanden wäre, auch bezahlt werden könnte.

Ausgeschlossen ist damit die bezahlte Arbeit, sei sie auch noch so schlecht bezahlt; ebenso ausgeschlossen ist die persönliche Beziehungspflege, denn diese hat zwar sozialen Charakter, wird aber nicht bezahlt; auch nicht die Hausarbeit oder die Fürsorge innerhalb einer Familie, denn die Familie ist (noch) ein Element von Gemeinwesen und nicht selbst Gemeinwesen; dies gilt selbstverständlich auch für Hobbys jeglicher Art. Die gemeinnützige Tätigkeit von SozialhilfeempfängerInnen oder von Strafgefangenen zählen ebenfalls nicht zum frei-gemeinnützigen Tätigsein, denn ihr mangelt es an Freiwilligkeit; auch Spenden klammern wir aus, denn der persönliche Zeitaufwand kann als gering erachtet werden;

---

[2] Nachbarschaftsunterstützung, die außerhalb der Familie und Verwandtschaft erbracht wird, kann in einzelnen Ländern bzw. Orten mit einer Zeitgutschrift abgegolten werden. Diese kann, wenn später selbst Bedarf besteht, in Anspruch genommen werden (beispielsweise in der Schweiz, www.kiss-zeit.ch; siehe auch Lang/Wintergerst 2011).

hingegen fällt das Sammeln von Spenden sehr wohl in den Bereich frei-gemeinnützigen Tätigseins.

2.2 Was motiviert zu frei-gemeinnütziger Tätigkeit?

Dass frei-gemeinnützig Tätige verstärkt altruistische Persönlichkeitsmerkmale aufweisen, ist vielfach nachgewiesen worden (Bierhoff/Schülken 2001). Doch auch weitere Faktoren motivieren, frei-gemeinnützig zu handeln. Frei-gemeinnützig Tätige können auch egoistische Ziele verfolgen und sollten dies im Hinblick auf ihre Weiterqualifizierung oder das Vermitteln ihrer Werte auch tun. Wichtig ist hervorzuheben, dass frei-gemeinnützig Tätige intrinsisch – aus sich heraus – motiviert sind und übertrieben positives Feedback oder (unangemessene) Entschädigungen, Belobigungen etc. (also extrinsische Anreize) das intrinsische Motivationsgefüge negativ beeinflussen können (Wehner/Güntert, 2015): Persönlicher Sinn kann durch Bezahlung bedroht sein, da frei-gemeinnützige Tätigkeit dann in den Rang von Erwerbs- oder Auftragsarbeit absinkt.

Clary und Snyder (1999) zählen weitere Ziele und Bedürfnisse frei-gemeinnütziger Tätigkeit auf: Hilfsbereitschaft, gerechte Verteilung, Erlebnisse, individueller Kompetenzerwerb und individuelle Werte. Hinzu kommt das Ziel der Gerechtigkeit (Jiranek et al. 2013) oder – für ältere Menschen – die Alltagsbereicherung (Oostlander et al. 2015).

2.2.1 Bereicherung, Autonomie, Identität

In Freiwilligen-Surveys (etwa Simonson et al. 2016) können Freiwillige aus einer Liste auswählen, was sie zu ihrem Engagement motiviert. An erster und zweiter Stelle taucht – auf der ganzen Welt – meist auf: „Es macht mir Spaß"; „Ich treffe Menschen und gewinne Freunde". Meistens werden deutlich mehr als nur zwei Beweggründe genannt: „Es ist die Befriedigung, Ergebnisse zu sehen"; „Es hilft mir, aktiv und gesund zu bleiben; „Es erweitert meine Lebenserfahrung"; „Es gibt mir Gelegenheit, neue Fertigkeiten zu erlernen, soziale Anerkennung und eine Position im Gemeinwesen zu erlangen und meine moralischen, religiösen oder politischen Prinzipien zu erhalten und zu vermitteln". Das frei-gemeinnützige Tätigsein wird also als eine vielfältige Bereicherung wahrgenommen.

Auch wenn frei-gemeinnützig handelnde BürgerInnen in der Zivilgesellschaft häufig und verkürzt als selbstlos gelten, ist für frei-gemeinnützig Tätige das selbstbezogene Motiv der Autonomie zentral: In Interviews und Selbstdarstellungen hört man immer wieder, dass die Selbstbestimmung sowohl den Ausschlag für die Wahl als auch der Grund für die Aufrechterhaltung des frei-gemeinnützigen Engagements war und ist. Synonyme sind Unabhängigkeit, Entscheidungsfreiheit, Selbstständigkeit. Noch näher an der Alltagsverwendung des Begriffs Autonomie ist der Begriff des autonomen Handelns: damit wird versucht, das Einmischen anderer auszuschließen, und die Eigenverantwortung über die Fremdbestimmung gestellt.

In Interviews erwähnten frei-gemeinnützig Tätige gegenüber dem Autor immer auch den Wunsch nach Identität. In der jeweiligen Tätigkeit kommt besonders gut zum Ausdruck, „wer ich wirklich bin", „hinter welchen Werten ich wirklich stehe". Befunde der Freiwilligenforschung verweisen auf das Bedürfnis, die eigenen Werte im Tätigsein zu realisieren und sie gegenüber anderen auszudrücken und auf diese Weise Aufmerksamkeit, Anerkennung und Selbstbestätigung zu gewinnen.

2.3   Wer ist frei-gemeinnützig tätig?

Der größte Teil der Freiwilligen entstammt der Mitte der bürgerlichen Gesellschaft, befindet sich meist im mittleren Lebensalter, ist eher gebildet und sozial gut eingebunden. Mitglieder am Rande der Gesellschaft, aber auch Arbeitslose oder MigrantInnen engagieren sich kaum in frei-gemeinnützigen Tätigkeiten. Das heißt, unbezahlte Freiwilligenarbeit muss man sich leisten können.

Schaut man sich an, warum Menschen nicht frei-gemeinnützig tätig sind, zeigt sich in aller Kürze Folgendes: 35 Prozent der von der Körber Stiftung 2016 befragten Erwerbstätigen gaben an, nicht zivilgesellschaftlich tätig zu sein, obwohl sie sich engagieren würden, wenn es die Vereinbarkeit mit der Arbeit erlauben würde. Entsprechend dazu zeigt der Deutsche Freiwilligensurvey (Simonson et al. 2016; Simonson 2017), dass berufliche Gründe der häufigste Auslöser dafür sind, ein Engagement zu beenden. Gleichzeitig zeigt sich, dass Arbeitgeber kein Auslöser für frei-gemeinnütziges Engagement sind.

2.4 Humankriterien guter Arbeit und ihre Rangfolge in Erwerbsarbeit und frei-gemeinnütziger Tätigkeit

Die Arbeits- und Organisationspsychologie hat sogenannte Humankriterien guter Arbeit herausgearbeitet – Kriterien, die auch auf frei-gemeinnützige Tätigkeiten angewandt werden können und sollten. Bei diesen Kriterien für gute (Erwerbs-)Arbeit (Ulich 2001) handelt es sich um soziale Interaktion, Anforderungsvielfalt, Lern- und Entwicklungsmöglichkeiten, Sinnhaftigkeit, Ganzheitlichkeit der Aufgabe, stressfreie Regulierbarkeit und Autonomie.

Tabelle 1: Humankriterien guter Arbeit (nach Ulich 2001)

Rangfolge bei frei-gemein-nützig Tätigen	Humankriterien guter Arbeit	Rangfolge bei Erwerbs-tätigen
1	*Sinnhaftigkeit* (Übereinstimmung gesellschaftlicher und individueller Interessen)	4
2	*Autonomie* (Verantwortungsübernahme, Selbstwert- und Kompetenzerleben)	7
3	*Lern- und Entwicklungsmöglichkeiten* (Erhalt und Entwicklung geistiger Flexibilität, beruflicher Qualifikation)	3
4	*Soziale Interaktion* (gemeinsame Bewältigung von Schwierigkeiten und Belastungen)	1
5	*Ganzheitlichkeit der Aufgabe* (Erkennen der Bedeutung der eigenen Arbeit und Feedback aus der Durchführung)	5
6	*Stressfreie Regulierbarkeit* (Freiräume für Interaktion, Kreativität und die Gestaltung der Anforderungen)	6
7	*Anforderungsvielfalt* (Einsatz vielseitiger Qualifikationen und Vermeidung einseitiger Beanspruchungen)	2

Wenn man nun (wie Wehner et al. 2005 sowie Wehner 2019) Menschen nach der Bedeutung der Humankriterien bei ihren frei-gemeinnützigen Tätigkeiten befragt, so steht Sinnhaftigkeit an erster und Autonomie an zweiter Stelle, gefolgt von Lern- und Entwicklungsmöglichkeiten, sozialer Interaktion, Ganzheitlichkeit, stressfreie Regulierbarkeit und Anforderungsvielfalt (Tab. 1).

Solche Befunde werden oft nicht beachtet, wenn klassische Managementmethoden in Non-Profit-Organisationen angewandt werden. Sie müssen jedoch bei der organisatorischen Unterstützung von frei-gemeinnützigen Tätigen berücksichtigt werden, um den Sinngehalt der Tätigkeit und den Autonomieanspruch nicht zu gefährden. Denn einklagbare Qualitätsstandards, standardisierte Pflichtenhefte, Hierarchien etc. erschweren es oft, persönlichen Sinn aus einer Tätigkeit zu gewinnen.

3. Gedanken zu künftigem frei-gemeinnützigen Tätigsein

Überlegungen zur Postwachstumsgesellschaft (beispielsweise Seidl/Zahrnt 2010) gehen davon aus, dass Erwerbsarbeit weiterhin eine wichtige Rolle haben wird, frei-gemeinnütziges Tätigsein aber an Bedeutung gewinnen wird. Die wichtigsten Motive frei-gemeinnützigen Tätigseins, Sinnhaftigkeit und Autonomie, werden wohl auch in einer Postwachstumsgesellschaft Gültigkeit haben.

In der Postwachstumsgesellschaft dürften wegen voraussichtlich kürzerer Arbeitszeit mehr Menschen mehr Zeit für frei-gemeinnützige Tätigkeit haben, und gleichzeitig ist mehr solches Engagement nötig, weil weniger staatliche Mittel aus Steuereinnahmen für viele Aufgaben – im sozialen wie auch ökologischen Bereich – zur Verfügung stehen dürften. Deshalb und weil ein steigender und qualitativ veränderter Bedarf jetzt schon vorhersehbar und erkennbar ist, sollte der Aufbau entsprechender Strukturen für frei-gemeinnütziges Tätigsein überlegt und in die Wege geleitet werden.

Die Herausforderungen für Freiwilligenarbeit sind mannigfach:

– Erhöhte Mobilitäts- und Flexibilitätsanforderungen an Erwerbstätige erschweren es, passende Betätigungsfelder für frei-gemeinnütziges Tätigsein zu finden. Ein Lösungsansatz sind Freiwilligenagenturen[3], die zwischen Angebot und Nachfrage vermitteln.

– Die Vereinbarkeit zwischen existenzsichernder Arbeit und frei-gemeinnützigem Tätigsein ist vielmals schwierig. Verbesserung können beispielsweise flexible und reduzierte Erwerbsarbeitszeiten bringen.

– Die Beteiligung ist eher rückläufig und die Möglichkeiten, sich freiwillig zu engagieren, sind oft größer als die Zahl Aktiver. Die Beteiligung kann gefördert werden durch eine Anerkennungskultur (Auszeichnungen, öffentlich machen, schriftliche Bestätigungen des Engagements).

– Bürokratisierung macht vor Freiwilligenarbeit nicht Halt, widerspricht aber den Erwartungen der Freiwilligen. Hier muss ein Mittelweg gefunden werden zwischen Effizienz und Rechenschaftslegung einerseits und Selbstbestimmtheit des Engagements andererseits.

– Auch die Tendenz zur Professionalisierung, d.h. von zunehmendem Fachwissen und differenzierter Organisation, kann die Einsatzmöglichkeit von Freiwilligen schmälern. Dem kann begegnet werden durch Fortbildung sowie das Anerkennen und explizite Einbinden von Laien-, Praxis- und Erfahrungswissen.

Der Gründer der Migros (Gottlieb Duttweiler)[4] war davon überzeugt: „Freiwilligkeit ist der Preis der Freiheit". Diese Freiheit erlangt man nicht nur durch eine humanitäre Einstellung und durch Interesse am Gemeinwesen, sondern in erster Linie durch ein Einkommen, das einem ein gutes Auskommen ermöglicht, womit wir wieder bei der Ausgangsthese angelangt wären: Wer von der Freiwilligenarbeit spricht, der spricht auch über die Arbeitsgesellschaft, in der sie stattfindet.

---

[3] In Deutschland seit 1999 zusammengeschlossen in der Bundesarbeitsgemeinschaft der Freiwilligenagenturen e.V. (bagfa).
[4] Die genossenschaftlich organisierte Migros ist einer der größten Detailhändler der Schweiz. Gegründet hat sie 1925 der Politiker Gottlieb Duttweiler.

Es ist eine gesellschaftliche Herausforderung, einzelnen Menschen und Gruppen Rahmenbedingungen zu bieten, dass sie verschiedene Lebensdomänen vereinbaren können. In einer Postwachstumsgesellschaft sollte dies leichter gelingen als in einer leistungs-, erfolgs- und wachstumsorientierten Arbeitsgesellschaft.

Literatur

Bierhoff, H.W., Schülken, Th. (2001): Ehrenamtliches Engagement, in: Bierhoff, H.W., Fetchenhauer, D. (Hg.): Solidarität. Konflikt, Umwelt und Dritte Welt, Opladen, 183-204

Clary, E.G., Snyder, M. (1999): The motivations to volunteer: Theoretical and practical considerations, in: Current Directions in Psychological Science, 8(5), 156-159

Güntert, S.T., Wehner, T. (2008): Führen und Geführt-werden – Leitung und frei-gemeinnützige Tätigkeit, in: Erwachsenenbildung. Vierteljahresschrift für Theorie und Praxis, 54(3), 132-135

Jiranek, P., Kals, E., Humm, J.S., Strubel, I.T., Wehner, T. (2013): Volunteering as means to an equal end? The impact of a social justice function on intention to volunteer, in: The Journal of Social Psychology, 153(5), 520-541

Lang, E., Wintergerst, T. (2011): Am Puls des langen Lebens. Soziale Innovationen für die alternde Gesellschaft. München

Leontjev, A.N. (1977): Tätigkeit, Bewusstsein, Persönlichkeit. Berlin (DDR)

Negt, O. (1985): Lebendige Arbeit, enteignete Zeit, Frankfurt a. M.

Neufeind, M., Güntert, S.T., Wehner, T. (2015): Neue Formen der Freiwilligenarbeit, in: Wehner, T., Güntert, S.T. (Hg.): Psychologie der Freiwilligenarbeit – Motivation, Gestaltung und Organisation, Heidelberg, 195-220

Oostlander, J., Güntert, S.T., Wehner, T. (2015): Motive für Freiwilligenarbeit – der funktionale Ansatz am Beispiel eines generationenübergreifenden Projekts, in: Wehner, T., Güntert, S.T. (Hg.): Psychologie der Freiwilligenarbeit – Motivation, Gestaltung und Organisation, Heidelberg, 59-76

Seidl, I., Zahrnt, A. (Hg.) (2010): Postwachstumsgesellschaft. Konzepte für die Zukunft, Marburg

Senghaas-Knobloch, E. (1999): Von der Arbeits- zur Tätigkeitsgesellschaft, Arbeit, 8(2), 117-136

Simonson, J., Vogel, C., Tesch-Römer, C. (2016) (Hg.): Freiwilliges Engagement in Deutschland – Der Deutsche Freiwilligensurvey 2014, Wiesbaden

Simonson, J. (2017): Das Verhältnis von Engagement und Erwerbsarbeit. Erkenntnisse aus dem FWS. Vortrag am 7. Februar 2017 anlässlich des 8. BBE-AK-Treffens engagementfördernder Stiftungen

Strubel, I., Pfister, A., Kals, E. (2016): Europäischer Freiwilligendienst, in: Strubel, I., Kals, E. (Hg.): Freiwilligenarbeit und Gerechtigkeit, Zürcher Buchbeiträge zur Psychologie der Arbeit, 4, 37-52

Ulich, E. (2001): Arbeitspsychologie, Stuttgart

Wehner, T. (2019 in Vorber.): Freiwilligenarbeit – eine psycho-soziale Ressource, Zürcher Buchbeiträge zur Psychologie der Arbeit, Zürich

Wehner, T., Mieg, H., Güntert, S. (2005): Frei-gemeinnützige Arbeit, in: Mühlpfordt, S., Richter, P. (Hg.): Ehrenamt und Erwerbsarbeit, München, 19-39

Wehner, T., Güntert, S. (2015): Psychologie der Freiwilligenarbeit, Heidelberg

Wehner, T., Güntert, S. (2017): KISS Schweiz. Zeitvergütete, organisierte Nachbarschaftshilfe. Ein Evaluationsbericht, Zürcher Beiträge zur Psychologie der Arbeit, 1, Zürich

Wehner, T., Güntert, S., Mieg, H. (2018): Freiwilligenarbeit. Essenzielles aus Sicht der Arbeits- und Organisationspsychologie, Heidelberg

Windsor, D. (2001): Corporate Citizenship. Evolution and Interpretation, in: Andriof, J., McIntosh, M. (Eds.): Perspectives on Corporate Citizenship, Sheffield, 39-52

Teil 3

Tätigsein konkret: Bereiche

Formelle und informelle Sorgearbeit[*]

Jonas Hagedorn

Zusammenfassung: Sorgearbeit ist ein Oberbegriff für viele helfende und beratende, heilende und pflegende sowie erziehende und bildende Leistungen und Tätigkeiten, die formell oder informell erbracht werden. Diese Arbeit am und mit Menschen, deren Produktivität sich nicht beliebig steigern lässt, könnte in Zukunft zum voraussetzungsvollen Kernbereich menschlicher Arbeit in Postwachstumsgesellschaften zählen. Ob diese Arbeit allein über bezahlte Dienstleistungen erbracht wird oder im Rahmen einer gesellschaftlichen Transformation ein Sorgemix entsteht, dem ein neu bestimmtes Verhältnis von formeller und informeller Sorgearbeit sowie eine neue Rollenaufteilung zwischen den Geschlechtern zugrunde liegt, ist offen.

1. Einleitung

Die drei größten privaten Pflegeheimbetreiber mit deutschen Inhabern beschäftigen zusammen 18 300 MitarbeiterInnen. Zum Vergleich: Die Zahl der Opel-Beschäftigten in Deutschland beträgt etwa 19 000. Während die deutsche Öffentlichkeit die Heimbetreiber nicht einmal dem Namen nach kennen dürfte (sie heißen Pro Seniore, Kursana und Azurit-Gruppe), ist sie bestens im Bilde über Wohl und Wehe des Opel-Konzerns und der dort beschäftigten MitarbeiterInnen – ein erstes Beispiel, das die Industriefixierung Deutschlands veranschaulicht. Als zweites Beispiel möchte ich den in privaten Haushalten geschaffenen Wert unbezahlter Sorgearbeit nennen, der, wenn man ihn erhebt und monetär beziffert, bei

[*] Der Beitrag entstand im Rahmen des von der DFG finanzierten Forschungsprojektes „Pflegearbeit in Privathaushalten. Eine Frage der Anerkennung. Sozialethische Analysen".

vorsichtiger Bewertung fast 40 Prozent des Bruttoinlandsprodukts (BIP) entspricht (Zahlen von 2013; Statistisches Bundesamt 2017, 245). Die beiden Beispiele veranschaulichen, dass sowohl formelle als auch informelle Sorgearbeit, was ihre Bedeutung in Arbeitsteilung und Wertschöpfung angeht, an den Rand gedrängt sind, gleichwohl jedem Wirtschaften Sorgearbeit zugrunde liegt, Sorgearbeit also zu den zentralen Wertschöpfungsprozessen zu zählen ist (Praetorius 1997, 254).

Obwohl die Sorgearbeit an den Rand gedrängt ist, wächst die Zahl derer, die in sozialen Dienstleistungen arbeiten. Spätestens seit den 1960er- und 70er-Jahren – dem „goldenen Zeitalter" ihres Ausbaus – gehört die Infrastruktur sozialer Dienste zum Markenkern des deutschen Sozialstaats. Seit den 1970er-Jahren – dem sozialliberalen Jahrzehnt – ist die Verhältnisbestimmung zwischen formeller und informeller Sorgearbeit ein fortdauerndes Thema in den Debatten um den deutschen Sozialstaat und der Kritik an ihm (vgl. zum Beispiel Liefmann-Keil 1972). Die Debatten entzündeten sich seinerzeit an der Substitution unentgeltlicher Sorgearbeit durch bezahlte Dienstleistungen, die manche als Fehlanreiz des Sozialstaats deuteten, der seinen BürgerInnen immer mehr Arbeit abnehme, und sie entzündeten sich an der Sorge, wie sich die sozialen Dienste finanzieren ließen, wenn Wirtschaft und Steueraufkommen stagnieren. In einer Nullzinsphase und bei sprudelnden Steuereinnahmen ist die ökonomische und fiskalische Stagnation, die in der Vergangenheit Beunruhigung auslöste, ein nachrangiges Thema. Sobald die Konjunktur sich eintrübt, stellt sich die Frage, wie das Sozialsystem zu finanzieren sei, erneut und aufgrund rückläufiger Wachstumsraten auch langfristig. Heute stehen im Zentrum der Debatte die wachsenden Bedarfe etwa im Bereich der Pflege und die Finanzierung der zukünftigen Bedarfsdeckung in einem von seiner Grundstruktur beitragsfinanzierten System, bei dem immer weniger Erwerbstätige immer mehr Personen gegenüberstehen, die nicht (mehr) erwerbstätig sind.

Mit dem Ausbau sozialer Dienste ab den 1950er-Jahren gerieten der Sozialstaat und seine Sozialpolitik unter Verdacht, die traditionellen gemeinschaftlichen Hilfeformen zu schwächen, also durch ihre Ersatzleistungen das kaputt zu machen, was sie vorgaben, ersetzen zu müssen. Es wurde das Bild einer sich immer schneller drehenden Spirale der Substitution guter unentgeltlicher Hilfeengagements durch kostspielige, professionell auftretende Agenturen des Sozialstaats gezeichnet. Von der „*Verdrängung* vorstaatlicher durch staatliche Leistungen" (Gross/Badura 1977, 374) war etwa die Rede. Neben der prognostizierten Gefahr, an die Grenzen der Finanzierbarkeit sozialer Dienste zu stoßen, wurde die Befürchtung geäußert, dass komplexe Sozialbürokratien entstehen und eine „unübersehbare Eigendynamik" entfalten könnten (ebd., 368, 370). Angesichts einer alternden Gesellschaft und der Herausforderungen, die mit ihr einhergehen, ist man von einer Kritik, wie sie seit den 1970er-Jahren vorgetragen wurde, abgerückt. So empfiehlt beispielsweise der Zweite Gleichstellungsbericht der deutschen Bundesregierung (BMFSFJ 2017, 93) einen weiteren Ausbau qualitativ hochwertiger sozialer Dienstleistungen.

Ein solcher Ausbau ist seither nur sehr begrenzt erfolgt, denn das beitrags- und steuerfinanzierte System steht unter anhaltendem Finanzierungsdruck. Wenn man davon ausgeht, dass in westlichen Ökonomien die Wachstumsraten sinken und Postwachstumsgesellschaften im Entstehen begriffen sind (respektive aus ökologischen Gründen sein sollten), dann geraten längerfristig die Finanzierungsmöglichkeiten für soziale Dienstleistungen an eine Grenze; weder der Staatsanteil noch die Möglichkeiten privater finanzieller Vorsorge können unendlich steigen. Möglicherweise wird aber parallel eine gesellschaftliche Transformation stattfinden, bei der sich das Verhältnis von formeller und informeller Sorgearbeit neu austarieren könnte.

Im Folgenden beschreibe ich in einem ersten Schritt die Charakteristika sozialer Dienstleistungen (Abschnitt 2). In Ergänzung zur soziologischen Erklärung der geringen Anerkennung sozialer Dienste stellt Abschnitt 3 die ökonomische These der *Kostenkrankheit* sozialer Dienste dar, die auf William J. Baumol (1922-2017) zurückgeht. Abschnitt 4 erörtert zwei Strategien, die Kosten im Bereich sozialer Dienste zu senken: die Rationalisierung und die Informalisierung. Die abschließenden kurzen Überlegungen gehen auf die Bedingungen ein, unter denen formelle und informelle Sorgearbeit ineinander greifen (Abschnitt 5).

2. *Charakteristika personenbezogener sozialer Dienstleistungen*

Helfende und beratende, heilende und pflegende sowie erziehende und bildende Dienstleistungen sind Erwerbsarbeit „,an' Personen" (Gross/Badura 1977, 365). Zu ihren zentralen Charakteristika zählen, dass ProduzentInnen und KonsumentInnen dieser Dienstleistungen gleichzeitig anwesend sein und miteinander kooperieren müssen. Dass die Erbringung der Dienstleistung und ihre Konsumtion zwei Aspekte *eines* Prozesses sind, wurde Anfang der 1970er-Jahre von Herder-Dorneich/Kötz (1972, 18, 22) als „uno-actu-Prinzip" bezeichnet, das seitdem als Standardprinzip zur Kennzeichnung bestimmter personenbezogener Dienstleistungen gilt (Häußermann/Siebel 1995, 26; Bäcker et al. 2008, 510). Die sozialen Dienstleistungen zählen zu den Gütern, denen nicht-standardisierbare, teils diffuse Bedürfnisse beziehungsweise Bedarfe zugrunde liegen (Gross/Badura 1977, 363). Dementsprechend bezeichnet man soziale Dienstleistungen auch als *Erfahrungsgüter*, deren Güte nicht vor der Erbringung und Nutzung geprüft werden kann, sondern sich erst erweist, wenn eine Person ein solches Gut konsumiert. Ferner gelten soziale Dienstleistungen als *Vertrauensgüter*, bei denen KonsumentInnen darauf vertrauen müssen, dass sie die richtige (etwa medizinisch oder behandlungspflegerisch indizierte) Dienstleistung erhalten und dass diese Leistung gut ist. Das gilt besonders dann, wenn die KonsumentInnen in ihrer Entscheidungs- und Handlungsfähigkeit eingeschränkt sind (Bäcker et al. 2008, 511f.). Zudem sind soziale Dienstleistungen in der Regel nicht speicherbar. Die ihnen zugrunde liegende Deckung von Bedarfen ist zumeist dringlich und lässt sich nur in geringem Maße aufschieben. Die genannten Eigenschaften bedingen, dass sich soziale Dienstleistungen nur schwer rationalisieren lassen.

Bei einem Teil der Sorgearbeit handelt es sich ferner um häuslich-unentgeltlich zumeist von Frauen geleistete Arbeit. Diese wurde erst im Laufe der Zeit in Teilen in eine bezahlte Dienstleistung transformiert. Bis heute sind viele soziale Dienstleistungen weiblich konnotiert, und bis heute werden die meisten sozialen Hilfe- und Unterstützungsleistungen „unverändert nicht durch bezahlte Professionelle, sondern durch Laien im familiären und sozialen Raum" erbracht (Bäcker et al. 2008, 507). Nicht nur der unentgeltlichen Sorgearbeit, sondern auch den bezahlten Leistungen im Feld formeller sozialer Dienstleistungen kann daher ein informeller Charakter anhaften. Die Erwerbstätigen in den sozialen Dienstleistungen stehen vor der permanenten Aufgabe, einerseits die „Kooperation mit dem Laiensystem" zu moderieren (etwa die Abstimmung zwischen Pflegefachkräften und pflegenden Angehörigen) und andererseits eine „Abgrenzung von ihm" vorzunehmen (beispielsweise eigene berufliche Qualifikation weiterzuentwickeln und zu behaupten) (Mergner 2011, 5).

Schon in den 1970er-Jahren wurde darauf hingewiesen, dass die Bedeutung der Tätigkeiten und Leistungen, die mit informeller und formeller Sorgearbeit verbunden sind, für die arbeitsteilige Gesellschaft deutlich unterschätzt werde. Das hatte einerseits damit zu tun, dass ein beträchtlicher Teil der genannten Tätigkeiten – zumeist von Frauen – unentgeltlich im belastbaren Solidaritätsnetz der Familie erbracht wurde (zum Beispiel die Sorge für die Kleinen und Pflege für die Älteren). Andererseits bildeten auf der Anbieterseite sozialer Dienste in Deutschland die kirchlichen Wohlfahrtsverbände (Caritas, Diakonie) lange Zeit nicht die realen Arbeitskosten ab, da der Einsatz von Diakonissen und katholischem Ordenspersonal (wiederum zumeist Frauen) die Kosten gering hielt.

Anders als bei vielen Waren und unternehmensnahen Dienstleistungen wurden soziale Dienstleistungen in Deutschland und anderen westlichen Ländern lange Zeit nicht zu Marktpreisen angeboten und nachgefragt, und ihre Anbieter standen nicht in einem erwerbswirtschaftlichen Wettbewerb zueinander. Man spricht in diesem Zusammenhang von einer bedarfs- oder sozialwirtschaftlichen Rationalität (Bode et al. 2015). Bis heute umfassen die sozialen Dienstleistungen in hohem Maße staatlich gewährleistete oder aus öffentlichen Mitteln bezuschusste Dienste. Dabei bilden die öffentlichen Träger ein Nachfragemonopol, das kommunale, freigemeinnützige und – seit Einführung der Pflegeversicherung – private Anbieter zur sozialen Dienstleistungserbringung unter Vertrag nimmt. Bei Dienstleistungen im Bereich von Sozialer Arbeit, Gesundheit und Pflege (SAGE[1]), Erziehung und Bildung ist mit der Umstellung vom Prinzip der Kostendeckung zu standardisierten Modellen der Leistungsbewertung und zur anteiligen Erstattung ein Dienstleistungsmarkt entstanden, in den private, erwerbswirtschaftlich orientierte Akteure drängen (für die Pflege vgl. Rossow/Leiber 2017).

3. Die These William J. Baumols

Gemeinhin wird die geringe gesellschaftliche Anerkennung sozialer Dienstleistungen zurückgeführt auf die Unterscheidung zwischen unbezahlter weiblicher Sorgearbeit und bezahlter männlicher Industriearbeit

---

[1] Die Differenzierung sozialer Dienstleistungen in helfende und beratende, heilende und pflegende sowie erziehende und bildende Leistungen korrespondiert mit den Berufen, die von Mergner (2011) auf das Kürzel SAGE gebracht wurden. SAGE steht für *S*oziale *A*rbeit, *G*esundheit und Pflege sowie *E*rziehung und Bildung. Im Zweiten Gleichstellungsbericht der Bundesregierung ist das Akronym SAGE um den Bereich der *H*aushaltsnahen Dienste erweitert worden (SAHGE).

(zum Beispiel BMFSFJ 2017, 93), die sich im Zuge der industriekapitalistischen Ausdifferenzierung von privater Familiensphäre und öffentlicher Erwerbsarbeitssphäre herausbildete.

Dass bei sozialen Dienstleistungen häufig die Gefahr einer Prekarisierung lauert, hat aber auch eine ökonomische Ursache, die in den Wirtschaftswissenschaften als *Baumolsche Kostenkrankheit* bezeichnet wird. Sie geht zurück auf den Ökonomen William J. Baumol (1922-2017), der seine Überlegungen zur – gegenüber Waren – raschen Verteuerung von Dienstleistungen in diversen Publikationen dargelegt hat (zum Beispiel Baumol 1967). Sein zentraler Gedanke war folgender: Wenn in der Industrie die Arbeitsproduktivität wächst, das heißt in einer Stunde mehr Produkte hergestellt werden, dann können sowohl die Löhne der ArbeitnehmerInnen steigen als auch deren Arbeitsbedingungen verbessert werden, ohne dass dafür der Preis der Güter erhöht werden müsste. Die aufgrund dieser Verbesserungen gestiegenen Kosten pro geleisteter Arbeitsstunde verteilen sich einfach auf mehr Produkte. Die steigende Arbeitsproduktivität verhindert demnach, dass ein erhöhtes Entgelt und verbesserte Arbeitsbedingungen die Kosten pro Produkt und damit seinen Preis in die Höhe schnellen lassen. Dagegen lässt sich die Produktivität sozialer Dienstleistungen nur in engen Grenzen steigern (vgl. Buchholz/Wiegard 2014, 763f., 770), denn soziale Dienstleistungen können in viel geringerem Maße standardisiert und automatisiert werden. Ihr Charakter lässt es kaum zu, die Zahl der Dienstleistungen, die eine Erwerbstätige oder ein Erwerbstätiger in einer Stunde erbringen kann, zu erhöhen. Schließlich handelt es sich um Erfahrungs- und Vertrauensgüter, und es gibt eine enge Verbindung von Produktion und Konsumtion, die eine Kopräsenz von DienstleistungsgeberInnen und DienstleistungsnehmerInnen erfordert. Trotzdem müssen, damit genügend Personen bereit sind, in den sozialen Dienstleistungsbranchen zu arbeiten, die Löhne und Arbeitsbedingungen auf lange Sicht mit den Löhnen und Bedingungen in der Industrie (und anderen Dienstleistungsbranchen) mithalten können. Im Bereich sozialer Dienstleistungen kommt es folglich zu einem erheblichen Anstieg der Arbeitskosten und zu einer Verteuerung. Eben diesen Verlauf nennt man Baumolsche Kostenkrankheit.

In den letzten Jahren wurde gelegentlich die euphorische Behauptung aufgestellt, die Baumolsche Kostenkrankheit sei durch den Einsatz neuer digitaler Technologien in der Dienstleistungsarbeit therapierbar, vielleicht sogar schon geheilt. Dieser Eindruck wird aber vor allem dann vermittelt, wenn man die vielfältigen Leistungen im tertiären Sektor nicht differenziert betrachtet, sondern unternehmensnahe Dienstleistungen einfach mit personenbezogenen, insbesondere sozialen Dienstleistungen in einen Topf wirft. Schon Baumol knüpfte seine Überlegungen zur Kostenkrankheit aber gerade an die Produktion kultureller und sozialer Dienstleistungen. Die Form der Erbringung dieser Dienstleistungen erlaubt bislang nur in sehr geringem Umfang eine Technisierung, die einer Substitution von Menschen durch Maschinen gleichkäme. Es gilt die Regel, dass die steigende Nachfrage nach sozialen Dienstleistungen tendenziell mit steigendem Personalbestand und mit überproportional steigenden Arbeitskosten einhergeht.

4. Strategien im sozialen Dienstleistungsbereich[2]

Um Kosten zu verringern beziehungsweise weitere Kostensteigerungen zu vermeiden, setzen Träger und Anbieter sozialer Dienstleistungen auf zwei Strategien. Diese lassen sich auf den Nenner der Rationalisierung (im Sinne von Produktivitätssteigerungen analog zu den jahrzehntelang erprobten Produktivitätssteigerungen in der Industrie) und der Informalisierung bringen.

4.1 Rationalisierung

Je nach Mitteleinsatz wird zwischen einer organisationszentrierten und einer technikzentrierten Rationalisierung unterschieden. Unter Rationalisierung werden im Folgenden zwei Maßnahmenbündel subsumiert: die Taylorisierung sowie die Technisierung.

---

[2] In diesem Beitrag nicht besprochen werden neue organisatorische Ansätze im ambulanten Pflegebereich wie das Buurtzorg-Modell, die auf eine hohe Eigenverantwortung kleiner, dezentraler Pflegekräfteteams und auf eine Patientenzentrierung setzen. Mit Patientenzentrierung wird zum Ausdruck gebracht, dass der variable Zustand einer pflegebedürftigen Person im Mittelpunkt steht und das Ziel verfolgt wird, dass diese ihre Selbständigkeit wiedererlangt. „In den Niederlanden zeigen erste Studien, dass das System nur wenig teurer ist, die Patienten hingegen deutlich zufriedener sind" (Heinrich 2019).

a. Taylorisierung

Der Taylorismus wurde auch auf die Organisation sozialer Dienstleistungsarbeit übertragen (Madörin 2012, 14). Diese im frühen 20. Jahrhundert einsetzende Arbeitsorganisation in der industriellen Fertigung zer-
stückelt vormals zusammenhängende Arbeitsfelder in einzelne Verrichtungen, um die dafür benötigte Zeit zu reduzieren. Taylorisierung steht
für die Beschleunigung, effizientere Organisation und „Optimierung" von
Arbeitsabläufen sowie die Standardisierung von Leistungen. In der sogenannten Minutenpflege (minutengenaue Vorgaben für Pflegeaufgaben)
ist diese Strategie besonders augenfällig (Isfort et al. 2012).

b. Technisierung

Für viele Arbeitsgänge in der industriellen Fertigung ließ sich im Zuge
der Technisierung eine erhebliche Verringerung der körperlichen Gefährdung und Anstrengung der ArbeiterInnen verzeichnen, während die
Anforderungen an deren Qualifikation und Konzentration sukzessive
stiegen. Der Einsatz neuer Technik verbesserte dabei oft arbeitssparend
die Produktionsverfahren. Als weitere Form der Technisierung kann heute
die Digitalisierung gelten. Der Einsatz neuer digitaler Technologien wird
auch für soziale Dienstleistungen diskutiert und erforscht (BMG 2013;
Ludwig/Evans 2018).

4.2 Informalisierung

Die zweite Strategie kann mit dem Begriff der Informalisierung über-
schrieben werden. Sie wird teilweise gegenläufig zur angestrebten Professionalisierung verschiedener Sorgeberufe verstanden (zur Klärung des
Begriffs der klassischen Profession vgl. Combe/Helsper 1996, 9f.). Dabei
geht es einerseits um Niedriglohn- und Prekarisierungsstrategien, andererseits um Eigeninitiative und Aktivierung unentgeltlicher Selbst- und
Fremdhilfe.

a. Prekarisierung

Prekarisierung bezeichnet den Prozess der Verringerung der Löhne und
der Senkung der Arbeitskosten durch Absenken der Standards bei den
Arbeitsbedingungen. In Deutschland sind viele Branchen im tertiären
Sektor – darunter auch die sozialen Dienstleistungen – zum „Experimen-

tierfeld für die Einführung geringer Löhne und die Ausweitung neuer, oft prekärer Beschäftigungsformen" (Bosch/Weinkopf 2011, 439) geworden. Unter prekär Erwerbstätige in sozialen Dienstleistungen fallen beispielsweise die sogenannten 24-Stunden-Pflegekräfte („Live-ins") aus Mittel- und Osteuropa, die in Deutschland längst kein Randphänomen mehr sind. Ihre Zahl wird auf deutlich über 200 000 geschätzt (Hielscher et al. 2017, 95). Sie leisten vermutlich weit mehr als ein Viertel der bezahlten Pflegearbeit. Seit der EU-Osterweiterung sind viele Unternehmen entstanden, die mittel- und osteuropäische Live-ins in deutsche Pflegehaushalte vermitteln (Rossow/Leiber 2017). Sie bieten den PflegearbeiterInnen unterschiedliche Arbeitsmodelle an, darunter Formen von (Schein-)Selbständigkeit (Bucher 2018). Das entscheidende rechtliche und ethische Problem der Live-in-Pflege ist die zumeist völlige Entgrenzung der Arbeitszeit (Emunds 2019). Ein weiteres ethisches Problem bilden die sozialen Folgen des „Care Drain", die durch die Abwesenheit der Live-ins in ihren Heimatländern entstehen (Heimbach-Steins 2010, 191).

b. Eigeninitiative und Aktivierung

Im Kontext von Eigeninitiativen und betriebswirtschaftlicher Aktivierung in der Sorgearbeit geraten zwei AdressatInnengruppen in den Blick. Die eine Gruppe besteht aus (sich selbst organisierenden) Betroffenen, aus deren Angehörigen und außerfamilial Engagierten und Helfenden. Sie bilden kleine (zum Teil auf wechselseitige Verpflichtung beruhende) soziale Netze, übernehmen füreinander Sorgeverantwortung und werden informell selbst- und/oder fremdhelfend tätig. Zudem motivieren sie gegebenenfalls andere noch nicht aktiv(iert)e BürgerInnen zur Sorgearbeit. Die Motive von selbst- und fremdhelfenden Initiativen sowie sozialbürgerschaftlichem Engagement sind vielfältig. Einige dieser Initiativen haben sich in bewusster Abgrenzung zur sogenannten Expertenhilfe gegründet und wollen – gegen die qualitativen Mängel des professionellen Hilfesystems – die Eigenkompetenz stärken (Bäcker et al. 2008, 587). Ein Teil davon ist vom emanzipatorischen Impetus der 68er-Bewegung geprägt, welche Selbsthilfegruppen im gesundheitlichen Bereich, private Kinderbetreuungseinrichtungen und Wohnprojekte sowie Initiativen zur Änderung von Strukturen in sozialen Einrichtungen gründete.

Die andere Gruppe bilden EmpfängerInnen sozialer Dienstleistungen, die aktiviert werden sollen – etwa durch Beteiligung am Erhalt der eigenen Gesundheit, Vermeidung gesundheitsschädigenden Verhaltens, aktive soziale Einbindung, eigene Aufgaben und so weiter. Eine solche Aktivierung erhöht die Lebensqualität, geht über die Dienstleistung hinaus und umfasst die Lebensbedingungen der Menschen. Dahinter steht aber oft auch ein betriebs- und volkswirtschaftliches Kalkül. Der oder die koproduzierende PatientIn oder KlientIn wird als „versteckte Ressource" entdeckt (Gartner/Riessman 1978, 216-248). Seine oder ihre Bereitschaft, zur Kostensenkung beispielsweise im Gesundheitswesen beizutragen, soll gesteigert werden, so dass die Produktivität in den sozialen Dienstleistungen wächst (Gross/Badura 1977, 377).[3] Zugleich kann die Zeit der „gesunden Lebensjahre" gesteigert werden.

Die skizzierte Tendenz zur Eigeninitiative und Aktivierung ist unter anderem als Reaktion auf eine in die 1970er-Jahre zurückreichende Kritik am sozialstaatlichen Ausbau sozialer Dienstleistungen und auf mögliche Grenzen ihrer Finanzierbarkeit zu verstehen. In der Hochphase der öffentlichen Ausgabensteigerung für soziale Dienste beginnt eine breite Debatte, in der die Substitution insbesondere familialer Formen informeller, unentgeltlicher Arbeit zur Befriedigung grundlegender Bedürfnisse durch formelle, öffentlich finanzierte Fremdleistungen problematisiert und zurückgewiesen wird. Die damalige Rede von sozialen Netzen, in denen familiale Leistungen, aber auch außerfamiliale, nicht-professionelle Hilfe- und Unterstützungsleistungen erbracht werden (Gross/Badura 1977), wird heute ergänzt durch den Begriff der *sorgenden Gemeinschaften* (Klie 2014). Dabei geht es um eine „neue Sorgestruktur und -kultur", in der – sozialpolitisch und wohlfahrtspluralistisch orchestriert – „familiale, nachbarschaftliche, bürgerschaftliche und professionelle Hilfen aufeinander bezogen funktionieren" (ebd., 239).[4]

---

[3] Heute gehört der koproduzierende Konsument zum festen Bestandteil nicht nur bei der Erbringung sozialer Dienstleistungen, sondern auch in der Produktion speicherbarer immaterieller Güter. Er stellt beispielsweise als *User* die Datenmengen zur Verfügung und befüttert damit die Algorithmen, mit denen ausgeklügelte Apps zur Spracherkennung erst möglich und sukzessive optimierbar sind; seine Konsumtion wird zum Moment der Produktion.

[4] Das Zentralkomitee der deutschen Katholiken spricht dagegen konsequent von einer *sorgenden Gesellschaft* (ZdK 2018), womit die „pflegerische Versorgung der Bevölkerung" als „eine gesamtgesellschaftliche Aufgabe" (§ 8 [1] SGB XI) stärker akzentuiert wird.

c. Grenzen der Informalisierung am Beispiel der Pflege

Wenn wir den informellen Bereich exemplarisch anhand der Pflegearbeit untersuchen, so wird deutlich, dass vor dem Hintergrund des deutschen familienbasierten Pflegemodells bislang die Angehörigen das Gros der häuslichen Pflegearbeit leisten – bei stark wachsender Inanspruchnahme von Live-in-Pflegekräften. Das deutsche familienbasierte Pflegemodell gerät nun aber von mehreren Seiten unter Druck. Erstens werden die Familien kleiner. Die Babyboomer der 1950er- und 60er-Jahre haben selber weniger Kinder. Infolgedessen gibt es weniger Personen, die als nächste Angehörige Pflegeverantwortung übernehmen können. In Zukunft wird es deshalb nicht nur mehr (hochaltrige) Pflegebedürftige geben, sondern sie werden auch tendenziell über weniger nahe Angehörige verfügen, denen eine aufreibende Pflege zugemutet werden kann. Zweitens gibt es einen erheblichen Zuwachs an räumlicher Mobilität, den die Arbeitsgesellschaft im Rahmen fortschreitender Flexibilisierung selbst hervorgebracht hat. Kinder leben im Erwachsenenalter oftmals nicht mehr in der Nähe ihrer Eltern oder Verwandten. Drittens steigen die Erwerbsbeteiligung und das Renteneintrittsalter an, so dass spätgebärende Jahrgänge zukünftig in einer Zeit pflegebedürftig werden, in der ihre Kinder womöglich noch erwerbstätig sind. Dass sich ein Normalarbeitsverhältnis (noch dazu, wenn nur eine Person die Pflegeverantwortung trägt) auf Dauer nicht mit der anspruchsvollen und beanspruchenden Betreuung und Versorgung einer pflegebedürftigen Angehörigen verträgt, liegt auf der Hand: „Bereits heute sind Familien mit bestimmten Problemlagen vielfach bis an den Rand ihrer Leistungsfähigkeit belastet, wie z.B. in der häuslichen Altenpflege. Vor allem bei lang andauernder Verpflichtung […] erfolgt dies häufig um den Preis einer physischen und psychischen Überforderung der helfenden Angehörigen" (Bäcker et al. 2008, 591).

5. Abschließende Überlegungen

Die derzeitige Krise der sozialen Dienstleistungen wird bislang vor allem als Kostenproblem wahrgenommen, worauf mit „marktförmigen" oder „marktkonformen" Strategien reagiert wird: einer Rationalisierung, die technisierende und arbeitszergliedernde („taylorisierende") Anteile hat, und einer Informalisierung, die aus Prekarisierung (für die Pflege zum

Beispiel Live-in-Beschäftigung) sowie Eigeninitiative und Aktivierung[5] besteht. Einer möglichen dritten, „staatstätigen" Strategie, die die Kostensteigerungen in den sozialen Dienstleistungen nicht als Malum betrachtet, sondern die für öffentliche Mehrausgaben pro Dienstleistung eintritt und damit dienstleistungspolitisch sowohl Lohnsteigerungen als auch Verbesserungen der Arbeitsbedingungen durchsetzt, fehlt es bislang an Unterstützung. Während rationalisierender Taylorismus und informalisierende Prekarisierung soziale Berufe, die einem ganzheitlichen Verständnis folgen, unattraktiv machen beziehungsweise deren Beruflichkeit zu zerstören drohen, sind die Folgen einer rationalisierenden Technisierung sowie einer Zunahme von Selbsthilfe und unentgeltlichen Unterstützungsleistungen für die Kostensteigerungen in den sozialen Dienstleistungen noch nicht absehbar. Bei der Technisierung ist mit hohen Entwicklungs- und Anschaffungskosten zu rechnen. Auch die Eigeninitiative und Aktivierung sind mit Arbeitskosten einer subsidiären Infrastruktur mit professionellem Personal verbunden, das einerseits die Betroffenen, Angehörigen und Ehrenamtlichen qualifiziert und begleitet und sie andererseits entlastet, wenn auf ihre Hilfe- und Unterstützungsleistungen zu vertretbaren Bedingungen nicht mehr zurückgegriffen werden kann.

Die dargestellten Strategien der Rationalisierung und der Informalisierung lassen sich in einem ersten, noch nicht detailgenauen Schritt als Teil eines für die sozialen Dienstleistungen spezifischen Trilemmas verstehen.[6] Ähnlich wie bei einem Dilemma, das von zwei wichtigen Zielen ausgeht und behauptet, es könne jeweils nur eines der beiden realisiert werden, können bei einem Trilemma maximal zwei der drei Ziele erreicht werden. Für eine tragfähige gesellschaftliche Organisation der sozialen Dienstleistungen kann es die folgenden drei zentralen Ziele geben: Erstens sollen die Löhne und Arbeitsbedingungen in den sozialen Dienstleistungen in etwa mit denen in der Volkswirtschaft insgesamt Schritt halten („gerechte soziale Dienstleistungen"). Zweitens sollen soziale Dienstleistungen universal zugänglich sein und deshalb erschwinglich bleiben („erschwingliche soziale Dienstleistungen"). Drittens soll die

---

[5] Vor allem Selbsthilfe, familiale (Eigen-)Arbeit, ehrenamtliche oder sozialbürgerschaftliche Fremdhilfe.

[6] Die Idee des Trilemmas der Pflege geht auf Bernhard Emunds zurück und wurde von mir erstmals am 12. Dezember 2018 in der Katholischen Akademie in Berlin vorgestellt.

Sorgearbeit aus Sicht der LeistungsempfängerInnen gut sein, und die DienstleistungsgeberInnen sollen entsprechend ihrer erlernten Berufsstandards und der Eigenlogiken sozialer Dienstleistungen arbeiten können („gute soziale Dienstleistungen")[7] (vgl. Abbildung 1).

Abbildung 1: Das Trilemma sozialer Dienstleistungen

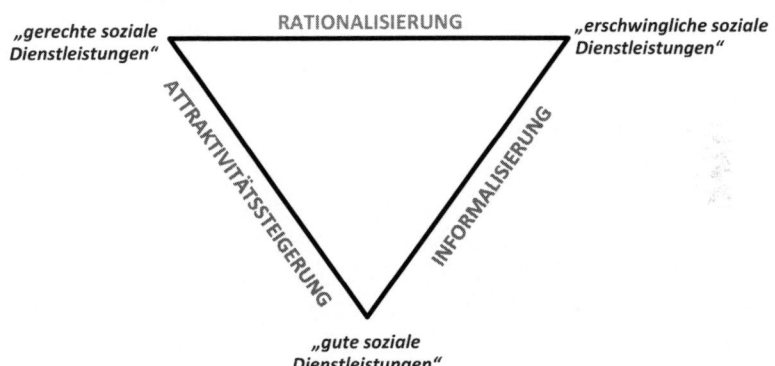

Ich gehe zunächst davon aus, dass mit politischen oder organisatorischen Maßnahmen maximal zwei dieser Ziele angepeilt werden können – ein Trilemma. Sollen Entgelt und Arbeitsbedingungen Schritt halten mit denen in der Industrie und sollen zugleich die sozialen Dienstleistungen nicht wesentlich teurer werden, steigt der Druck, entgegen den Eigenlogiken sozialer Dienstleistungen zu *rationalisieren*. Dann kommt es beispielsweise zu einer minutengenauen Zerstückelung der Arbeitsprozesse und zu einer Zergliederung der Tätigkeiten. Ein Zwang zur Kontrolle und Selbstoptimierung kann die Folge sein; zudem kann der jeweils erlernte Beruf in seiner Ganzheitlichkeit aus dem Blickfeld geraten und damit auch die Freude an ihm schwinden. Sollen die Beschäftigten in den sozialen Dienstleistungen ihre Arbeit so verrichten, wie es den Ansprüchen der DienstleistungsnehmerInnen und den Eigenlogiken dieser Dienstleistungen entspricht, und soll zugleich eine Kostenexplosion verhindert werden, dann wird es zu einer *Informalisierung* der Sorgearbeit kommen.

---

[7] Auch dies ist eine wichtige Voraussetzung dafür, dass dauerhaft genügend Menschen bereit sind, in den Branchen sozialer Dienste erwerbstätig zu sein.

Will man weder einer Rationalisierung noch einer „unbegleiteten" Informalisierung den Vorrang geben, dann wird die Gesellschaft nicht umhinkommen, mehr Geld für soziale Dienstleistungen bereitzustellen, das heißt die öffentlichen Ausgaben pro Dienstleistung erheblich anzuheben und damit die *Attraktivität* der Sorgeberufe zu *steigern*. Dabei handelt es sich um eine Herausforderung, die angesichts des steigenden Bedarfs an sozialen Dienstleistungen nicht unterschätzt werden sollte. Weil Sorgearbeit nicht immer weiter rationalisiert oder informalisiert werden kann, sind Ausgabensteigerungen aber längerfristig unumgänglich.

Die Strategien der Eigeninitiative und der Aktivierung, die der vorliegende Text als „Informalisierung" fasst, lassen sich nicht ohne weiteres in das dargestellte Trilemma einfügen. Denn sie verfügen über ein weitreichendes Potenzial, das helfen könnte, die Zielkonflikte aufzuheben. Wenn man nämlich selbstorganisierte Betroffene, sorgende Angehörige, Ehrenamtliche und aktiv(iert)e EmpfängerInnen als Teile eines „Ressourcensystems" (Brie 2013) versteht, in dem sie in Kooperation mit professionellen Kräften sinnstiftende, erfüllende Arbeit leisten, dann ließen sich alle drei genannten Ziele erreichen. Für eine stark von der *Arbeit am und mit Menschen* geprägte Postwachstumsgesellschaft, in der Erwerbsarbeit für alle BürgerInnen weniger wichtig würde und aufgrund der Arbeitszeitverkürzung mehr Zeit für Eigeninitiative und unentgeltliche Sorgearbeit vorhanden wäre, könnten Sorgetätigkeiten charakteristisch werden, die hybride in Ressourcensystemen zusammengeführt sind – Ressourcensysteme, in denen formelle und informelle Sorgearbeit zusammenwirken.[8] Bereits jetzt lassen sich zahlreiche VorreiterInnen ausmachen, die die von Marktlogiken durchsetzten Felder der Daseinsvorsorge aufmischen; es handelt sich um ländliche, aber auch städtische Initiativen, die Generationensolidarität neu leben und neue Sorgearrangements initiieren (Lang/ Wintergerst 2011). Diese Ressourcensysteme bedürfen aber eines hohen Maßes an Achtsamkeit und Schutz. Insofern sich eine Postwachstumsgesellschaft von der heutigen kapitalistischen Wirtschaft deutlich unterscheiden dürfte, besteht Hoffnung, dass die Ressourcensysteme widerständig der Kolonialisierung durch kapitalistische Logiken, die dann vermutlich ohnehin an Relevanz einbüßen, trotzen können.

---

[8] Lang/Wintergerst 2011 sprechen in diesem Zusammenhang von „Komplementärökonomie".

Im Sinne des Schutzes dieser Ressourcensysteme ist es ratsam, die unter Eigeninitiative und Aktivierung fallenden Strategien flankierend anzuwenden, um die Arbeit professioneller Kräfte zu ergänzen, sie aber keinesfalls zu ersetzen. Die Erbringung sozialer Leistungen ist nämlich mit mindestens vier Herausforderungen konfrontiert, denen nur mit einem professionellen subsidiären Personalbestand begegnet werden kann:

– In sozialen Diensten muss ein hohes Maß an Planbarkeit, Verlässlichkeit und Einsatzbereitschaft (auch zu unangenehmer „schmutziger Arbeit") gewährleistet sein, zu dem Freiwillige nur bedingt verpflichtet werden können.

– Eigeninitiative und Aktivierung dürfen nicht zu einer Aktivierung wider Willen werden (wer sich freiwillig engagiert, muss sein Engagement auch ohne schlechtes Gewissen wieder beenden können, und es muss ein „right not to care" [Lewis 1997] geben).

– Die Einhaltung von Qualitätsstandards und ihre Kontrolle müssen gewährleistet werden.

– Die unentgeltliche Sorgearbeit darf nicht als Vorwand zum Abbau öffentlich bereitgestellter sozialer Dienste herangezogen werden, denn sonst trägt nur ein Teil der Bevölkerung unbezahlt und überproportional die Last der Sorgearbeit, die eine gesamtgesellschaftliche Aufgabe ist.

Der Übergang zwischen Selbsthilfe, familialer (Eigen-)Arbeit oder ehrenamtlichem, sozialbürgerschaftlichem Engagement einerseits und der formellen sozialen Dienstleistungserbringung andererseits ist bereits seit langem fließend (Bäcker et al. 2008, 581). Ein Grund dafür besteht in der zunehmenden institutionellen Einbindung einst vorinstitutioneller familialer oder außerfamilialer Arbeit.[9] Wenn mit unentgeltlicher Sorgearbeit auch große Hoffnungen verbunden sind und diese Unterstützungstätig-

---

[9] Die institutionelle Einbindung und Nutzung etwa des Ehrenamts werden auch problematisiert. Durch die Verbetriebswirtschaftlichung der sozialen Dienste ist seit den 1990er-Jahren der Wert der Selbsthilfe, der familialen (Eigen-)Arbeit und der ehrenamtlichen, sozialbürgerschaftlichen Fremdhilfe, deren Systemrelevanz und „ausgezeichnete Rendite" hinlänglich bekannt. Die Beanspruchung unentgeltlicher Sorgearbeit in verbetriebswirtschaftlichten Organisationen setzt letztere dem Vorwurf aus, dass sie das aktiv(iert)e Engagement instrumentalisieren, „ausbeuten" und als Wettbewerbsvorteil nutzen würden (Denninger et al. 2014).

keiten bereits mit vielen sozialen Dienstleistungen auf vielfältige Weise interagieren und interferieren, so werden die unentgeltlich Tätigen doch zunehmend und „elementar auf eine öffentliche Infrastruktur angewiesen [sein]" (Heinze 2019, 59), die die Realisierung des „right to care" (Knijn/ Kremer 1997) etwa in der Angehörigenpflege erst substantiell ermöglicht und damit „zum Gelingen der Subsidiarität erheblich beiträgt" (Heinze 2019, 59). Auch in diesem Zusammenhang kann, muss und darf der Staat alle BürgerInnen verpflichten, sich über Beiträge und Steuern an der Finanzierung formeller und informeller Sorgearbeit zu beteiligen.

Literatur

Bäcker, Gerhard; Naegele, Gerhard; Bispinck, Reinhard; Hofemann, Klaus; Neubauer, Jennifer (2008): Sozialpolitik und soziale Lage in Deutschland. Band 2, Wiesbaden

Baumol, William J. (1967): Macroeconomics of Unbalanced Growth: The Anatomy of Urban Crisis, in: American Economic Review 57 (3), 416-426

BMFSFJ (Bundesministerium für Familie, Senioren, Frauen und Jugend) (2017): Zweiter Gleichstellungsbericht der Bundesregierung, Deutscher Bundestag: Drucksache 18/12840 vom 21. Juni 2017

BMG (Bundesministerium für Gesundheit) (2013): Abschlussbericht zur Studie „Unterstützung Pflegebedürftiger durch technische Assistenzsysteme", Berlin

Bode, Ingo; Brandenburg, Hermann; Werner, Burkhard (2015): Sozial wirtschaften und gut versorgen. Umsteuerungsoptionen für die Wohlfahrtspflege, in: Blätter der Wohlfahrtspflege 162 (3), 112-116

Bosch, Gerhard; Weinkopf, Claudia (2011): Arbeitsverhältnisse im Dienstleistungssektor, in: WSI-Mitteilungen (9), 439-446

Brie, Michael (2013): Für eine plurale Welt sich selbst organisierender Akteure. Das Forschungsprogramm von Elinor Ostrom, in: Busch, Ulrich; Krause, Günter (Hg.): Theorieentwicklung im Kontext der Krise. Berlin: trafo Wissenschaftsverlag (Abhandlungen der Leibniz-Sozietät der Wissenschaften, 35), 111-136

Bucher, Barbara (Hg.) (2018): Rechtliche Ausgestaltung der 24-h-Betreuung durch ausländische Pflegekräfte in deutschen Privathaushalten. Eine kritische Analyse, Baden-Baden

Buchholz, Wolfgang; Wiegard, Wolfgang (2014): Wer finanziert den deutschen Sozialstaat in Zukunft? Beiträge, Steuern und Privatisierung der Risiken, in: Masuch, Peter; Spellbrink, Wolfgang; Becker, Ulrich; Leibfried, Stephan (Hg.): Grundlagen und Herausforderungen des Sozialstaats. Denkschrift 60 Jahre Bundessozialgericht, 1: Eigenheiten und Zukunft von Sozialpolitik und Sozialrecht, Berlin, 751-774

Combe, Arno; Helsper, Werner (1996): Einleitung: Pädagogische Professionalität. Historische Hypotheken und aktuelle Entwicklungstendenzen, in: Combe, Arno; Helsper, Werner (Hg.): Pädagogische Professionalität. Untersuchungen zum Typus pädagogischen Handelns, Frankfurt a. M., 9-48

Denninger, Tina; van Dyk, Silke; Lessenich, Stephan; Richter, Anna (2014): Leben im Ruhestand. Zur Neuverhandlung des Alters in der Aktivgesellschaft, Bielefeld

Emunds, Bernhard (2019): Überforderte Angehörige – ausgebeutete Live-Ins – Burnout-gefährdete Pflegekräfte. Sozialethische Bemerkungen zur verweigerten sozialen Wertschätzung Pflegender in Deutschland, in: Fuchs, Michael; Greiling, Dorothea; Rosenberger, Michael (Hg.): Gut versorgt? Ökonomie und Ethik im Gesundheits- und Pflegebereich, Baden-Baden, 147-167

Gartner, Alan; Riessman, Frank (1978): Der aktive Konsument in der Dienstleistungsgesellschaft. Zur politischen Ökonomie des tertiären Sektors, Frankfurt a. M.

Gross, Peter; Badura, Bernhard (1977): Sozialpolitik und soziale Dienste: Entwurf einer Theorie personenbezogener Dienstleistungen, in: von Ferber, Christian; Kaufmann, Franz-Xaver (Hg.): Soziologie und Sozialpolitik, Opladen, 361-385

Häußermann, Hartmut; Siebel, Walter (1995): Dienstleistungsgesellschaften, Frankfurt a. M.

Heimbach-Steins, Marianne (2010): Globale Fürsorgeketten. Eine exemplarische Skizze zu Genderaspekten in der internationalen Arbeitsmigration, in: Becka, Michelle Rethmann, Albert-Peter (Hg.): Ethik und Migration. Gesellschaftliche Herausforderungen und sozialethische Reflexion, Paderborn, 185-202

Heinrich, Christian (2019): Zurück in die Selbstständigkeit, in: Die Zeit, 31. Januar, 35

Heinze, Rolf G. (2019): Verbandliche Wohlfahrtspflege und Wohlfahrtsmarkt. Neuformulierung der Subsidiarität? in: Sozialer Fortschritt 68 (1), 45-65

Herder-Dorneich, Philipp; Kötz, Werner (1972): Zur Dienstleistungsökonomik. Systemanalyse und Systempolitik der Krankenhauspflegedienste, Berlin

Hielscher, Volker; Kirchen-Peters, Sabine; Nock, Lukas (2017): Pflege in den eigenen vier Wänden: Zeitaufwand und Kosten. Pflegebedürftige und ihre Angehörigen geben Auskunft, STUDY – Hans Böckler Stiftung, Nr. 363

Isfort, Michael; Weidner, Frank; Malsburg, Andrea von der; Lüngen, Markus (2012): Mehr als Minutenpflege. Was brauchen ältere Menschen, um ein selbstbestimmtes Leben in ihrer eigenen Häuslichkeit zu führen?, Bonn

Klie, Thomas (2014): Wen kümmern die Alten? Auf dem Weg in eine sorgende Gesellschaft, München

Knijn, Trudie; Kremer, Monique (1997): Gender and the Caring Dimension of Welfare States: Toward Inclusive Citizenship, in: Social Politics 4 (3), 328-361

Lang, Eva; Wintergerst, Theresia (2011): Am Puls des langen Lebens. Soziale Innovationen für die alternde Gesellschaft, München

Lewis, Jane (1997): Gender and Welfare Regimes: Further Thoughts, in: Social Politics 4 (2), 160-177

Liefmann-Keil, Elisabeth (1972): Sozialinvestitionen und Sozialpolitik – Zur Perpetuierung der Sozialpolitik, in: Gewerkschaftliche Monatshefte 23 (1), 24-38

Ludwig, Christine; Evans, Michaela (2018): Research Report: Digitalisierung in der Altenpflege – Gestaltungsoptionen und Gestaltungswege für betriebliche Interessenvertretungen, Gelsenkirchen

Madörin, Mascha (2012): Wir können zwar immer schneller Autos produzieren, aber nicht schneller Alte pflegen oder Kinder erziehen. Die Ökonomin Mascha Madörin über das volkswirtschaftliche Gewicht unbezahlter und bezahlter Sorge- und Versorgungsarbeit, in: FrauenRat (2), 11-14

Mergner, Ulrich (2011): Seien wir SAGE! Wie kann die gesellschaftliche Anerkennung der Disziplinen und Professionen im Bereich der „sozialen Dienstleistungen" erhöht werden? in: Bayerische Sozialnachrichten. Mitteilungen der Landesarbeitsgemeinschaft der öffentlichen und freien Wohlfahrtspflege in Bayern, 4, 3-9

Praetorius, Ina (1997): Ökonomie denken jenseits der androzentrischen Ordnung, in: Internationaler Verband für Hauswirtschaft (Hg.): Europa: Herausforderungen für die Alltagsbewältigung. Hauswirtschaft als Basis für soziale Veränderungen, Wien, 251-260

Rossow, Verena; Leiber, Simone (2017): Zwischen Vermarktlichung und Europäisierung. Die wachsende Bedeutung transnational agierender Vermittlungsagenturen in der häuslichen Pflege in Deutschland, in: Sozialer Fortschritt 66 (3/4), 285-302

Statistisches Bundesamt (2017): Wie die Zeit vergeht. Analysen zur Zeitverwendung in Deutschland. Beiträge zur Ergebniskonferenz der Zeitverwendungserhebung 2012/2013 am 5./6. Oktober 2016 in Wiesbaden, Wiesbaden

ZdK (Zentralkomitee der deutschen Katholiken) (2018): Gerechte Pflege in einer sorgenden Gesellschaft. Zur Zukunft der Pflegearbeit in Deutschland. Beschlossen von der Vollversammlung des ZdK am 23. November

Tätigsein in der Landwirtschaft.
Agrarkultur als Leitkonzept

Franz-Theo Gottwald, Irmi Seidl, Angelika Zahrnt

Zusammenfassung: Die ökologische, ökonomische und soziale Krise der Landwirtschaft ist mit der Entwicklung der landwirtschaftlichen Arbeit ab den 1950er Jahren verknüpft. Seitdem wurde landwirtschaftliche Arbeit rationalisiert, frei werdende Arbeitskräfte wurden im wachsenden Industrie- und Dienstleistungssektor gebraucht. Will die Landwirtschaft ökologisch und sozial wirtschaften und somit den gesellschaftlichen Erwartungen gerecht werden, müssen wieder mehr Menschen in der Landwirtschaft arbeiten. Dazu ist eine gezielte agrarpolitische Förderung der Arbeit und der ökologisch bewirtschafteten Fläche nötig. Im Sinne des Leitbilds einer öko-sozialen Agrarkultur gilt es, eine Vielfalt von Arbeitsmöglichkeiten zu schaffen – als Voll- und Teilzeitarbeit, (Teil-)Subsistenz- und Freiwilligenarbeit, ganzjährig oder saisonal. In einer Postwachstumsgesellschaft, in der Wachstum nicht mehr wegen weiterer Erwerbsarbeit gefördert wird, können so neue, anspruchsvolle, vielfältige und sinnschaffende Tätigkeiten entstehen.

1. Ökologisch-soziale Krise der Landwirtschaft – eine kurze Tour d'horizon

Die Landwirtschaft steckt in einer tiefen ökologischen, ökonomischen und sozialen Krise – und dies lokal, national und global. Die meisten Probleme sind durch die Industrialisierung der Landwirtschaft, also durch zunehmenden Einsatz von Agrartechnik und Agrarchemie, sowie durch Flurbereinigung und die Ausrichtung auf globale Märkte entstanden. Damit haben sich auch die landwirtschaftliche Arbeit und die bäuerliche Lebenskultur verändert.

Eines der Probleme der heutigen Landwirtschaft sind ihre Treibhaus-gasemissionen: In Deutschland verursacht sie 7,3 Prozent der gesamten Emissionen, in Österreich 10,3 Prozent und in der Schweiz 13,5 Prozent. Global sind es 10 bis 12 Prozent (IPPC 2014). Die Landwirtschaft schä-digt ferner die Biodiversität stark: „Der Zustand der biologischen Vielfalt in der Agrarlandschaft ist alarmierend", schreibt das deutsche Bundesamt für Naturschutz (BFN 2017). Dies betrifft sowohl die Ebene der Arten wie auch die Ökosystem- beziehungsweise Landschaftsebene: Das Grün-land wird zunehmend ärmer an Flora und Fauna, strukturreiche Kultur-landschaften verschwinden. Die Biodiversität im Boden nimmt ab, die Böden verlieren Humus, die Bodenfruchtbarkeit schwindet (Beste 2016). Gülle, synthetische Düngemittel und Pestizide, die viele dieser Probleme verantworten, verschmutzen zudem Gewässer. Problematisch sind auch die großen Nutztierbestände sowie der unzureichende Tierschutz in der EU (Stodieck 2018).

Die ökonomische Situation vieler Landwirtschaftsbetriebe ist schwierig, viele sind überschuldet und die Einnahmen knapp. Von den milliarden-schweren EU-Subventionen erhalten nur wenige Betriebe größere Beträge: in Deutschland gehen 70 Prozent, im EU-Durchschnitt sogar 80 Prozent aller EU-Direktzahlungen an nur ein Fünftel der Betriebe (Heinrich-Böll-Stiftung et al. 2019). Von 2003 bis 2013 gaben in Deutschland 31 Pro-zent aller landwirtschaftlichen Betriebe auf, in der EU waren es 28 Pro-zent (eurostat 2015). Und diese Entwicklung dürfte weitergehen, denn vielerorts fehlt eine Hofnachfolge.

Im betrieblichen Alltag nehmen psycho-soziale Probleme zu. 32 Pro-zent der europäischen Landwirte sind berufsbedingt gestresst (gegenüber 22 Prozent im Durchschnitt aller Berufe; Parent-Thirion 2007). In Baden-Württemberg leiden 17 Prozent aller LandwirtInnen, die sich krank mel-den, an einer Depression oder einem Burn-out (Wochenblatt 2017). 12 Pro-zent der Schweizer LandwirtInnen leiden unter Burnout-Symptomen (im Landesdurchschnitt sind es 6 Prozent der Bevölkerung, Reissig 2017). Weil es in vielen Betrieben keine Nachfolge gibt, kann der tradierte inner-familiäre Generationenvertrag nicht aufrechterhalten werden und viele LandwirtInnen in Rente geraten in Armut (Stodieck 2017).

2. Landwirtschaftliche Arbeit und Betriebsformen

Mit dem politisch gewollten Agrarstrukturwandel ab den 1960er Jahren hat sich die landwirtschaftliche Arbeit beträchtlich verändert. Arbeiteten in Westdeutschland 1960 noch 3,7 Millionen Personen in der Landwirtschaft[1], waren 2016 in Gesamtdeutschland nur noch 940 000 Arbeitskräfte im Haupt- oder Nebenberuf landwirtschaftlich tätig (davon 449 000 Familienarbeitskräfte, 206 000 ständige Fremdarbeitskräfte und 286 000 Saisonarbeitskräfte) (BMEL 2017). Die Zahl der Familienarbeitskräfte ist weiterhin deutlich rückläufig. Auch die Unterstützung aus dem nachbarschaftlichen Umfeld nimmt ab und wird zunehmend monetär entgolten. Die Zahl der ständig beschäftigten Arbeitskräfte steigt leicht und jene der Saisonarbeitskräfte nimmt tendenziell ab. Informelle beziehungsweise Schwarzarbeit – vor allem von ausländischen Arbeitskräften – wird verschiedentlich öffentlich thematisiert, aber Zahlen zum Ausmaß fehlen. Die Tätigkeiten in der Landwirtschaft sind zunehmend spezialisiert, kleinteilig, maschinenbezogen, von agrarchemischen Hilfsmitteln bestimmt und computerisiert. Die Menschen arbeiten oft isoliert und aus sozialen Zusammenhängen gelöst, entfremdet von Tier und Land.[2] Auch ist landwirtschaftliche Arbeit in der Regel schlecht bezahlt. Insbesondere geschulte Arbeitskräfte fehlen.

In Deutschland gab es 2016 275 000 landwirtschaftliche Betriebe, davon 244 000 Einzelunternehmen[3] (dazu und zu dem Folgenden: BMEL 2017). 48 Prozent der Einzelunternehmen sind Haupterwerbsbetriebe[4], 52 Prozent Nebenerwerbsbetriebe. Der Anteil der Nebenerwerbsbetriebe variiert je nach Bundesland zwischen 40 und 70 Prozent. 90 Prozent der

---

[1] Für die DDR wird für 1960 die Zahl von 960 000 LPG-Mitgliedern angegeben. Wegen unterschiedlichen Landwirtschaftssystemen wird hier davon abgesehen, die Ost- und West-Zahlen zu addieren.

[2] Für eine umfangreichere Darstellung zum „Wandel der Arbeit in der Landwirtschaft" vgl. Hentschel/Fock (2015). Hentschel/Fock stellen auch fest, dass die landwirtschaftliche Arbeit in Deutschland durch die offizielle Statistik unzureichend statistisch erfasst sei.

[3] Neben Einzelunternehmen gibt es Betriebe, die Personengesellschaften oder juristische Personen sind. Ihre Zahl nimmt laufend zu, jene der Einzelunternehmen ab.

[4] Bei einem Haupterwerbsbetrieb stammen mehr als 50 Prozent des Gesamteinkommens aus der Landwirtschaft, bei einem Nebenerwerbsbetrieb sind es weniger als 50 Prozent.

landwirtschaftlichen Erzeugung findet in Haupterwerbsbetrieben statt, der Rest in Nebenerwerbsbetrieben. Der Haupterwerbsbetrieb wurde ab den 1960er Jahren mit dem „politischen Leitbild der Wachstumslandwirtschaft" (AgrarBündnis 2010, 53) zum agrarpolitischen Ideal erhoben. Davor waren Nebenerwerbsbetriebe verbreiteter als heute und wegen ihres Beitrags zur Ernährungssicherung geschätzt. Es war also bis in die Mitte des 20. Jahrhunderts üblich, dass LandwirtInnen mit verschiedenen Tätigkeiten und damit verschiedenen Teilzeitarbeiten die Existenz ihrer Familien sicherten. Zugleich wurde ab den 1950ern das Leitbild des bäuerlichen Familienbetriebs propagiert. „Damals brauchte man Arbeitskräfte (…) in der Industrie. So wurde die bäuerliche Familie, die es schafft, ihre Wirtschaft allein auf Basis der eigenen Arbeitskraft (…) zu organisieren, zum Symbol für Leistungsfähigkeit, Produktivität und Wettbewerbsfähigkeit" (AgrarBündnis 2013).

3. Landwirtschaftliche Arbeit, Produktion und Umweltwirkungen

Die zweifelsohne gesteigerte Produktivität sowie Wettbewerbsfähigkeit der modernen Landwirtschaft verursachen hohe externe Kosten. Deshalb wird daran geforscht, wie sich negative Umweltwirkungen durch die Landwirtschaft verringern lassen. Über eine Annäherung der konventionellen Landwirtschaft an die EU-zertifizierte ökologische Landwirtschaft im Sinne einer neuen „guten landwirtschaftlichen Praxis"[5] diskutieren auch die Standesorganisationen.

Seit Jahrzehnten werden nicht nur in Deutschland verschiedene ökologische Alternativen zur konventionellen beziehungsweise industrialisierten Landbewirtschaftung praktiziert. Dabei zeigt sich, dass ökologisch vorteilhafte landwirtschaftliche Methoden arbeitsintensiver sind. Rosa-Schleich et al. (2019) haben zahlreiche Publikationen analysiert und konnten aufzeigen, dass die ökologische Landwirtschaft aufgrund seiner geringeren negativen Umweltwirkungen besonders vorteilhaft,

---

[5] Die „gute landwirtschaftliche Praxis" beschreibt gemäß EU-Verordnung 1750/ 1999, Art. 28, den „gewöhnlichen Standard der Bewirtschaftung, die ein verantwortungsbewusster Landwirt (…) anwenden würde". Dieser Standard bezieht sich auf die konventionelle Landbewirtschaftung.

aber komplex und arbeitsintensiv ist.[6] Die Gesamtkosten sind dabei ähnlich hoch wie die der konventionellen Landbewirtschaftung – die Arbeitskosten sind höher, die sonstigen Inputkosten niedriger. Die höhere Arbeitsintensität ergibt sich durch das Herstellen von organischen Düngern und Kompost, Jäten, einen höheren Anteil arbeitsintensiver Erzeugnisse wie Gemüse und Obst (die höhere Einnahmen bringen) sowie meist kleinere Betriebsgrößen. Die Untersuchung kommt zum Schluss, dass bislang keine landwirtschaftliche Praxis deutliche ökologische Vorteile erbringt, ohne dass dies mit einem höheren Arbeitseinsatz verbunden wäre. Eine Landwirtschaft, die die natürlichen Grundlagen erhält, muss also wieder arbeitsintensiver werden.[7]

Landwirtschaftliche Aufgaben sind heterogen. Landwirtschaftliche Arbeit kann körperlich anstrengend und monoton sein oder abwechslungsreich und anspruchsvoll. Sie geht oft mit Spitzenbelastungen einher, kann aber auch eine gewisse Flexibilität erlauben. Oft sind handwerkliche, kaufmännische, technische, haushälterische und andere Fähigkeiten gefragt, es gibt Arbeiten vieler Qualifikationsniveaus. Eigenverantwortliches Arbeiten ist meistens wichtig. Dies bedeutet, dass es für viele Menschen und verschiedene Generationen Einsatzmöglichkeiten in der Landwirtschaft gibt. Befriedigend ist für viele auch der enge Kontakt zu Tieren (wenn Tiere gut und artgerecht gehalten werden), der Naturbezug und die lokale Einbettung – sei es in natürliche Kreisläufe, Gemeinschaft oder Kundschaft. Berufliche und private beziehungsweise soziale Arbeit gehen oft ineinander über. Diese Eigenschaften können die landwirtschaftliche Arbeit als Teilzeit- und Mischarbeit interessant machen, so wie es bereits viele NebenerwerbslandwirtInnen und auch angestelltes Personal praktizieren.

Für die Postwachstumsgesellschaft, in der es möglicherweise weniger Erwerbsarbeit gibt beziehungsweise Wachstum nicht mehr angestrebt wird, um neue Erwerbsarbeitsplätze zu schaffen, kann insbesondere die ökologische Landwirtschaft interessante Tätigkeiten – bezahlt oder für

---

[6] Die anderen Praktiken sind: Bodenbedeckung und Gründüngung, Fruchtwechsel, reduziertes Ackern, Mischkulturen, Agrarforstwirtschaft, Strukturelemente, schonende Landbewirtschaftung, diversifizierte Tier-Pflanzen-Systeme.

[7] Ob und in welchem Ausmaß die weitere Digitalisierung der Landwirtschaft einen Teil einer solchen Arbeitsintensivierung erübrigen kann, ist noch nicht abschätzbar; derzeit wird ausgelotet und geforscht, auch in der Forschung zum ökologischen Landbau.

die Selbstversorgung – für viele Menschen bieten. Das Potenzial dafür hängt wesentlich von der Anbauweise und den Betriebsstrukturen, den zeitlichen Arbeitseinsatzmöglichkeiten sowie der Einbettung des Betriebs in sein Umfeld ab. Einen Rahmen für eine landwirtschaftliche Arbeit, die die oben genannten (positiven) Charakteristika aufweist, bietet das Konzept der Agrarkultur.

4. Agrarkultur –
eine Orientierung für eine öko-soziale Landwirtschaft

Seit den 1980er Jahren formulierten verschiedene Autoren (Glaeser 1986, Groeneveld 1986, Priebe 1990) und Institutionen (besonders Schweisfurth Stiftung 1988, Schweisfurth et al. 2002) ein Leitbild der Agrarkultur als Gegenkonzept zur industriellen Landwirtschaft. Agrarkultur steht für eine umwelt-, menschen- und tiergerechte Landwirtschaft sowie für gemeinwohlorientierte Ziele des landwirtschaftlichen Betriebes. Agrarkultur ist inzwischen auch ein politischer Begriff, der die traditionelle bäuerliche wie auch die biologische Landwirtschaft bezeichnet. Nach Glaeser (1986, 24) steht Agrarkultur für die „Rückgewinnung komplexer kultureller Zusammenhänge und damit ökonomischer, ökologischer und sozialer Vielfalt." Diese Sicht- und Denkweise sollte zu einer neuen Orientierung des agrarischen und agrarpolitischen Handelns herausfordern. Das Leitbild der Agrarkultur wird mittlerweile von ökologischen Anbauverbänden, der Arbeitsgemeinschaft für bäuerliche Landwirtschaft und dem AgrarBündnis getragen.

Der Begriff der Agrarkultur wurzelt im landwirtschaftlich-bäuerlichen Familienbetrieb mit seiner eigenen Lebens- und Wirtschaftsart, ist aber auch von einem unternehmerischen Selbstverständnis geprägt. Dazu gehören Merkmale wie: Eigenständigkeit, Privateigentum, Selbst- wie Marktversorgung, Langfristigkeit in der Bewirtschaftung, Generationen- und Familientradition, Mehrfachkompetenzen (Ackerbau, Tierhaltung, handwerkliche und kulturelle Kompetenzen) sowie hohe Eigenverantwortung (Gottwald 2003).

Auch wenn in den vergangenen Jahrzehnten Marktzwänge deutlich zugenommen haben und mehrere Wellen der Strukturveränderung, die immer auch Veränderungen im Arbeiten bedeuten, durch die ländlichen Räume gegangen sind, ist die Grundströmung agrarkulturellen bäuerlichen Bewusstseins in der Landwirtschaft noch spürbar und identitätsstiftend. Dies beruht unter anderem auf Familienbindung, Standortbindung, Naturbezug, Generationenverbindlichkeit, Dauerhaftigkeit und Solidarität und ist eine Grundlage für vielfältige ehrenamtliche Tätigkeiten in ländlichen Räumen (Feuerwehren, Sportvereine, Musikvereine und so weiter; BMEL 2016).

Landwirtschaftliche Betriebe, die dem Leitbild der Agrarkultur ganz oder teilweise entsprechen, weisen – in unterschiedlichem Ausmaß – Charakteristika auf, die eine Vielfalt von Tätigkeiten ermöglichen:

- Sie decken den gesamten Zyklus der Wertschöpfung von der Bodenbearbeitung bis zum Verkauf verarbeiteter Produkte ab;

- sie binden als Familienbetriebe oder Produktionsgemeinschaften mehrere Generationen ein;

- sie sind arbeitsintensiver, um die Funktionsfähigkeit der ökologischen Systeme und biologische Vielfalt zu erhalten;

- sie sind oft multifunktional (Nahrungsmittelerzeugung, Energieerzeugung, Tourismus, Bildung, soziale Integration …) und verlangen vielfältige Qualifikationen;

- die Arbeit folgt natürlichen Abläufen und Kreisläufen und den Jahreszeiten;

- in den Betrieben gibt es hauswirtschaftliche, handwerkliche, gärtnerische Aufgaben sowie Pflanzen- und Tierzucht;

- landwirtschaftliche Arbeit, Hausarbeit und Familie können ineinander übergehen und geschlechtsspezifische Rollenzuschreibungen werden teilweise aufgebrochen.

Das agrarkulturelle Leitbild und das öko-soziale Wertgefüge können eine Basis dafür sein, in der Postwachstumsgesellschaft im Bereich der Landwirtschaft zahlreiche neue, vielfältige Arbeitsmöglichkeiten anzubieten, die in Vollzeit, Teilzeit, saisonal, im Nebenerwerb und in Eigenarbeit ausgeübt werden können. Eine solche Landwirtschaft fördert die wirtschaftliche Re-Lokalisierung, stärkt die soziale Vernetzung und fördert die Langfristorientierung in den Betrieben.

Um einen solchen Umbau der Landwirtschaft Realität werden zu lassen, braucht es ein gesamtgesellschaftliches Umdenken. Dabei kann die aktuelle gesellschaftliche Sympathie für eine „Neue Ländlichkeit" (Neu 2016) hilfreich sein, sofern sie nicht idealisiert, sondern einen realistisch-kritischen Blick auf die gegenwärtigen sozialen, ökologischen und ökonomischen Probleme der Landwirtschaft und der ländlichen Räume hat. Hilfreich ist weiter, dass die Öffentlichkeit sich der zahlreichen Umweltprobleme bewusst ist, die durch die konventionelle Landwirtschaft mitverursacht werden. Entsprechend stellt sie Erwartungen an die Landwirtschaft: Gemäß der Umweltbewusstseinsstudie 2018 (BMU/UBA 2019, 42ff.) erachten rund 90 Prozent der Bevölkerung die durch die Landwirtschaft ausgelösten Probleme wie den Rückgang der Artenvielfalt, die Umweltbelastungen durch Pflanzenschutzmittel oder die Belastung der Gewässer und Trinkwasser als ein „sehr großes" oder „eher großes Problem". Auch die Klimaschäden aufgrund der Nutztierhaltung werden von 70 Prozent als großes Problem eingeschätzt. 59 Prozent meinen, die wichtigste Aufgabe der Landwirtschaft sei es, Umwelt und Natur zu schützen; 65 Prozent sind der Auffassung, Landwirtschaft müsse vor allem das Wohlergehen der Nutztiere gewährleisten. Mit Blick auf die zukünftige Entwicklung der Landwirtschaft ist den Menschen am wichtigsten, dass Umwelt und Klima möglichst wenig belastet werden.

Die deutsche Bevölkerung erwartet offensichtlich mehrheitlich ein Umsteuern in der Landwirtschaft. Dafür gibt es, wie das nächste Kapitel zeigt, sowohl Konzepte im politischen Bereich wie auch praktische Alternativen, die einer Weiterentwicklung der Landwirtschaft für ein agrarkulturelles Tätigsein den Weg zeigen können.

5. Weiterentwicklungen der Landwirtschaft für ein agrarkulturelles Tätigsein

5.1 Rahmenbedingungen

Die europäische Agrarpolitik fokussiert derzeit darauf, Preise zu stützen, und richtet Zahlungen aufgrund von Flächengrößen aus. Auf letzteres beziehen sich auch die umweltbezogenen Zahlungen. So kommt es, dass „immer noch viel zu viel Geld in Flächenprämien [fließt], die der Landwirt ohne größere Gegenleistung bekommt" (Jessel 2015). In die gleiche

Richtung wirken Investitionsförderungen: Sie beschleunigen den Strukturwandel zugunsten großer Betriebe. Dieser Fokus der Agrarpolitik ist ein Grund dafür, dass im Wesentlichen nur ein kleiner Teil der Betriebe, nämlich die großen, von den Agrarzahlungen profitieren. Doch ihre Landbewirtschaftung ist in der Regel nicht nachhaltig und das Leitbild der Agrarkultur liegt ihnen fern.

Um verstärkt Arbeit zum Ausgangspunkt künftiger Agrarförderung zu machen und so eine Orientierung am Leitbild der Agrarkultur zu ermöglichen, sollten Vorschläge umgesetzt werden, die agrarpolitische Direktzahlungen statt an die Fläche (auch) an den notwendigen Arbeitseinsatz knüpfen (Hovorka 2011, Hoppichler 2016). Ähnlich fordert die Verbände-Plattform zur GAP (2018, 13), „Direktzahlungen für aktive Landwirte und Landwirtinnen zu gewähren, die öffentliche Güter und öffentliche Dienstleistungen bereitstellen" sowie „für einkommenspolitisch motivierte Direktzahlungen (…) eine gerechte und vernünftige Obergrenze für den einzelnen Landwirt oder Landwirtin" festzulegen (Verbände-Plattform zur GAP 2018, 13).[8] Weiter sollten die EU-Fördermaßnahmen der zweiten Säule[9] sowie Förderprogramme auf nationaler und regionaler Ebene an ökologische und soziale Kriterien gebunden und somit verstärkt Leistungen der Landwirtschaft für das Gemeinwohl gefördert werden.

Neben Agrarzahlungen, die auf die Arbeitskraft ausgerichtet sind und eine ökologische und soziale Landbewirtschaftung fördern, und direkten Zahlungen für ökologische und soziale Leistungen braucht es weitere, kombinierte Maßnahmen, um landwirtschaftliche Arbeit zu fördern, sie attraktiv zu machen und eine Orientierung am Leitbild der Agrarkultur zu begünstigen. Es braucht

– ordnungspolitische Vorgaben für die Landbewirtschaftung, zum Beispiel Verbote des Eintrags schädlicher Stoffe (Pestizide, Düngemittel) oder Vorgaben, um soziale Arbeitsbedingungen sicherzustellen. Vor allem aber müssen das bestehende Recht und übergeordnete Prinzipien wie das Vorsorgeprinzip durchgesetzt werden;

---

[8] Binswanger et al. (1979, 294) forderten bereits Ende der 1970er Jahre direkte Einkommenszahlungen an die Bauern. Kriterien sollten sein die Sicherung der Existenzgrundlage der Bauern und ökologischer Landbau.
[9] Die erste Säule betrifft die Direktzahlungen, die zweite Säule die Förderung der ländlichen Entwicklung.

- ein Abgabesystem, das sich an den Überlegungen von Köppl/Schrat-zenstaller (in diesem Buch) orientiert, das Arbeit entlastet, CO_2-Emissionen und Ressourcenverbrauch verteuert und soziale Ungleichheiten reduziert (dies kommt einer arbeitsintensiven, ökologischen und klein- bis mittelgroßen Landwirtschaft zugute);

- soziale Infrastrukturen in ländlichen Räumen, die eine gute Lebensqualität sicherstellen und dem gegenwärtigen Abbau der Daseinsvorsorge entgegenwirken. Dies betrifft zum Beispiel die Nahversorgung mit Gütern und Dienstleistungen oder die Mobilität und macht landwirtschaftliche Arbeit und den Erhalt landwirtschaftlicher Betriebe attraktiver. Hier sind vor allem die Regionalpolitiken sowie die finanzielle Ausstattung der lokalen und regionalen Ebene (Finanzausgleich, Steuererhebung) gefordert;

- eine vereinfachte Anerkennung gemeinnütziger Aktivitäten der Landwirtschaft. In der Landwirtschaft – und insbesondere in der agrarkulturell ausgerichteten – gibt es oft neben dem erwerbswirtschaftlichen auch einen gemeinwirtschaftlichen Bereich (Sozialarbeit, pädagogische Arbeit, Verbraucherberatung, Bildung, Naturschutz etc.). Dieser oder Teile davon können schon heute steuerrechtlich als gemeinnützig anerkannt werden, was allerdings kompliziert ist (Janitzki 1998, 191). Eine einfachere Möglichkeit wäre es, als zivilgesellschaftliche Initiative einen gemeinnützigen Förderverein für einen oder mehrere Höfe zu gründen. Hierüber könnten die nicht erwerbswirtschaftlichen Bereiche gefördert werden. Vor allem könnten mit Hilfe eines solchen Fördervereins Mittel steuerlich begünstigt eingeworben werden.

5.2   Weiterentwicklung in der landwirtschaftlichen Praxis

Die inzwischen jahrzehntelange Diskussion über die negativen Folgen der Agrarpolitik und den konkreten Bedarf nach Auswegen und Problemlösungen hat zahlreiche landwirtschaftliche Methoden, Aktivitäten, Projekte und Organisationsformen hervorgebracht, die ökologische und soziale Ziele verfolgen und in denen anders gearbeitet wird.

Zu nennen sind zunächst landwirtschaftliche Methoden, die in erster Linie ökologische Ziele verfolgen, aber auch die Arbeit verändern (für solche Praktiken siehe Fußnote 6; hinzu kommt zum Beispiel die Perma-

kultur). Wie in Kapitel 3 dargestellt, sind solche Methoden oft arbeitsintensiver. Teilweise müssen die Beschäftigten auch deutlich besser qualifiziert sein und über umfangreiches Wissen über ökologische Wechselwirkungen, komplexe Fruchtfolgen oder das Nebeneinander verschiedener Betriebszweige verfügen. Diese Methoden verbreiten sich – teilweise,
weil sie agrarpolitisch oder zum Beispiel durch Stiftungen gefördert werden, teilweise, weil eine Nachfrage danach besteht. Insbesondere die zer-
tifizierte ökologische Landwirtschaft wächst weiter, unter anderem dank
ihrer guten Organisation in Verbänden und der aufgebauten Marktexper-
tise. 7,2 Prozent der Agrarfläche in der EU werden ökologisch bewirt-
schaftet (FiBL/IFOAM 2019).

Schon seit längerem empfehlen u.a. die landwirtschaftliche Beratung
sowie Regionalförderung landwirtschaftlichen Betrieben, sogenannte
paralandwirtschaftliche Betriebszweige aufzubauen, also multifunktional
zu wirtschaften, und so das Einkommen aufzubessern und zu diversifizie-
ren. Solche Betriebszweige sind etwa die Direktvermarktung, touristische
Angebote wie Ferien auf dem Bauernhof oder pflegerische, therapeuti-
sche, pädagogische und integrative Dienstleistungen (Schule auf dem
Bauernhof, Reitschule, Pflege- und Betreuungsleistungen – auch „care
farming" genannt) oder die Energiegewinnung. Die in diesen Betriebs-
zweigen nötigen Tätigkeiten verlangen zum Teil zusätzliche Qualifikationen. Für die Schweiz konnten Chandrapalan et al. (2018) aufzeigen, dass
solche Aktivitäten verglichen mit dem durchschnittlichen Stundenlohn in
der Landwirtschaft attraktiv sind. Allerdings bedeuten die neuen Betriebszweige oft zusätzlichen Arbeitsdruck, vor allem für die Landwirtinnen.

Kooperationen können die Landwirtschaft stärken und damit möglicherweise auch den Charakter der Arbeit auf und zwischen den Betrieben
verändern (Gottwald/Boergen 2012). Horizontale Kooperation, beispielsweise in Form von landwirtschaftlichen Betriebsgemeinschaften, Ein-
kaufsgemeinschaften oder Erzeugergemeinschaften, sind eine Möglichkeit, sich dem landwirtschaftlichen Strukturwandel anzupassen oder ihm
zu entkommen. Sie reduzieren die Arbeitsbelastung und erlauben größere
Flexibilität, stärken die gegenseitige Unterstützung und können Risiken
teilen.

Vertikale Kooperationen beziehen VerarbeiterInnen und KonsumentInnen mit ein. Das Beispiel der solidarischen Landwirtschaft (community
supported agriculture) zeigt, dass dabei die Arbeit eine neue Gestalt annimmt: Hier sind die landwirtschaftlichen ProduzentInnen partnerschaft-

lich mit den VerbraucherInnen verbunden. Die Produktion orientiert sich an ihren Wünschen, so dass die Vielfalt der Erzeugnisse in der Regel zunimmt. Die VerbraucherInnen teilen solidarisch das Produktionsrisiko und erhalten dafür einen Anteil der Ernte. Sie erhalten Einblick in den Betrieb, bestimmen teilweise im Betrieb mit (vor allem, wenn es sich um Genossenschaften handelt) und sie arbeiten mit – freiwillig, in manchen Arrangements auch obligatorisch (Siegenthaler 2016). In der Schweiz wirtschaftet die Genossenschaft Les jardins de Cocagne seit 1978 nach diesen Prinzipien, in Deutschland ist es der Buschberghof in Schleswig-Holstein seit 1988. Vor allem seit der Jahrtausendwende breitet sich diese Form der ProduzentInnen-KonsumentInnen-Solidarität in Europa und weltweit aus.

Eine perspektivische Erweiterung läge in der direkten Zusammenarbeit städtischer Nachbarschaften mit ihrer „Landbasis", das heißt mit Landwirtschaftsbetrieben in der Region, die einen Großteil der Grundversorgung – ökologisch und regional erzeugt – liefern könnte. Mitarbeit der Nachbarschaften, regionale Verarbeitung und Depots sowie Nachbarschaftsküchen sind weitere Elemente der Lebensmittelversorgung der „Anderen Stadt" (Eichenberger 2017[10]).

Ab den 1950er Jahren ist viel landwirtschaftliche Arbeitskraft in den Industrie- und Dienstleistungssektor abgewandert und hat deren Wachstum ermöglicht (Reuter 2010). Nachdem diese Sektoren nun aber kaum mehr wachsen und durch technischen Fortschritt weniger Arbeitskräfte brauchen, ist es eine nahe liegende Option, den Landwirtschaftssektor neu auszurichten und attraktiv zu machen für ein vielfältiges und sinnvolles Tätigsein.

Literatur

AgrarBündnis (2010): Nebenerwerb hat Zukunft. Gegenwart und Potenziale einer unterschätzten Betriebs- und Lebensform, in: AgrarBündnis (Hg.): Der kritische Agrarbericht 2010, Konstanz/Hamm, 51-56

[10] Die Autorin stellt in dem Buch „Die Andere Stadt" detaillierte Flächen- und Produktionsrechnungen an und kommt zum Schluss, dass eine solche Versorgung machbar ist.

AgrarBündnis (2013): Wandel und Zukunft der Arbeit in der Landwirtschaft. Ein Thesenpapier, www.agrarbuendnis.de/fileadmin/Daten-KAB/AB-Aktuel les/AB_T_ArbeitThesen_2013-11-19.pdf

Beste, A. (2016): Der Boden, von dem wir leben – Zum Zustand der Böden in Europas Landwirtschaft, in: AgrarBündnis (Hg.): Der Kritische Agrarbericht 2016, Konstanz/Hamm, 74-79

Binswanger, H.C., Geissberger, W., Ginsburg, T. (1979): Der NAWU-Report: Strategien gegen Arbeitslosigkeit und Umweltkrise, Frankfurt a. M.

BMU (Bundesministerium für Umwelt, Naturschutz und nukleare Sicherheit), UBA (Umweltbundesamt) (Hg.) (2019): Umweltbewusstsein in Deutschland 2018. Ergebnisse einer repräsentativen Bevölkerungsumfrage, Dessau

BFN (Bundesamt für Naturschutz) (2017): Agrar-Report 2017. Biologische Vielfalt in der Agrarlandschaft, Bonn

BMEL (Bundesministerium für Ernährung und Landwirtschaft) (2017): Daten und Fakten. Land-, Forst- und Ernährungswirtschaft mit Fischerei und Wein- und Gartenbau, Rostock

Chandrapalan, R., Zorn, A., Lips, M. (2018): Wirtschaftlichkeit paralandwirtschaftlicher Betriebszweige, in: Agrarforschung Schweiz, 9(11-12), 384-391

Eichenberger, U. (2017): Vom Acker auf den Teller. Die andere Nahrungsmittelversorgung, in: Widmer, H. (Hg.): Die Andere Stadt, Zürich

eurostat (2015): Landwirtschaftlich genutzte Fläche in der EU von 2003 bis 2013 konstant, doch Zahl der landwirtschaftlichen Betriebe sank um mehr als ein Viertel, Pressemitteilung 26. November 2015

FiBL, IFOAM (2019): The World of Organic Agriculture. Statistics and Emerging Trends 2019, Frick

Gottwald, F.-Th. (2003): Der Bauer als Unternehmer. Perspektiven agrarkulturellen Wirtschaftens auf und mit dem Lande, in: AgrarBündnis (Hg.): Der Kritische Agrarbericht 2003, Rheda-Wiedenbrück/Hamm, 270-276

Gottwald, F.-Th., Boergen, I. (2012): Ein neues Miteinander. Erfolgsprinzipien für gute Kooperationen in und mit der Landwirtschaft, in: AgrarBündnis (Hg.): Der kritische Agrarbericht 2012, Konstanz/Hamm, 255-260

Groeneveld, S. (1986): Agrarkulturen statt Landwirtschaft: Entwurf einer Perspektive, in: Glaeser, B. (Hg.): Die Krise der Landwirtschaft. Zur Renaissance von Agrarkulturen, Frankfurt a. M. 165-186

Heinrich-Böll-Stiftung, Bund für Umwelt und Naturschutz Deutschland, Le Monde Diplomatique (2019): AGRAR-ATLAS. Daten und Fakten zur EU-Landwirtschaft, Berlin

Hoppichler, J. (2016): Bäuerliche Ökonomie. Wiederentdeckung eines Erfolgsmodells, in: AgrarBündnis (Hg.): Der Kritische Agrarbericht 2016, Konstanz/Hamm, 283-289

Hovorka, G. (2011): Die Reform der Agrarpolitik der EU aus Sicht der Berggebiete, in: Ländlicher Raum. Online-Fachzeitschrift des Bundesministeriums für Land- und Forstwirtschaft, Umwelt und Wasserwirtschaft, 1

Janitzki, A. (1998): Ist Landwirtschaft gemeinnützig?, in: AgrarBündnis (Hg.): Der kritische Agrarbericht 1998, Rheda-Wiedenbrück, 189ff.

Jessel, B. (2015): „Der Feind heißt Agrarsubvention" – BfN-Chefin über Artensterben, in: taz, 22. Mai 2015

IPPC (2014): Climate Change (2014): Mitigation of Climate Change. Contribution of Working Group III to the Fifth Assessment Report of the Intergovernmental Panel on Climate Change, Chapter 11, Cambridge/New York

Neu, C. (2016): Neue Ländlichkeit. Eine kritische Betrachtung, in: Aus Politik und Zeitgeschichte, 46-47, 4-9

Parent-Thirion, A. (2007): Fourth European Working Conditions Survey: European Foundation for the Improvement of Living and Working Conditions, Luxembourg

Priebe, H. (1990): Die subventionierte Naturzerstörung. Plädoyer für eine neue Agrarkultur, München

Reissig, L. (2017): Häufigkeit von Burnouts in der Schweizer Landwirtschaft, in: Agrarforschung Schweiz, 8(10), 402-409

Reuter, N. (2010): Der Arbeitsmarkt im Spannungsfeld von Wachstum, Ökologie und Verteilung, in: Seidl, I., Zahrnt, A. (Hg.): Postwachstumsgesellschaft. Konzepte für die Zukunft, Marburg, 85-102

Rosa-Schleich, J., Loos, J. Mußhoff, O. Tscharntke, T. (2019): Ecological-economic trade-offs of Diversified Farming Systems – A review, in: Ecological Economics, 160, 251-263

Schweisfurth-Stiftung (1988): Jahresbericht, München

Schweisfurth, K.L., Gottwald, F.-Th., Dierkes, M. (2002): Wege zu einer nachhaltigen Agrar- und Ernährungskultur. Leitbild für eine zukunftsfähige Lebensmittelerzeugung, -verarbeitung und -vermarktung. München

Siegenthaler, T. (2016): Modelle der solidarischen Landwirtschaft: eine Übersicht, in: Kultur und Politik. Zeitschrift für ökologische, soziale und wirtschaftliche Zusammenhänge, 1, 18-19

Stodieck, F. (2017): Entwicklung und Trends 2017 – Ein „Weiter so" ist keine Option – jetzt wird sondiert, in: AgrarBündnis (Hg.): Der Kritische Agrarbericht 2018, 21-33

Verbände-Plattform zur GAP (2018): Die EU-Agrarpolitik muss gesellschaftlichen Mehrwert bringen. Für Umwelt, biologische Vielfalt, Tierschutz und wirtschaftliche Perspektiven für bäuerliche Betriebe und ländliche Gemeinschaften, Berlin

Wochenblatt (2017): Burnout: Bauern in der Krise, 10.11.2017

Digitalisierung und erweiterte Arbeit

Linda Nierling, Bettina-Johanna Krings[*]

Zusammenfassung: Der folgende Beitrag geht der Frage nach, wie sich die Digitalisierung der Arbeitswelt auf erweiterte Arbeit auswirken kann. Diese Frage wird im Hinblick auf drei Themenfelder exemplarisch diskutiert: der Entwicklung des Arbeitsvolumens, der Arbeitszeiten und neuer digitaler Arbeitsformen. Es zeigt sich, dass aktuelle Transformationsprozesse durch die Digitalisierung zwar prinzipiell mit den Konzepten erweiterter Arbeit vereinbar sind und sogar ihre Umsetzung erleichtern könnten. Allerdings bedarf es der sozialen Gestaltung derzeitiger digitaler Entwicklungen und ihres Einsatzes in der Arbeitswelt, um diese Potenziale zu nutzen.

1. Einleitung

Der Beginn des „Internet Age" (Huws 2013) und die sich anschließende, flächendeckende Einführung digitaler Technologien in nahezu allen Arbeitswelten gelten als historische Zäsur im Wandel von Erwerbsarbeit (Baukrowitz et al. 2006, Börner et al. 2017). Technische und vor allem digitale Innovationen haben in den letzten zwei bis drei Jahrzehnten die institutionellen, betrieblichen und individuellen Rahmenbedingungen von Arbeit stark verändert. „Digital und vernetzt gearbeitet wird inzwischen faktisch in allen Sektoren der Volkswirtschaft" (Schwemmle/Wedde 2012, 16). Auf Basis dieser Innovationen entstand ein „sozio-technischer Handlungsraum" (Rammert/Schulz-Schäfer 2002), der in der Arbeitswelt bis heute an Dynamik kaum zu überbieten ist (Hofmann 2018).

Das im Rahmen der Postwachstumsdebatte vertretene Konzept der „erweiterten Arbeit" (zum Konzept der erweiterten Arbeit siehe z.B.

[*] Die Autorinnen danken Philipp Frey für wertvolle Hinweise zu diesem Artikel.

Nierling 2013) will das Spektrum menschlicher Arbeitsformen gegenüber der bisherigen Engführung der Arbeit als Erwerbsarbeit erweitern und versteht Tätigkeiten wie bezahlte Arbeit, Ehrenamt, Sorge- und Familienarbeit und Eigenarbeit als Arbeit (vgl. auch den Beitrag von Gerold in diesem Buch). In diesem Buch wird dafür der Begriff des „Tätigseins" verwendet.

Die Debatte über die Digitalisierung der Arbeit und die Debatte über die erweiterte Arbeit sind bislang kaum miteinander verknüpft: So diskutiert erstere zwar über „gute digitale Arbeit", allerdings nicht vor dem Hintergrund eines erweiterten Arbeitsbegriffs. Und die Debatte um erweiterte Arbeit integriert den Einfluss digitaler Technologien und strukturelle Veränderungen durch Digitalisierung bislang nicht systematisch. Vielmehr besteht in den Debatten um die Digitalisierung der Arbeit die Tendenz, technische Entwicklungen als normative Orientierung zu betrachten und die Organisation der (Erwerbs-)Arbeit an den vermeintlichen Erfordernissen technisch-rationaler Logik auszurichten. Die Technisierung von Arbeit steht dabei in der Regel für eine Erhöhung der Effizienz, für Beschleunigung und zunehmende Standardisierung von Arbeitsprozessen. Diese Perspektive liegt quer zu Vorstellungen von erweiterter Arbeit, bei denen es normativ darum geht, ein Arbeits- und Lebensmodell für eine erhöhte Arbeits- und Lebensqualität aufzuzeigen (Nierling 2013).

Im Folgenden zeichnen wir zunächst die Entwicklung der Debatte um die „Digitalisierung der Arbeit" seit den 1990er Jahren nach (Abschnitt 2). Abschnitt 3 zeichnet vorherrschende Debatten des Digitalisierungsdiskurses bezüglich des Arbeitsvolumens, der Arbeitszeiten und der Arbeitsformen nach und bezieht sie kritisch auf das normative Leitbild erweiterter Arbeit. Abschnitt 4 benennt schließlich Herausforderungen für die Gestaltung erweiterter Arbeit im Zuge der Digitalisierung.

2. Die Digitalisierung der Arbeit als kontinuierlicher Prozess

Unter dem Stichwort der „Informatisierung der Arbeit" (Schmiede 1996) wurde schon früh der Einsatz digitaler Technologien in der Arbeitswelt beschrieben. „Informatisierte Arbeit" bezeichnet „alle Tätigkeiten, bei denen die Bearbeitung von Informationen der zentrale Gegenstand ist und Informationstechnologien verwendet werden" (Baukrowitz et al. 2006, 45). Die Arbeitssoziologie analysierte die Zunahme digitaler Formen von

Arbeit sowie informationstechnisch vernetzter Arbeitsmärkte kritisch, was insbesondere mit dem Begriff der „Entgrenzung" (Kratzer 2003) starke Resonanz erzielte. Entgrenzung wird als „Erosion zeitlicher, räumlicher, inhaltlicher, motivationaler usw. Grenzen bisheriger Formen von Einsatz und Nutzung von Arbeitskraft" (ebd., 44) verstanden und beschreibt den Wandel des Normalarbeitsverhältnisses hin zu flexiblen und offenen Formen der Organisation von Arbeit (Krings 2013).

Wissenschaftliche Analysen stimmen darin überein, dass die (digitale) Technisierung in der Arbeitswelt in ihrem jeweiligen Kontext betrachtet werden muss und generelle Aussagen über ihre Auswirkungen nicht möglich sind (Funken, Schulz-Schaeffer 2008). Konsens besteht jedoch darin, dass Prozesse der Digitalisierung künftig die Arbeitsorganisation, die Arbeitsprozesse und die Berufsprofile wesentlich verändern werden (Krings 2007, Lott 2016, Noon et al. 2013). Es sind auch völlig neue Arbeitsformen wie beispielsweise über digitale Plattformen koordinierte Arbeit entstanden. Diese stoßen teilweise auf große Zustimmung bei (meist jungen) Nutzerinnen und Nutzern und inspirieren visionäre Vorstellungen zukünftiger Arbeitsformen, werden aber auch kritisch diskutiert, da sie gewerkschaftliche Verhandlungen und soziale Sicherungssysteme vor große Herausforderungen stellen (Benner 2015).

In den Debatten um eine Postwachstumsgesellschaft ist das „Verhältnis von Postwachstum *und* Digitalisierung" noch eine „Leerstelle" (Schmelzer/Vetter 2019, 233, Herv. i. O.). Ohne Zweifel ist die Digitalisierung auch Treiberin der Visionen einer Postwachstumsgesellschaft, in der ein breites Verständnis von Arbeit mit einer verringerten Bedeutung von Erwerbsarbeit zentral ist. In welcher Weise sich Prozesse der Digitalisierung auf erweiterte Arbeit auswirken können, wird im Folgenden ausgeführt.

3. Erweiterte Arbeit und Anknüpfungspunkte für Digitalisierung

Gemäß den Zielen der sozial-ökologischen Transformation sollen dem Primat der Erwerbsarbeit erweiterte Ansätze von Arbeit entgegengesetzt und somit die umfassende Kommodifizierung menschlicher Tätigkeiten, das heißt das „Zur-Ware-Werden" menschlicher Arbeit, wieder verringert werden (Brandl/Hildebrandt 2002, Nierling 2013).[1] Damit ist die Idee verbunden, dass die Vielfalt von Tätigkeiten eine selbstbestimmte Lebensführung fördert und nachhaltige Arbeits- und Lebensbedingungen unter Einbeziehung des ganzen Menschen und seiner sozialen Lebenswelt schafft. Die Neubewertung und Neuverteilung von Arbeit stellt so einen wesentlichen „Kristallisationspunkt der Postwachstumsdebatte" dar (Schmelzer/Vetter 2019, 30; siehe auch Gerold in diesem Buch).

Das Konzept erweiterter Arbeit wurde ab den 1970er Jahren parallel zum Strukturwandel von der Industrie- zur Dienstleistungsgesellschaft entwickelt. Die starke Bedeutung von Erwerbsarbeit wurde relativiert und andere Formen von Arbeit wurden in ihrem Wert als Arbeit und damit als notwendig für den sozialen Zusammenhalt und individuelles Wohlergehen verstanden. Viele Vorschläge zur Umsetzung entstanden (für einen Überblick siehe Nierling 2013). Diese Konzepte haben allerdings in der gesellschaftlichen Debatte nur begrenzten Widerhall gefunden. Das lag vor allem daran, dass Anerkennungsmechanismen wie Sozialversicherungssysteme, Einkommen, organisationale Einbindung die bezahlte Arbeit wesentlich stützen, während andere – unbezahlte – Arbeitsformen weit weniger Anerkennung erfahren.

Digitalisierung spielt in der Debatte um erweiterte Arbeit bisher kaum eine Rolle. Heute stellt sich allerdings – auch angesichts politischer Digitalisierungsprogramme – die Frage, wie gesellschaftliche Visionen von erweiterter Arbeit und von Digitalisierung verbunden werden können. Welche Potenziale könnte die Digitalisierung der Arbeitswelt für erweiterte Arbeit eröffnen? Und wo können wesentliche Fallstricke für ein Scheitern liegen?

Drei Bereiche lassen sich identifizieren (Nierling 2018):

1. Arbeitsvolumen: Mögliche Jobverluste durch die Substitution menschlicher Arbeit;

2. Arbeitszeiten: Formen der (digitalen) Entgrenzung von Arbeit und Leben;

---

[1] Beispiele für Kommodifizierung sind der Konsum von Essen im Restaurant anstelle des Selberkochens oder die Beauftragung von Handwerkern anstelle des Selberbauens.

3. Arbeitsformen: Entstehung neuer digitaler Arbeitsformen durch Plattformarbeit und Sharing-Modelle.

3.1 Arbeitsvolumen

In den letzten Jahrzehnten nahm die technische Leistungsfähigkeit von
Informations- und Kommunikationstechnologien, die Datenvolumen
massiv erhöhen sowie Menschen und Dinge umfassend vernetzen, enorm
zu. Gepaart mit Fortschritten in Robotik und Sensorik werden auch in der
industriellen Produktion (Industrie 4.0[2]) erhebliche Leistungssteigerun-
gen erwartet. Im Bereich der Dienstleistungen können relevante technische Anwendungen künstlicher Intelligenz und Algorithmen entstehen.

Frey und Osborne (2013) errechneten, dass möglicherweise 47 Prozent der Arbeitsplätze in den USA automatisiert werden und damit wegfallen könnten. Weitere Studien haben diese hohe Zahl relativiert (Bonin
et al. 2015); Lorenz et al. (2015) prognostizierten gar Beschäftigungszu-
wächse. Inzwischen wird davon ausgegangen, dass sich die Veränderungen in „aus der Vergangenheit bekannten Größenordnungen bewegen dürften" (Absenger et al. 2016, 7). Der Effekt auf die Beschäftigungszahlen
sei eher gering, weil Arbeitsplatzverluste durch Reallokationen aufgefangen werden dürften (Niebel et al. 2018). Wie groß oder klein auch immer
die quantitativen Veränderungen ausfallen werden: Die digitalen Technologien werden den Arbeitsmarkt *qualitativ* wesentlich verändern, das
heißt es werden neue Berufsprofile entstehen sowie neue Kompetenzen
erforderlich (Blien et al. 2019, Walwei 2018).

Der mögliche Ersatz menschlicher Arbeit durch Technik betrifft – anders als bei der Automatisierung der 1970er- und 1980er Jahre – nicht
mehr nur die industrielle Produktion, sondern auch geistige Arbeit. So
kann Software beispielsweise schon heute (standardisierte) journalisti-

---

[2] In aller Kürze handelt es sich bei „Industrie 4.0" um „neue Modelle der Produk-
tionsautomatisierung durch die Verknüpfung virtueller Datenebenen und realer Pro-
duktionsabläufe" (Ittermann et al. 2015, 7). Von seiner Entstehung an (Arbeitskreis
Industrie 4.0 2013) war der Begriff ein Zukunftsentwurf, mit dem viele positive und
negative Erwartungen verknüpft waren. Auch wenn das Konzept inzwischen auf be-
trieblicher Ebene eine Konkretisierung erfahren hat, so ist weiterhin die Ausgestaltung dieses Prozesses durch gesellschaftliche Akteure zentral (Krings 2019, Ittermann et al. 2015).

sche Berichte schreiben und auch die immer bessere automatische Sprach-erkennung hat das Potenzial, beispielsweise Tätigkeiten im Sekretariats-bereich zu ersetzen.[3]

Wie können gesellschaftliche Akteure mit diesen Veränderungen in der Arbeitswelt umgehen? Kann der mögliche Wegfall von menschlicher Arbeit gar eine Chance für eine Diskussion und Realisierung erweiterter Arbeitsmodelle sein? Manche AutorInnen meinen dies, beispielsweise Kurz und Rieger (2013, 284): „Es darf nicht länger ein persönliches Drama sein, wenn ein im Grunde langweiliger, anstrengender, gesund-heitsverschleißender oder gefährlicher Job von Maschinen erledigt wird. Die ökonomischen und sozialen Rahmenbedingungen dafür zu schaffen, dass wir unsere neue Symbiose mit den Maschinen als etwas Positives, Befreiendes und Sinnvolles sehen können, erfordert eine umfangreiche Diskussion über unsere gesellschaftlichen Ziele und Ideale."

Neue, visionäre Konzepte von digitaler erweiterter Arbeit wurden aller-dings bislang wenig entwickelt. Die Digitalisierungsdebatten legten ihren Fokus bislang auf die Bildung und die Notwendigkeit, ArbeitnehmerIn-nen für neue technische Erfordernisse durch veränderte Berufsprofile, Tätigkeitsbereiche und Kompetenzen zu qualifizieren (Walwei 2016, Hirsch-Kreinsen/Ittermann 2017).[4] Solche Maßnahmen sind zwar grund-sätzlich positiv zu bewerten. Sie verbleiben jedoch in alten Pfaden, das heißt, der Logik der Erwerbsarbeit verbunden (Ebert und Rahner 2017).

Geht man jedoch davon aus, dass die Digitalisierung menschliche Arbeit freisetzt, so könnten sich durchaus Freiräume für Tätigkeiten er-geben, die neben und außerhalb von Erwerbsarbeit (im Sinne von Misch-arbeit) ausgeübt werden könnten. Dazu bräuchte es auf gesellschaftlicher und politischer Ebene zum einem ein verändertes Leitbild von Arbeit, das deren Pluralität anerkennt. Zum anderen müssten konkrete Maßnahmen ergriffen werden: Dies könnte ein finanzielles Guthaben für den Start in das Erwachsenenleben sein oder die Förderung genossenschaftlicher

---

[3] Ein Beispiel ist die Software Google Duplex, ein digitaler Assistent, der eigen-ständig Anrufe durchführen kann.

[4] Dies zeigt sich exemplarisch an den „Experimentierräumen" des Bundesministeri-ums für Arbeit und Soziales (BMAS), die an dem breit angelegten Diskussionspro-zess „Arbeit 4.0" des Ministeriums anschließen und ausschließlich „traditionelle" betriebliche Praxen im Fokus haben, siehe: www.experimentierraeume.de/experimen tierraeume

Ideen „im digitalen Zeitalter". Solche Ansätze sollten im Sinne der erweiterten Arbeit ausgebaut werden (Jürgens et al. 2017).

3.2 Arbeitszeiten

Die Arbeits- und Industriesoziologie diskutiert Konsequenzen flexibilisierter Arbeitszeiten seit den 1990er Jahren intensiv (Kratzer 2003). Die Flexibilisierung von Arbeitszeiten basiert seit Beginn auf technischen Möglichkeiten – zunächst auf Informations- und Kommunikationstechnologien – und hat sich durch digitale Technologien und mobile Endgeräte zu einer „permanente[n] Erreichbarkeit" ausgedehnt (Carstensen 2015, 187). Die Möglichkeit, virtuell, das heißt zeit- und ortsunabhängig zu arbeiten, verbreitet sich rasant. Dabei schwingt oft die Vorstellung einer gelingenden „Work-Life-Balance" durch die flexible Anpassung der Bedarfe beider Sphären – Erwerbsarbeits- und Privatsphäre – mit.

Gemäß wissenschaftlichen Studien ist umstritten, ob die positiven oder die negativen Folgen der zunehmenden Entgrenzung überwiegen. Einerseits werden die negativen gesundheitlichen Wirkungen des Aufkündigens des „geregelte[n] 8-Stunden-Arbeitstag[es], [von] Pausenregelungen und vorgeschriebene[n] Höchstarbeitszeiten" hervorgehoben (Absenger et al. 2016, 8). Andererseits können flexible Arbeitszeiten die Vereinbarkeit von Familie und Beruf vereinfachen (Krings et al. 2010; für eine kritische Sicht vgl. von Jorck/Schrader in diesem Buch). Dabei soll zeitliche Flexibilität zeitliche Vereinbarkeit von Arbeit und Privatem im Alltag oder auch in unterschiedlichen Lebensphasen ermöglichen (Corino 2018).

Auch aus diesem Themenfeld zu Arbeitszeiten ergeben sich relevante Fragen für erweiterte Arbeit und Digitalisierung, denn wie die Arbeitszeiten gestaltet werden, ist zentral, wenn es um erweiterte Formen von Arbeit geht. Dabei werden flexible Arbeitszeiten vor allem als „mobile Arbeit" diskutiert. In Teilen wird auch die Begrenzung von Arbeitszeiten thematisiert, zum Beispiel der „digitale Feierabend" von VW[5] oder das

---

[5] Diese Maßnahme besteht seit 2011. Ihr liegt die Idee zugrunde, dass nach Feierabend, das heißt zwischen 18.15h und 7.00h, keine E-Mails zugestellt werden. Kritisiert wird, dass diese Maßnahme für einen kleinen Teil der Tarifbeschäftigten gilt.

kürzlich politisch diskutierte „Recht auf Nichterreichbarkeit".[6] Nachdem die Verkürzung der Arbeitszeiten in Tarifverhandlungen und in öffentlichen Debatten lange kein Thema war (vgl. Reuter in diesem Buch), ist sie unter anderem angesichts möglicher Folgen der Automatisierung wieder in den Blick gerückt (Srnicek/Williams 2016). Für erweiterte Arbeit ist dies relevant, da Arbeitszeiten die Grundlage dafür sind, zeitliche Freiräume für das breitere Spektrum von Tätigkeiten wie Familienarbeit, Eigenarbeit, Ehrenamt oder politische Partizipation zu schaffen (Coote/Maréchal 2018).

Heute spiegeln sich hohe zeitliche und inhaltliche Anforderungen in der Erwerbsarbeit (noch immer) in mangelnder Zeit für die Familienarbeit. Das zeigt sich insbesondere in der Pflege alter Menschen (Klinger 2014; zu Sorgearbeit und ihren Herausforderungen vgl. auch Hagedorn in diesem Buch). Care und Care Work (Sorge- und Fürsorgearbeit respektive professionelle Pflegearbeit) werden trotz steigender allgemeiner Erwerbsorientierung und zunehmender Auslagerung der privaten Sorgetätigkeit schlecht entlohnt (Aulenbacher/Dammayr 2014, 10).

Es gibt vielfältige Ansätze, um durch digitale Technologien (wie zum Beispiel Pflegeroboter) Lösungen für Care-Aufgaben bereitzustellen. Doch der Einsatz von Technik in einem sozialen Feld ist immer auch ein Transformationsprozess, der im Sinne der Technikfolgenabschätzung umfassend reflektiert werden sollte. Beispielsweise ergeben sich durch den Einsatz neuer Technologien oftmals neue Zwecke, die ohne diese Technologien nicht denkbar waren und neue Abhängigkeiten schaffen können (Hülsken-Giesler 2008, 221). So hat der Einsatz von Tablets in der ambulanten Pflege die Dokumentation für die Pflegerinnen vereinfacht, da die relevanten Vitaldaten in standardisierter Form eingegeben werden können und für weitere Arbeitsprozesse gebündelt zur Verfügung stehen. Gleichzeitig erfolgt über Tablets eine Kontrolle des Arbeitsablaufs, was spontane und fürsorgliche Interaktionen zwischen Pflegerinnen und zu Pflegenden erschwert.

Allerdings wurden in Folge auch Initiativen von Daimler und BMW gestartet, die sich auf die Begrenzung der Arbeitszeiten richteten.

[6] Rosa (2018) geht auf gesellschaftstheoretischer Ebene sogar noch einen Schritt weiter und fordert die „Unverfügbarkeit" des Menschen als Gegenmodell zur entfremdeten Arbeits- und Lebenswelt in aktuellen Gesellschaften. Hier geht es, angesichts der allseits präsenten und technisch induzierten Erreichbarkeit, um das Recht des Nichtverfügbaren; ein Recht, das einen hohen emanzipatorischen Wert hat.

Ohne Zweifel ermöglicht die Digitalisierung flexible Arbeitszeiten und schafft individuelle Freiräume für vielfältige Arbeitsformen. Deshalb ist es wichtig, an aktuellen Debatten um Arbeitszeitverkürzung anzuknüpfen und die Zeit, die durch erweiterte Arbeit anderen Menschen gewidmet werden kann, als wertvoll zu erkennen. Solche Arbeit kann durchaus technische Unterstützung erfahren und dadurch allenfalls gar an Wert gewinnen.

3.3 Neue digitale Arbeitsformen

Der dritte Punkt, der hier angesprochen werden soll, ist das Entstehen originärer digitaler Arbeitsformen wie beispielsweise die Plattformarbeit (Börner et al. 2017). Plattformarbeit lässt sich in verschiedene Arbeitstypen unterteilen, die sich in vielen Aspekten unterscheiden (etwa Form und Höhe der Entlohnung, Qualifikationserfordernisse, rein virtuelle Arbeit oder Ort- und Zeitabhängigkeit). Eine wesentliche Gemeinsamkeit ist, dass die Arbeit über Internet-Plattformen verteilt wird. Eine kürzlich vorgeschlagene Typologie unterscheidet drei Typen (Vandaele 2018):

1. „Online micro crowd work": Ein Beispiel dafür ist die Plattform Amazon Mechanical Turk, welche das Beschreiben von Bildern in Onlinekatalogen an die digitale Crowd verteilt.

2. „Online macro crowd work", die von hochqualifizierten Freelancern durchgeführt wird und beispielsweise IT-Dienstleistungen oder Designaufträge umfassen kann.

3. „Time-and-place-dependent on-demand-work" wie Reparatur- oder Reinigungsdienstleistungen, Lieferdienste (Beispiel: Lieferando) oder die Bereitstellung von Mobilität (Beispiel: Uber).

Plattformarbeit wirft derzeit viele offene und grundsätzliche Fragen wie fehlende Arbeitnehmerrechte oder die geringe Vergütung der Crowdworker auf und ist in zweifacher Hinsicht für die Debatte um erweiterte Arbeit relevant:

Zum einen verweist die Entwicklung von Crowd work darauf, dass tragfähige Konzepte der sozialen Absicherung für solche neuen Formen von unselbstständiger und selbstständiger Arbeit fehlen (vgl. Kubon-Gilke in diesem Buch). Zum anderen lassen sich aus der Verteilung von Arbeitstätigkeiten über das Internet Potenziale für erweiterte Arbeit ableiten: Digitale Plattformen können für die Vernetzung und Kommunikation von Akteuren genutzt werden (Beispiele sind gemeinschaftliche Tauschbörsen für Hilfeleistungen, Maschinen oder Werkzeuge sowie die Organisation von Arbeitskraft oder die Verbreitung technischer Baupläne in Projekten der solidarischen Landwirtschaft). Es können durch (digitale) Technik auch neue Formen der erweiterten Arbeit entstehen, so wie dies etwa im Konzept des „High tech self-providing", das heißt der Selbstversorgung auf höchstem technischem Niveau, angedacht wurde (Bergmann, Friedland 2007, Schor 2010): Auf der Basis digitaler „Commons" werden Anleitungen für konkrete technische Lösungen wie Prothesen oder Windturbinen bereitgestellt, die auf lokaler Ebene durch Laien (nach)gebaut werden können (Kostakis et al. 2018). Darüber hinaus zeigt sich am anhaltenden Interesse an offenen Werkstätten wie FabLabs oder Bike Kitchens (Bradley 2018, Schneider 2018), dass gerade durch den Einbezug von (digitaler) Technik in die Eigenarbeit neue Qualitäten sozialer Innovationen entstehen können, in denen die Technik der Kern der Vergemeinschaftung ist.

3.4   Zwischenfazit

In allen drei Feldern der digitalen Arbeit gibt es Anknüpfungspunkte für erweiterte Arbeit.

In Bezug auf das *Arbeitsvolumen* könnte Arbeitszeit, die durch die digitale Transformation des Arbeitsmarktes wegfällt, verstärkt für Tätigsein in Familie, Nachbarschaft, für Hobby oder soziales Engagement genutzt werden. Die Erwerbsarbeit verlöre dadurch an Gewicht, während gleichzeitig eine größere Vielfalt von Tätigkeiten möglich würde (Nierling 2013).

In Bezug auf *Arbeitszeiten* sollte nicht nur über ihre Flexibilisierung, sondern vielmehr über ihre Verkürzung beziehungsweise über die Verankerung alternativer Arbeitszeitgestaltung in biographischen Verläufen diskutiert werden, um insbesondere den besonderen Anforderungen von Care Work gerecht zu werden. Damit können Räume für die Vielfalt erweiterter Arbeit entstehen, die gesellschaftlich anzuerkennen und für individuelle Lebenswege zugänglich zu machen sind (Stronge/Harper 2019).

In Bezug auf *neue digitale Arbeitsformen* sollten entstehende Plattformen nicht nur für bezahlte Formen von Arbeit nutzbar sein. Vielmehr
sollte das Potenzial digitaler Vernetzungsmöglichkeiten für erweiterte
Arbeit wie für die Koordination von Urban-Gardening-Projekten oder
den Aufbau von FabLabs erschlossen werden.

An dieser Stelle soll betont werden, dass erweiterte Arbeit auch eine
Alternative zu zunehmend virtuellen Arbeitsräumen sein kann, indem
zum Beispiel manuelle, körperliche oder soziale Erfahrungen durch handwerkliche oder gärtnerische Eigenarbeit oder durch Sorgearbeit gemacht
werden können. Die Kunst sollte darin bestehen – Ivan Illich folgend –,
die wertvollen „analogen" Elemente erweiterter Arbeit nicht durch die
zunehmende Virtualisierung zu schmälern, sondern vielmehr an menschlichen Bedürfnissen orientiert zu bereichern (Illich 1998, Sennett 2008,
Samerski 2018).

4. Herausforderungen an erweiterte Arbeitsformen
im Zuge der Digitalisierung

Parallel zu Debatten um Digitalisierung, „Industrie 4.0" und Künstlicher Intelligenz verbreiten sich derzeit digitale Entwicklungen in zahlreichen Arbeitsumgebungen. Angesichts der globalen ökologischen und
ökonomischen Krisen erstaunt es, dass solche Strategien immer noch mit
dem Argument einer wachsenden Wirtschaftsleistung und Wettbewerbsfähigkeit begründet werden. Denn damit bleiben Möglichkeiten und Potenziale einer humanverträglichen und visionären Gestaltung sozio-technischer Arbeitsräume ungenutzt. Vielmehr wird die Umstellung auf digitale
Arbeitsprozesse den (klassischen) Idealen der Produktivitätssteigerungen
folgend vorangetrieben. Die bisherigen Erfahrungen zeigen, dass die Digitalisierung vor allem die Erwerbsarbeit intensiviert und neue Unsicher-
heiten schafft und dadurch hohe subjektive Folgekosten anfallen (Graefe
2019). Vergleicht man Leitbilder erweiterter Arbeit mit derzeitigen Entwicklungen einer digitalen Arbeitswelt, so zeigt sich schnell, dass sie
kaum miteinander vereinbar sind. Die technische Logik überwiegt und
erscheint unvereinbar mit den Zielen, die mit erweiterten Formen von
Arbeit verbunden sind.

Um das Konzept erweiterter Arbeit zu stärken, sollte der digitale Strukturwandel daher nicht vorrangig – wie bislang – von der Technik her

gedacht, sondern mit Blick auf menschliche Bedürfnisse gestaltet werden, indem zum Beispiel Freiräume für selbstbestimmte Arbeitsformen geschaffen werden, welche die technischen Innovationen unterstützen und mitgestalten. So könnten digitale Technologien „analoge" erweiterte Arbeit bereichern, etwa durch neue Vernetzungsmöglichkeiten, zeit- und ortsflexiblere Arbeitsgestaltung oder neue digital gestützte Formen gemeinschaftlichen Arbeitens (wie FabLabs, virtuelle Plattformen). Auch sollten die digitalen Möglichkeiten für eine flexible Zeitgestaltung sehr viel stärker im Sinne erweiterter Arbeit ausgestaltet werden. Denn erweiterte Arbeit kann eine selbstbestimmte Lebensführung unterstützen, wenn sie beispielsweise Arbeitszeiten verkürzt oder neue biographische Modelle ermöglicht.

Die Erfahrungen der letzten Jahre haben gezeigt, dass die Arbeitswelten in Bewegung sind und Arbeitsvolumen, Arbeitszeitmodelle sowie Arbeitsformen sich auf vielfältige Weise verändern. Diese Prozesse sollten verstärkt dazu genutzt werden, erweiterte Arbeitsformen zu gestalten und zu fördern. Für die gesellschaftliche Transformation hin zu einer Postwachstumsgesellschaft sollte daher künftig ein besonderes Augenmerk darauf gerichtet werden, Zeit- und Produktivitätsgewinne nicht wie bisher ausschließlich in die Sphäre der Erwerbsarbeit zu „re-investieren". Vielmehr sollten Modelle erarbeitet werden, die neue Technologien mit sozialen Visionen einer ökologisch-orientierten und solidarisch ausgerichteten Arbeitsgesellschaft verbinden. Daraus könnten Freiräume entstehen, die die Vielfalt menschlichen Tätigseins in einer Postwachstumsgesellschaft ausfüllen könnten.

Literatur

Absenger, N., Ahlers, E., Herzog-Stein, A., Lott, Y., Maschke, M., Schietinger, M. (2016) (Hg.): Digitalisierung der Arbeitswelt? Ein Report aus der Hans-Böckler-Stiftung, Mitbestimmungs-Report, 24

Arbeitskreis Industrie 4.0 (2013): Umsetzungsempfehlungen für das Zukunftsprojekt Industrie 4.0, Abschlussbericht, www.bmbf.de/files/Umsetzungs empfehlungen_Industrie4_0.pdf

Aulenbacher, B., Dammayr, M. (2014): Für sich und andere sorgen – Einleitung, in: Aulenbacher, B., Dammayr, M. (Hg.): Für sich und andere sorgen. Krise und Zukunft von Care in der modernen Gesellschaft, Weinheim/ Basel, 9-17

Baukrowitz, A., Berker, T., Boes, A., Pfeiffer, S., Schmiede, R., Will, M. (Hg.) (2006): Informatisierung der Arbeit – Gesellschaft im Umbruch, Berlin

Benner, C. (2015): Crowdwork – zurück in die Zukunft? Perspektiven digitaler Arbeit, Frankfurt a. M.

Bergmann, F., Friedland, S. (2007): Neue Arbeit kompakt. Vision einer selbstbestimmten Gesellschaft, Freiamt

Blien, U., Ludewig, O., Rossen, A., Sanner, H. (2019): Zu den Arbeitsmarktwirkungen des technischen Fortschritts, in: Hagemann, H., Kromphardt, J., Sahin, B. (Hg.): Arbeit und Beschäftigung – Keynes und Marx, Marburg, 43-55

Börner, F., Kehl, C., Nierling, L. (2017): Chancen und Risiken mobiler und digitaler Kommunikation in der Arbeitswelt. Endbericht zum TA-Projekt, Berlin

Bonin, H., Gregory, T., Zierahn, U. (2015): Übertragung der Studie von Frey/ Osborne (2013) auf Deutschland, Zentrum für Europäische Wirtschaftsforschung, Kurzexpertise Nr. 57

Bradley, K. (2018): Bike Kitchens – Spaces for convivial tools, in: Journal of Cleaner Production, 197, 1676-1683

Brandl, S., Hildebrandt, E. (2002): Zukunft der Arbeit und soziale Nachhaltigkeit. Zur Transformation der Arbeitsgesellschaft vor dem Hintergrund der Nachhaltigkeitsdebatte, Opladen

Carstensen, T. (2015): Neue Anforderungen und Belastungen durch digitale und mobile Technologien, in: WSI-Mitteilungen, 3, 187-193

Coote, A., Maréchal, A. (2018): When time isn't money: The case for working time reduction, in: Green European Journal, 17, 66-70

Corino, E. (2018): Das Nacheinanderprinzip. Vom gelasseneren Umgang mit Familie und Beruf, Berlin

Ebert, A., Rahner, S. (2017): Warum das bedingungslose Grundeinkommen keine Antwort auf den digitalen Wandel ist, in: Bundesministerium für Arbeit und Soziales (Hg.), Werkheft 04. Sozialstaat im Wandel, Berlin, 174-181

Frey, C.B., Osborne, M.A. (2013): The future of emplyoment: How susceptible are jobs to computerisation? Oxford

Funken, C., Schulz-Schaeffer, I. (Hg.) (2008): Digitalisierung der Arbeitswelt. Zur Neuordnung formaler und informeller Prozesse in Unternehmen, Wiesbaden

Graefe, S. (2019): Erschöpfung, Resilienz und Nachhaltigkeit. Anmerkungen zur neuen Subjektivität der Arbeit, in: WSI-Mitteilungen, 1, 22-30

Hirsch-Kreinsen, H., Ittermann, P. (2017): Drei Thesen zu Arbeit und Qualifikation in Industrie 4.0, in: Spöttl, G. Windelband, L. (Hg.), Industrie 4.0. Risiken und Chance für die Berufsbildung, Bielefeld, 131-151

Hofmann, J. (Hg.) (2018): Arbeit 4.0 – Digitalisierung, IT und Arbeit: IT als Treiber der digitalen Transformation, Wiesbaden

Huws, U. (2013): Working online, living offline: labour in the Internet Age, in: Work organisation, labour & globalization, 7(1), 1-11

Hülsken-Giesler, M. (2008): Der Zugang zum Anderen. Zur theoretischen Rekonstruktion von Professionalisierungsstrategien pflegerischen Handelns im Spannungsfeld von Mimesis und Maschinenlogik, Osnabrück

Illich, I. (1998): Selbstbegrenzung. Eine politische Kritik der Technik, München

Ittermann, P., Niehaus, J., Hirsch-Kreinsen, H. (2015): Arbeiten in der Industrie 4.0. Trendbestimmungen und arbeitspolitische Handlungsfelder, Düsseldorf

Jürgens, K., Hoffmann, R., Schildmann, C. (2017): Arbeit transformieren! Denkanstöße der Kommission „Arbeit der Zukunft", Bielefeld

Klinger, C. (2014): Selbstsorge oder Selbsttechnologie? Das Subjekt zwischen liberaler Tradition und Neoliberalismus, in: Aulenbacher B., Dammayr, M. (Hg.): Für sich und andere sorgen. Krise und Zukunft von Care in der modernen Gesellschaft, Weinheim/Basel, 31-39

Kostakis, V., Latoufis, K., Liarokapis, M., Bauwens, M. (2018): The convergence of digital commons with local manufacturing from a degrowth perspective: Two illustrative cases, in: Journal of Cleaner Production, 197, 1684-1693

Kratzer, N. (2003): Arbeitskraft in Entgrenzung. Grenzenlose Anforderungen, erweiterte Spielräume, begrenzte Ressourcen, Berlin

Krings, B.-J. (2007): Die Krise der Arbeitsgesellschaft. Einführung in den Schwerpunkt, in: Technikfolgenabschätzung, Theorie und Praxis, 16(2), 4-15

Krings, B.-J. (2013): Arbeit und Technik, in: Grunwald, A. (Hg.): Handbuch Technikethik. Stuttgart/Weimar, 217-222

Krings, B.-J. (2019): Digitalisiert, effizient & global? Die fortlaufende Technisierung der Erwerbsarbeit, in: Hausstein, A.; Zheng, C. (Hg.): Industrie 4.0/Made in China 2025. Gesellschaftswissenschaftliche Perspektiven auf Digitalisierung in Deutschland und China, Karlsruher Studien Technik und Kultur, Band 10, Karlsruhe, 165-181

Krings, B.-J., Nierling, L., Pedaci, M. (2010): Out of control: changes in working-time and strategies for work-life balance in Europe, in: Work organisation, labour & globalisation, 4(1), 136-159

Kurz, C., Rieger, F. (2013): Arbeitsfrei. Eine Entdeckungsreise zu den Maschinen, die uns ersetzen, München

Lorenz, M., Rüßmann, M., Strack, R., Lueth, K.L., Bolle, M. (2015): Man and Machine in Industry 4.0. How Will Technology Transform the Industrial Workforce Through 2025?, Boston Consulting Group

Lott, Y. (2016): Fördert die Digitalisierung Geschlechtergleichheit?, in: Hans-Böckler-Stiftung (Hg.): Digitalisierung der Arbeitswelt, Mitbestimmungs-Report Nr. 24, Düsseldorf, 7-8

Niebel, T., Saam, M., Schulte, P. (2018): The Sectoral Impact of the Digitisation of the Economy, European Commission, Directorate-General of Communications Networks, Content & Technology, Brussels

Nierling, L. (2013): Anerkennung in erweiterter Arbeit. Eine Antwort auf die Krise der Erwerbsarbeit?, Berlin

Nierling, L. (2018): Digitale Rationalisierung, digitale Entgrenzung und digitale Arbeitsteilung? Trends und Herausforderungen einer digitalen Arbeitswelt – sozialwissenschaftliche Perspektiven, in: Hausstein A., Zheng, C. (Hg.): Industrie 4.0 / Made in China 2025. Gesellschaftswissenschaftliche Perspektiven auf Digitalisierung in Deutschland und China, Karlsruher Studien Technik und Kultur, Band 10, Karlsruhe, 183-196

Noon, M., Blyton, P., Morrell, K. (2013): The realities of work – experiencing work and employment in contemporary society, London

Rammert, W., Schulz-Schaeffer, I. (2002): Technik und Handeln. Wenn soziales Handeln sich auf menschliches Verhalten und technische Abläufe verteilt, in: Rammert, W., Schulz-Schaeffer, I. (Hg.), Können Maschinen handeln? Soziologische Beiträge zum Verhältnis von Mensch und Technik, Frankfurt a. M., 11-64

Rosa, H. (2018): Unverfügbarkeit, Salzburg

Samerski, S. (2018): Tools for degrowth? Ivan Illich's critique of technology revisited, in: Journal of Cleaner Production, 197, 1637-1646

Schmelzer, M., Vetter, A. (2019): Degrowth/Postwachstum zur Einführung, Hamburg

Schmiede, R. (Hg.) (1996): Virtuelle Arbeitswelten. Arbeit, Produktivität und Subjekt in der „Informationsgesellschaft", Berlin

Schneider, C. (2018): Opening digital fabrication: transforming TechKnowledgies, Karlsruhe

Schor, J.B. (2010): Plenitude: The New Economics of True Wealth, New York

Schwemmle, M., Wedde, P. (2012): Digitale Arbeit in Deutschland. Potentiale und Problemlagen. Bericht herausgegeben von der Friedrich Ebert Stiftung, Bonn

Sennett, R. (2008): Handwerk, Berlin

Srnicek, N., Williams, A. (2016): Inventing the Future, London

Stronge, W., Harper, A. (2019): The Shorter Working Week: a radical and pragmatic proposal, Hampshire

Vandaele, K. (2018): Will trade unions survive in the platform economy? Emerging patterns of platform workers' collective voice and representation in Europe, Brussels

Walwei, U. (2016): Digitalization and structural labour market problems: The case of Germany, Geneva

Walwei, Ulrich (2018): Die digitale Wirtschaft: Was ändert sich am Arbeitsmarkt?, in: Bär, C., Grädler, T., Mayr, R. (Hg.): Digitalisierung im Spannungsfeld von Politik, Wirtschaft, Wissenschaft und Recht, Berlin, 345-361

Teil 4

Sozio-ökonomischer Kontext

Soziale Sicherung in der Postwachstumsgesellschaft

Gisela Kubon-Gilke[*]

Zusammenfassung: Die meisten Systeme der sozialen Sicherung basieren auf einer Finanzierung durch Sozialabgaben auf Erwerbsarbeit und allgemeine Steuern. Wenn die Arbeitsproduktivität sowie der Anteil der Alten an der Bevölkerung zunehmen, resultiert daraus ein gewisser Wachstumszwang, will man die Teilhabe am gesellschaftlichen Leben dauerhaft sichern. Eine Postwachstumsgesellschaft benötigt deshalb einen Umbau der sozialen Sicherung. Zwei Alternativen werden in diesem Beitrag vorgestellt: erstens eine präventive Sozialpolitik etwa via Vermögensumverteilung, Staats- beziehungsweise Arbeitnehmerfonds und Förderung von Genossenschaften und Arbeiterselbstverwaltungen, zweitens eine Veränderung der Finanzierungs- und Anspruchsbasis beispielsweise durch ein unbedingtes Grundeinkommen oder eine negative Einkommensteuer oder auch durch die Einbeziehung zivilgesellschaftlicher, nicht monetär entlohnter Tätigkeiten (zum Beispiel Zeitkontenmodelle). Der Beitrag analysiert, inwieweit durch solche Varianten der sozialen Sicherung der Wachstumszwang verringert werden kann.

[*] Ich danke Alexa Köhler-Offierski, Willehad Lanwer, Remi Maier-Rigaud, Werner Sesselmeier und Aysel Yollu-Tok für konstruktive Kritik und viele hilfreiche Anregungen.

„Nur jene ‚wirklichkeitstranszendente' Orientierung soll von
uns als eine utopische angesehen werden, die, in das Handeln
übergehend, die jeweils bestehende Seinsordnung zugleich
teilweise oder ganz sprengt." (Mannheim 2015/1929, 169)

1. Einleitung

Die zentrale Bezugsgröße sozialer Sicherungssysteme ist in der Regel das
Erwerbseinkommen: Diese Systeme werden aus den Einkommen der
Individuen über Sozialversicherungsbeiträge oder (Einkommens-)Steuern
finanziert, und sie sichern entweder einen gewissen Prozentsatz des letzten Nettoeinkommens ab oder bieten eine allgemeine Existenzsicherung
für alle in gleicher Höhe, teilweise ergänzt durch umfangreiche Dienstleistungen, die die Chancen der Empfängerinnen und Empfänger auf dem
Arbeitsmarkt erhöhen sollen.

Wenn Kapital- und Erwerbseinkommen Grundlage des sozialen Ausgleichs sind, ist dieser gefährdet, wenn die Produktion stagniert oder ab-
nimmt, weil nur durch Produktion Einkommen entsteht, wie die Logik
der Volkswirtschaftlichen Gesamtrechnungen offenbart. In der Diskussion
um die Postwachstumsgesellschaft geht es deshalb auch darum, wie die
soziale Sicherung vom Erwerbseinkommen und damit vom Wirtschaftswachstum losgelöst werden könnte. Doch grundlegende Reformen sind
schwer zu konzipieren und politisch umzusetzen, denn durch die Kon-
textabhängigkeit menschlicher Bewertungen, Motive und Präferenzen
tendiert das System der sozialen Sicherung zur Beharrung (vgl. zu Change-
Prozessen u.a. Lewin 1947).

Ein Festhalten am Status quo unterschlägt, auf welche Weise alternative *Sozialgestalten* zukunftsweisend sein können, wenn man sie als um-
setzungsfähige Utopien im Sinne Karl Mannheims (2015) versteht, die
einem Reformprozess im Sinne Lewins (1947) unterliegen können. Eduard
Heimann (1980/1929), einer der führenden Sozialtheoretiker der ersten
Hälfte des 20. Jahrhunderts, sah die Zeit der Transformation zu einer
kapitalistischen Marktgesellschaft im 19. Jahrhundert mit all ihren sozialen Problemen als die Geburtsstunde neuer sozialer Ideen, neuer *Sozialgestalten* und dadurch motivierter sozialer Bewegungen. Ausgangspunkt
seien tatsächliche und wahrgenommene Ungerechtigkeiten hinsichtlich
Armut und Ungleichheit gewesen. Sie hätten neue soziale Ideen und Be-

wegungen hervorgebracht und Druck auf das politische System ausgeübt. Maßnahmen wie die Sozialversicherungen, mit denen die sozialen Probleme gemildert wurden, seien die Folge gewesen. Heutige soziale und ökologische Probleme könnten, folgt man Heimanns grundsätzlichen Argumenten, durch neue sozial-ökologische Ideen und entsprechende Bewegungen Ähnliches bewirken.

Eine Postwachstumsgesellschaft (PWG) wird erst dann zu einer solcherart „realen", das heißt umsetzungsfähigen Utopie und kohärenten Sozialgestalt, wenn sie mit konkreten Gestaltungsoptionen (wie etwa zum Unbedingten Grundeinkommen oder einer solidarischen Bürgerversicherung) kombiniert wird. Dabei müssen bei stagnierender oder rückläufiger Wirtschaftsleistung unerwünschte Wirkungen wie verstärkte Armut und Ungleichheit in die Überlegungen einbezogen werden. Nur so kann das System resilient und die demokratische Verfasstheit der Gesellschaft erhalten bleiben.[1] Normative Basis der PWG (Seidl/Zahrnt 2010) und anderer wachstumskritischer Konzepte sind Nachhaltigkeits- und Gerechtigkeitsziele.

2. Wettbewerb der Koordinierungssysteme

In der Transaktionskostentheorie (vgl. Kubon-Gilke 2018, Kap. 4) gibt es drei Möglichkeiten, das Allokations- und Distributionsproblem[2] einer Gesellschaft zu lösen: Markt, Hierarchie (Zentralsteuerung) und Reziprozität. Markt und Hierarchie nutzen in überwiegend marktwirtschaftlich organisierten Ökonomien in der Regel Geld als Tauschmittel, reziproke Teilsysteme basieren auf Wechselseitigkeit und sind eher auf den Tausch von Naturalien oder Zeit angelegt. Sie wirken aufgrund unterlegter ge-

---

[1] „Reale" Utopien thematisiert Eric Olin Wright (2017) im Detail, indem unter anderem Wünschbarkeit, Gangbarkeit und Erreichbarkeit als Kriterien zur Bewertung gesellschaftlicher Alternativen vorschlägt (ebd.: 63ff.).
[2] Das Allokationsproblem besteht darin, Lösungen für die Frage zu finden, wer gemäß individueller Präferenzen beziehungsweise gesellschaftlicher Werte was wie, wo, womit und wann herstellen sollte. Die Distributionsfrage schließt sich an, wenn es darum geht, wer die Güter und Dienstleistungen erhalten sollte. Transaktionskosten beschreiben die Kosten des Tausches selbst: Verhandlungskosten, Vertragsabschluss- und Vertragsdurchsetzungskosten, aber auch Ineffizienzen der Koordinierung gehören dazu.

sellschaftlicher Normen und Gerechtigkeitsurteile auch sozialpsychologisch anders (vgl. zu einer ausführlicheren Diskussion Kubon-Gilke 2018, Kap. 2). In einer Art Evolution sollen sich – auch im Bereich der sozialen Sicherung – laut Theorie jeweils die Teilsysteme durchsetzen, die mit vergleichsweise geringsten Transaktionskosten die arbeitsteilige Wirtschaft koordinieren.

Wenn via Markt und Hierarchie Kosten stärker auf Gesellschaft und Umwelt abgewälzt werden als in reziproken Systemen, dann setzt sich im „Systemwettbewerb" aber nicht unbedingt das insgesamt transaktionsgünstigste Ensemble durch. Können solche Kosten dank einer Internalisierung nicht abgewälzt werden, so können Markt und Hierarchie gegenüber der Reziprozität trotzdem überlegen bleiben. Umgekehrt konnten reziproke Koordinierungsformen selbst im jetzigen ökonomischen System, in dem viele Kosten aus dem Markt- beziehungsweise Staatsbereich auf die soziale und ökologische Ebene abgewälzt werden, beispielsweise innerhalb von Haushalten oder lokalen Netzwerken in mancher Hinsicht Transaktionskostenvorteile erlangen. Reziprozitätssysteme bieten zudem gute Arenen für soziale Innovationen.

3. Soziale Sicherung in unterschiedlichen Koordinierungssystemen

Bislang basiert die soziale Sicherung in den meisten kapitalistischen Ländern nur auf den monetär gesteuerten Bereichen marktvermittelter und staatlich gelenkter Produktion. Diese Produktion sowie der preisvermittelte beziehungsweise gemeinschaftlich finanzierte Konsum (und auch nur die entsprechende Produktion) führen zu monetären Einkommen, welche die Basis der Sozialversicherungsbeiträge bilden.

Wer hauptsächlich in reziprok organisierten Bereichen tätig war – etwa in Hausarbeit, Erziehung, Betreuung und Pflege von Familienangehörigen, im Ehrenamt oder in der Nachbarschaftshilfe – und somit keinen oder wenig Lohn bezog, ist in diesen Sozialversicherungssystemen nur punktuell und unsystematisch abgesichert: durch Elterngeldregelungen, über erwerbstätige und beitragspflichtige Familienangehörige, durch Rentenanrechnungszeiten beispielsweise für die Kindererziehung oder durch Ansprüche auf Hinterbliebenenversorgung. Steuerfinanzierte Grundsicherungsregelungen ergänzen diese Sozialversicherungselemente. Wenn die reziprok organisierten Tätigkeiten künftig zunehmen, etwa weil der Bedarf nach Altenpflege steigt, stellt sich die Frage verschärft, wie die solcherart tätigen Personen sozial abgesichert werden können.

So kann sich zum Beispiel folgende Situation ergeben: Wenn die Gesellschaft durchschnittlich älter wird und folglich die Gesundheitskosten steigen, so kann es sein, dass der Anteil der reziprok organisierten Bereiche an der Gesamtwirtschaft steigt. In diesem Fall könnte es selbst bei wachsendem Bruttoinlandsprodukt (BIP) schwierig werden, die RentenbezieherInnen allein mit den Beiträgen der LohnempfängerInnen hinreichend sozial abzusichern, weil die Zahl der LohnempfängerInnen zurückgegangen sein könnte. Wenn das BIP nicht mehr wächst, verschärft sich das Problem und es können erhebliche soziale Verwerfungen entstehen (vgl. Höpflinger 2010). Umso wichtiger ist es, über Reformen der bestehenden sozialen Sicherung und über Ergänzungen nachzudenken und visionäre Ansätze zu prüfen.

4. Alternative Formen sozialer Sicherung in der Postwachstumsgesellschaft

Diverse Reformen, Neuerungen und Ergänzungen zum jetzigen System der sozialen Sicherung werden diskutiert. Sie sollen im Sinne der Prävention Chancen-, Vermögens- und Einkommensungleichheiten systematisch verringern und damit die Möglichkeiten der privaten Eigenvorsorge verbessern und die Basis der sozialen Sicherung verbreitern. Dadurch würde auch die Abhängigkeit vom Wachstum des BIP verringert.

Nachfolgend soll eine Auswahl von Reformideen vorgestellt und beurteilt werden. Nicht näher betrachtet werden Konzepte wie die Bürgerversicherung, der Umstieg vom Umlage- auf ein Kapitaldeckungssystem bei der Rente, Arbeitszeitverkürzungen, verlängerte Erwerbszeiten und verschiedene andere Vorschläge (beispielsweise Prämienmodelle oder die Förderung gesunder Lebensstile bei den Gesundheitskosten; vgl. die Vorschläge in Umweltbundesamt, 2018). Sie verbreitern zwar teilweise die Basis der sozialen Sicherung, sollen den Bedarf an Sozialleistungen verringern und koppeln die soziale Sicherung partiell von der reinen Erwerbsarbeit ab. Probleme wie etwa das Sinken der gesamtwirtschaftlichen Lohnsumme im Zuge der Digitalisierung, eine steigende Arbeitslosigkeit oder ein Anwachsen des Niedriglohnbereichs können diese

Konzepte aber nur unter gewissen Bedingungen lösen, da sie sich weiterhin auf monetäre Einkommen stützen. Es wird nachfolgend auch nicht im Detail das Grundsatzproblem thematisiert, inwieweit unser jetziges Wirtschaftssystem generell und unabhängig von der Art der sozialen Sicherung einen Wachstumszwang entfaltet und welche immanenten Systemkrisen damit verbunden sein können (vgl. dazu Binswanger 2018; 2019; Witt 2018). Stattdessen sollen einige Reformideen vorgestellt werden, die die Basis der sozialen Sicherung mehr oder weniger stark verbreitern beziehungsweise präventiv wirken.

4.1 Präventive Sozialpolitik

Vermögensumverteilung. Vermögensumverteilung kann als eine Art präventiver Sozialpolitik verstanden werden, da eine private Absicherung auch für die ärmeren Menschen möglich wird, wenn die Vermögen gleichmäßiger verteilt sind (vgl. zu den nachfolgenden Ausführungen und zu den Quellenangaben Kubon-Gilke et al. 2018, Kap. 7.6.2). Piketty plädiert aus Gerechtigkeitsgründen beispielsweise dafür, eine Vermögenssteuer einzuführen beziehungsweise bestehende Vermögenssteuern zu erhöhen; Rüstow schlug bereits in den 1960er Jahren eine progressive Erbschaftssteuer vor. Atkinson schlägt Vermögensumverteilung mittels subventionierter Sozialeigentumswohnungen vor. Doch die Frage, wie eine (deutliche) Vermögensbesteuerung auf die wirtschaftliche Entwicklung wirkt, lässt sich bislang nicht eindeutig beantworten: Eine solche Besteuerung kann das Wachstum über erhöhten Konsum befördern oder wegen geringerer Investitionsbereitschaft verringern. Auch wenn im ersteren Fall möglicherweise ein höherer Umweltverbrauch resultiert, können die Einnahmen aus den Vermögenssteuern doch für eine verbesserte Chancen- und Einkommensgerechtigkeit verwendet werden.

Staatsfonds aus staatlicher Unternehmertätigkeit und Steuern. Vorschläge, Vermögen und Einkommen im Sinne präventiver Sozialpolitik mittels Staatsfonds auszugleichen, sind in den letzten Jahren in das Zentrum wirtschaftstheoretischer Diskussionen gerückt. Atkinson (2016) schlägt ergänzend zu anderen Maßnahmen einen Staatsfonds vor, der Mittel aus einer Vermögensteuer und aus staatlicher unternehmerischer Tätigkeit beziehungsweise aus staatlichen Beteiligungen an Unternehmungen verwaltet. Jede Bürgerin und jeder Bürger soll nach seinen/ihren

Vorstellungen zum 18. Geburtstag ein „Mindest- oder Garantieerbe" beispielsweise zur Ausbildungsfinanzierung ausgezahlt bekommen. Noch
weiter geht Corneo (2014; 2015; 2016): Er schlägt vor, dass sich der
Staat verstärkt mit staatlichem Vermögen unternehmerisch betätigen sollte.
Die Überschüsse aus der Unternehmenstätigkeit könnten über einen
Fonds an die Bevölkerung verteilt oder zwischenzeitlich für die Bevölkerung angelegt oder anderweitig investiert werden und so zum Vermö-
gensaufbau auch ärmerer Haushalte beitragen.

Auch Staatsfonds und staatliche Unternehmertätigkeit scheinen an
traditionelles Wirtschaften und Wachstum gebunden zu sein. Corneo
möchte aber seinen Vorschlag so verstanden wissen, dass der Staat seine
Unternehmenspolitik auch an anderen Zielen wie etwa dem Ziel der Nachhaltigkeit ausrichtet. Alle Kapitalmarktanlagen sind zudem mit dem grundsätzlichen Problem behaftet, dass aktuell weltweit ein überaus großes
Geldvermögen nach Anlagemöglichkeiten sucht. Aus dieser Situation können schwerwiegende Kapitalmarktprobleme resultieren, die die Finanz-
anlagen gefährden. Solche Vorschläge sind deshalb sorgfältig zu prüfen.

Umverteilung durch CO₂-Steuerdividenden. Eine CO_2-Steuer gilt als
eine sinnvolle Möglichkeit, externe Kosten der Kohlendioxidemissionen
zu internalisieren und über die Verteuerung der CO_2-Emissionen den
Verbrauch kohlenstoffhaltiger Energieträger zu reduzieren (zum Umbau
des Steuersystem siehe Köppl/Schratzenstaller in diesem Buch). Für die
Verteilung der Einnahmen gibt es unterschiedliche Vorschläge: Bei einer
ökologischen Steuerreform geht es darum, das Steuersystem ökologisch
auszurichten. Meist wird empfohlen, Energie und Rohstoffe stärker zu
besteuern und mit den Einnahmen die Abgabenlast für den Produktionsfaktor Arbeit zu verringern, um damit die Beschäftigung zu fördern. Durch
die ökologische Steuerreform, die 1999 in der BRD eingeführt wurde,
fließt das Aufkommen der Ökosteuer in die Rentenversicherung. Während die ökologischen Entlastungseffekte – wegen der zu niedrigen und
konstant bleibenden Energiesteuersätze – gering blieben, haben die Ökosteuereinnahmen für eine dauerhafte Entlastung der Rentenkassen ge-
sorgt (DIW 2019). Ein kritischer Punkt bei dieser aufkommensneutralen
Reform (Ökosteuerbelastungen finanzieren die Senkungen der Renten-
versicherungsbeiträge und Rentenerhöhungen) sind negative Verteilungswirkungen: Die Ökosteuerbelastungen betreffen die armen Haushalte in
Relation zum Nettoeinkommen stärker als die reichen Haushalte, dagegen profitieren von den Entlastungen bei den Rentenbeitragszahlungen

sowie den Erhöhungen der Renten arme Haushalte weniger. Bei der jetzt
– vor allem wegen des Klimawandels – diskutierten Weiterentwicklung
der Ökosteuer als CO_2-Steuer wird deshalb über andere oder ergänzende
Formen der Rückvergütung der Steuereinnahmen diskutiert, zum Beispiel
über einen Sozialfonds oder einen Ökobonus (Auszahlung einer gewissen
Summe an alle BewohnerInnen), um unerwünschte Verteilungswirkungen zu vermeiden. Insgesamt stellt das DIW (2019) fest, dass die vor
20 Jahren in Deutschland eingeführte ökologische Steuerreform umwelt-
und klimapolitisch unzureichend wirkt. Finanz- und sozialpolitisch ist sie
erfolgreich, verteilungspolitisch hat sie Mängel. Bei einer Weiterentwicklung dieser Reform spricht viel dafür, einen Teil des Steueraufkommens
der Sozialversicherung zuzusprechen und den anderen Teil für vertei-
lungspolitische Maßnahmen zu verwenden.

*Förderung von Genossenschaften und von Gewinnbeteiligung in Unter-
nehmen.* Seit John Stuart Mill werden genossenschaftliche Organisationen als Mittel diskutiert, soziale Ungleichheiten zu überwinden. Im Wettbewerb zwischen den Unternehmensformen nehmen Genossenschaften in
der kapitalistischen Unternehmenslandschaft aber lediglich einen Nischen-
platz ein. Das kann sich im Zuge der Digitalisierung unter Umständen
ändern, sofern die wichtigsten spezifischen Investitionen über kreative
Arbeit und nicht mehr über das Kapital erfolgen. Die Förderung solcher
Unternehmensformen kann soziale Notlagen verhindern helfen.

Basu (2017) betont, dass neue Produktionsmonopole, die beispielsweise durch Netzwerkexternalitäten oder sinkende Durchschnittskosten
entstehen, im Zuge der Digitalisierung und im Zuge höherer Kapital-
anteile am Gesamteinkommen nicht zwangsläufig Einkommensmonopole
und stärkere Einkommensungleichheiten nach sich ziehen. Er favorisiert
Gewinnbeteiligungen der ArbeitnehmerInnen als Mittel, die Einkommens-
und Vermögensungleichheiten zu mindern, da solche Beteiligungen Kapitaleinkommen breit streuen. Das kann man als abgeschwächte Variante
einer genossenschaftlichen Organisationsform verstehen, bei der Mit-
bestimmungsrechte in der Regel weniger ausgeprägt sind, was einige
Anreizprobleme entschärft.

4.2 Änderungen der Finanzierungs- und Anspruchsbasis der sozialen Sicherung und institutionelle Absicherungen

Unbedingtes Grundeinkommen und Negative Einkommensteuer. Auch ein Grundeinkommen und das Konzept der Negativen Einkommensteuer werden durch Abgaben auf monetärem Einkommen finanziert. Daraus resultiert eine Wachstumsnotwendigkeit, damit ein existenzsicherndes Grundeinkommen finanziert werden kann oder die Negative Einkommenssteuer keine zu hohe Transferentzugsrate (Kürzung von Transferzahlungen bei eigenen Einkommen) mit sich bringt. Das Finanzierungsproblem verschärft sich, wenn der Anteil älterer Menschen an der Gesellschaft steigt und die Altersgrenze für die Erwerbsarbeit nicht weiter nach hinten verschoben werden kann.[3] Van Parijs (1995) argumentiert beispielsweise in diesem Sinne, indem er darlegt, dass nur eine hohe Einkommenssumme (und damit eine hohe Produktion) eine hinreichende Steuerbasis für ein existenzsicherndes monetäres Existenzminimum bietet. Das kann dazu führen, die Fortführung der bestehenden Produktions- und Konsumstrukturen und damit des Wirtschaftswachstums politisch zu begünstigen.

Staatliche Garantien und institutionelle Vorgaben für die betriebliche Alterssicherung. In vielen Ländern wird eine betriebliche Alterssicherung gefordert, aber politisch wenig unterstützt. Von einer betrieblichen Alterssicherung profitieren zwar auch vorrangig die Erwerbstätigen. Eine betriebliche Alterssicherung könnte aber das Dilemma der gesetzlichen Rentenversicherung lösen, dass bei Alterung der Bevölkerung entweder das Renteneintrittsalter nach hinten verschoben werden müsste, die Rentnerinnen und Rentner stetig schlechter abgesichert würden oder der Beitragssatz in die Rentenversicherung erhöht werden müsste. Wichtig ist, dass Ansprüche bei einem Wechsel des Arbeitsplatzes transferiert werden können. Das kann nach dem Schweizer Vorbild der Pensionskassen geschehen. Ähnliches ist bei betrieblichen Krankenkassenvarianten denkbar, wobei in Deutschland allerdings einige grundsätzliche Reformen im

---

[3] Vgl. zu verschiedenen Varianten des Grundeinkommens beispielsweise Fischer (2016). Vgl. auch BGE_interaktiv.de, eine interaktive Dokumentation und ein Diskussionsforum über das bedingungslose Grundeinkommen, auf dem alle wesentlichen Fragen – nicht nur zur Finanzierung – unter Bezugnahme auf aktuelle Literatur behandelt werden.

Gesundheitssektor nötig wären. All diese Varianten erweitern jeweils die Basis der sozialen Sicherung.

Zusätzliche Säule der sozialen Sicherung. Traditionell ruht die soziale Sicherung auf den drei Säulen traditionelle Sozialversicherung, betriebliche (Alters- und Gesundheits-)Versorgung und staatlich geförderte Vermögensbildung beziehungsweise staatlich geförderte private Rentenverträge. Der neben der Kohlendioxidsteuer und anderen Lenkungsabgaben vielleicht vielversprechendste Vorschlag, die soziale Sicherung im Sinne der PWG zu reformieren, erweitert diese drei Säulen und bezieht die reziprok organisierten Bereiche der Wirtschaft mit ein. Somit trügen alle wirtschaftlichen Aktivitäten zur sozialen Sicherung bei. Das kann konkret geschehen, indem die Nachbarschaftshilfe oder gemeinschaftsunterstützende Infrastrukturen wie Altenwohngemeinschaften oder Mehrgenerationenhäuser gefördert werden, oder über Zeitkonten der Freiwilligenarbeit. Letzteres gibt es bereits unter anderem in der Schweiz in unterschiedlicher Realisierung (vgl. Wehner et al. 2015; Wehner/Güntert 2017). Will man solche bislang meistens privat organisierten Verbünde mit Zeitkonten zu einem Element einer zusätzlichen Säule der sozialen Sicherung ausbauen, braucht es staatliche Garantien für die erworbenen Ansprüche, damit das nötige Vertrauen in diese Systeme entstehen kann. Auch andere Formen, die die reziprok organisierte Wirtschaft einbeziehen, werden der Unterstützung durch den Staat oder durch nicht-staatliche soziale Organisationen bedürfen.

In einer solchen Erweiterung des Drei-Säulen-Modells müssen die monetär vermittelten Säulen und die der Reziprozität aufeinander abgestimmt werden: Wer überwiegend im Reziprozitätsbereich aktiv war oder ist, benötigt auch Geld für sein Leben in den monetär organisierten Bereichen der arbeitsteiligen Wirtschaft. Wer überwiegend im monetär organisierten Bereich aktiv war oder ist, benötigt umgekehrt auch Unterstützung im Alter, die sich nicht oder nicht gut über Märkte oder staatlich organisieren lässt.

Eine solche Erweiterung entspräche einem Wechsel von einer reinen Grund*einkommens*- zu einer umfassenden Grund*sicherungs*konzeption und müsste sich entsprechend nicht allein auf die Alterssicherung beschränken.

Soziale Sicherung in der Postwachstumsgesellschaft   203

5. *Fazit*

Dieser Beitrag hat argumentiert, dass in allen traditionellen Systemen – und auch bei vielen Reformvorschlägen – vor allem marktvermittelte oder zentral gesteuerte staatliche Produktion mit monetären Einkommen als Basis der sozialen Sicherung dient. Da monetäres Einkommen nach der Logik der Volkswirtschaftlichen Gesamtrechnungen nur über die Produktion entsteht, im Bruttoinlandsprodukt nur Leistungen erfasst werden, die in Preisen oder in Kosten gemessen werden können, und da diese Leistungen neben einigen Bestandsgrößen des Vermögens auch allein die Steuerbasis darstellen, ist der Bereich reziproker Beziehungen und wirtschaftlicher Aktivitäten weitgehend ausgeblendet. Er stellt informell zwar vielfältige Unterstützungen im Sinne sozialer Dienstleistungen bereit, ist selber aber durch das formalisierte System der erwerbsarbeitszentrierten sozialen Sicherung nur unzureichend und unsystematisch abgesichert. Hier gilt es zu überlegen, welche dieser Unterstützungsleistungen in die soziale Sicherung eingebunden und durch sie finanziert werden und welche direkt durch den Staat finanziert werden sollten – und in welchem Umfang.

Solange die soziale Sicherung von der monetär koordinierten Produktion abhängt, kann ein gewisser Wachstumszwang kaum überwunden werden, wenn sich die Alterspyramide weiterhin so verändert, dass der Anteil älterer Menschen zunimmt, und wenn die Gesundheitskosten weiter steigen. Eine gewandelte Sozialgestalt im Sinne einer umsetzbaren „Utopie", die neben den traditionellen Säulen über institutionalisierte Zeitkonten und andere Maßnahmen den Bereich der nicht monetären Arbeit einbezieht, kann neben einigen präventiven Maßnahmen wie etwa der Vermögensumverteilung den Wachstumszwang reduzieren. Dazu braucht es aber staatliche Garantien – vor allem, um in einer mobilen Gesellschaft zu garantieren, dass Ansprüche übertragbar sind – sowie die Verknüpfung mit den herkömmlichen Elementen der sozialen Sicherung. Auch in einer Postwachstumsgesellschaft werden Sozialversicherungen und steuerfinanzierte Sozialpolitik als marktvermittelte und staatlich finanzierte und koordinierte Leistungen – gegebenenfalls mit einem anderen Mix von Unternehmens- und Steuerungsstrukturen – eine zentrale Rolle spielen. Reziproke Leistungen sollten aber in stärkerem Ausmaß und systematisch einbezogen und auch finanziell unterstützt werden.

Literatur

Atkinson, A.B. (2016): Ungleichheit. Was wir dagegen tun können, Stuttgart

Basu, K. (2017): Inequality in the Twenty-First Century, in: Project Syndicate, 15. December, verfügbar unter www.project-syndicate.org, abgerufen am 31. Juli 2019

Benz, B., Huster, E.-U., Schütte J.D., Boeckh, J. (2015): Sozialpolitik und soziale Sicherung, in: Informationen zur politischen Bildung 327, 23. Oktober, www.bpb.de/izpb/214343/sozialpolitik-und-soziale-sicherung, abgerufen am 31. Juli 2019

Binswanger, M. (2018): Gibt es in kapitalistischen Wirtschaften einen Wachstumszwang?, Beitrag zur Jahrestagung beim Evolutorischen Ausschuss im Verein für Socialpolitik, unveröffentlichtes Manuskript

Binswanger, M. (2019): Der Wachstumszwang. Warum die Wirtschaft immer weiterwachsen muss, selbst wenn wir genug haben, Weinheim

Corneo, G. (2014): Kapitalsteuern und öffentliches Eigentum: Anmerkungen zum optimalen Umgang mit einer hohen Vermögenskonzentration, Freie Universität Berlin, Fachbereich Wirtschaftswissenschaft, Diskussionsbeiträge 2014/27

Corneo, G. (2015): Kapitalismus: Alternative in Sicht?, in: Aus Politik und Zeitgeschichte 65(35-37), 24-32

Corneo, G. (2016): Öffentliches Kapital: Ein evolutionäres Programm für mehr Demokratie und Wohlstand, in: ethikundgesellschaft 1, verfügbar unter www.ethik-und-gesellschaft.de, abgerufen am 31. Juli 2019

DIW (Deutsches Institut für Wirtschaftsforschung) (2019): 20 Jahre Ökologische Steuerreform. DIW Wochenbericht, 13

Heimann, E. (1980/1929): Soziale Theorie des Sozialismus. Theorie der Sozialpolitik, mit einem Vorwort von Bernhard Badura, Frankfurt a. M.

Fischer, U. (2016): Das Bedingungslose Grundeinkommen. Drei Modelle, Bundeszentrale für politische Bildung, Dialog: Die Netzdebatte, www.bpb.de/dialog/netzdebatte/223286/das-bedingungslose-grundeinkommen-drei-modelle, abgerufen am 31. Juli 2019

Höpflinger, F. (2010): Alterssicherungssysteme: Doppelte Herausforderung von demografischer Alterung und Postwachstum, in: Seidl, I., Zahrnt, A. (2010): Postwachstumsgesellschaft. Konzepte für die Zukunft, Marburg, 53-63

Kubon-Gilke, G. (2018): Außer Konkurrenz. Sozialpolitik im Spannungsfeld von Markt, Zentralsteuerung und Traditionssystemen. Ein Lehrbuch und mehr über Ökonomie und Sozialpolitik, 3. Aufl., Marburg

Kubon-Gilke, G. et al. (2018): Gestalten der Sozialpolitik. Theoretische Grundlagen und Anwendungsbeispiele, Marburg

Kubon-Gilke, G., Emanuel, M., Gilke, C., Kirchhoff-Kästel, S., Vilain, M. (2019): Bits und Bytes: Markt ade? Wirtschaftliche und gesellschaftliche Konsequenzen der Digitalisierung und Folgen für eine humane Arbeitswelt, Marburg

Lewin, K. (1947): Frontiers in Group Dynamics. Concept, Method and Reality in Social Science. Social Equilibria and Social Change, in: Human Relations 1(1), 5-41

Mannheimer, K. (2015/1929): Ideologie und Utopie, 9., um eine Einleitung erweiterte Ausgabe, Frankfurt a. M.

Seidl, I., Zahrnt, A. (Hg.) (2010): Postwachstumsgesellschaft. Konzepte für die Zukunft, Marburg

Sturn, R. (2011): Die Natur der Probleme – Institutionen ökologischer Nachhaltigkeit, in: Held, M., Kubon-Gilke, G., Sturn, R. (Hg.): Jahrbuch Normative und institutionelle Grundfragen der Ökonomik, 9, 9-38

Umweltbundesamt (Hg.) (2018): Gesellschaftliches Wohlergehen innerhalb planetarer Grenzen. Der Ansatz einer vorsorgeorientierten Postwachstumsposition, verfügbar unter www.umweltbundesamt.de, abgerufen am 31. Juli 2019

Van Parijs, Ph. (1995): Real Freedom for All, Cambridge

Wehner, T., Güntert, S. (2017): KISS Schweiz. Zeitvergütete organisierte Nachbarschaftshilfe. Ein Evaluationsbericht, Züricher Beiträge zur Psychologie der Arbeit, Schriftenreihe des Zentrums für Organisation und Arbeitswissenschaft 1

Wehner, T., Znoj, H., Jochum-Müller, G., Lehner, H. (2015): Die Zeitvorsorgen Oberwalden und St. Gallen, in: Znoj, H. (Hg.): Anders Wirtschaften. Gespräche mit Leuten, die es versuchen, Zürich

Witt, U. (2018): Innovative Expansion of Capitalism and Institutional Destabilization, Vortrag beim Arbeitskreis Evolutorische Ökonomik im Verein für Socialpolitik an der TU Dresden, unveröffentlichter Foliensatz

Wright, E.O. (2017): Reale Utopien. Wege aus dem Kapitalismus, Berlin

Ein Abgabensystem, das (Erwerbs-)Arbeit fördert

Angela Köppl, Margit Schratzenstaller

Zusammenfassung: Die bestehenden europäischen Abgabensysteme sind aus Nachhaltigkeitssicht nicht mehr zeitgemäß. Sie basieren stark auf der Besteuerung der Arbeit, wobei nach wie vor in vielen Abgabensystemen von einem (in der Regel männlichen) Hauptverdiener auf der Basis eines Normalarbeitsverhältnisses und einer weiblichen Zuverdienerin ausgegangen wird. Lenkungssteuern zur Bewältigung der großen Herausforderungen in Klima- und Umweltpolitik werden zu wenig genutzt, und der Beitrag der Abgabensysteme zu verteilungspolitischen Zielsetzungen hat langfristig abgenommen. Um die europäischen Abgabensysteme zukunftsfähig zu machen, ist ein fundamentaler Umbau mit einer Umschichtung der Abgabenlast weg von Arbeitseinkommen hin zu Emissionen beziehungsweise Ressourcen- und Energieverbrauch einerseits sowie zu Vermögen und höheren Einkommen andererseits erforderlich. Wie kaum in einem anderen Politikbereich haben Strukturreformen im Abgabensystem das Potenzial, die verschiedenen Dimensionen der Nachhaltigkeit gleichzeitig zu adressieren.

1. Herausforderungen für zukunftsorientierte Abgabensysteme

Die modernen Industriegesellschaften stehen vor einer Reihe großer Herausforderungen, wenn die angestrebte und in diversen europäischen und internationalen Abkommen (Sustainable Development Goals (Kettner-Marx et al. 2018 und 2019) und Agenda 2030 für nachhaltige Entwicklung (European Commission 2019a), Pariser Klimaabkommen und so weiter) verankerte nachhaltige Entwicklung und eine Dekarbonisierung bis

2050 tatsächlich erreicht werden sollen. Diese Herausforderungen reichen von demographischen Entwicklungen (Migration und Alterung) über Umweltprobleme und Klimawandel, disruptive technologische Veränderungen (beispielsweise in der Digitalisierung) (Köppl/Schleicher 2018), rückläufige Wachstumsraten, Arbeitslosigkeit und die Zunahme der Einkommens- und Vermögensungleichheit bis hin zu einer ungleichen Verteilung von bezahlter Erwerbsarbeit und unbezahlter Care-Arbeit zwischen Männern und Frauen (Köppl/Schratzenstaller 2015a). Hinzu kommen mögliche Konsequenzen einer ernsthaften Nachhaltigkeitspolitik, die über Strukturwandel (etwa in den Bereichen Mobilität und Energie) die Wirtschaftsleistung und damit auch Steuereinnahmen reduziert, oder einer Abkehr vom Wachstumsparadigma im Sinne einer Postwachstumsgesellschaft. Einige dieser Herausforderungen hängen unmittelbar mit Ausmaß und Struktur der (Erwerbs-)Arbeit zusammen[1] und/oder werden diese künftig beeinflussen[2].

Die Abgabenpolitik ist in den Industrieländern aufgrund des Umfangs der öffentlichen Abgaben[3] ein bedeutender Hebel auf dem Weg zu einer nachhaltigeren Entwicklung allgemein[4] und eine wesentliche Stellschraube zur langfristigen Sicherung der künftigen Erwerbsarbeit. Steuern und Sozialversicherungsbeiträge machen 2018 im Durchschnitt der EU15-Länder (der EU vor der Osterweiterung) 39,6 Prozent und der EU28 36,7 Prozent des BIP aus. In Deutschland beträgt die Abgabenquote 39,8%, in Österreich 42,4 Prozent des BIP[5]. Abgaben in diesem Umfang beeinflussen das Wirtschaftsgeschehen über verschiedene Kanäle, und zwar in dem Ausmaß, in dem die besteuerten Individuen beziehungsweise Haushalte und Unternehmen auf die Besteuerung durch die Anpassung ihrer ökonomi-

---

[1] Wie Migration, Arbeitslosigkeit oder ungleiche Verteilung der bezahlten und unbezahlten Arbeit zwischen Männern und Frauen.

[2] Wie Digitalisierung, Migration oder Alterung.

[3] Abgaben umfassen im Wesentlichen Steuern und Sozialversicherungsbeiträge.

[4] Vgl. für das Konzept einer nachhaltigkeitsorientierten Ausgestaltung von Abgabensystemen Schratzenstaller et al. (2017).

[5] In der Schweiz beträgt die Abgabenquote 27,9%. Sie ist aber nicht mit anderen Ländern vergleichbar, unter anderem, weil ein Teil der Kranken- und Pensionsversicherung privat organisiert ist, das heißt, es besteht Versicherungs- und damit auch Beitragspflicht, aber die Beiträge fließen an den privaten und nicht an den staatlichen Sektor. Somit tauchen sie in der Abgabenquote nicht auf. Deshalb werden im Folgenden keine Zahlen zur Schweiz angeführt.

schen Entscheidungen reagieren: in Bezug auf Produktion, Konsum, Investition und Sparen, aber auch bezüglich des Angebots der Individuen an sowie der Nachfrage der Unternehmen nach Erwerbsarbeit. Dabei sind je nach Abgabensystem unterschiedliche Effekte auf die ökonomischen Entscheidungen und damit auf die Nachhaltigkeit möglich: Steuern können eine nachhaltige Entwicklung fördern oder behindern.

Vor diesem Hintergrund identifiziert dieser Beitrag in einem ersten Schritt Nachhaltigkeitslücken in den bestehenden Abgabensystemen, wobei der Fokus auf der Europäische Union (EU) liegt. Dabei nimmt der Beitrag insbesondere jene strukturellen Ungleichgewichte in den Blick, die sich auf die Abgaben auf Arbeit beziehen. Anschließend skizziert er Ansatzpunkte für eine grundlegende Reform der europäischen Abgabensysteme, die die Beschäftigung fördern und gleichzeitig helfen können, weitere Ziele einer nachhaltigkeitsorientierten Wirtschaftspolitik (insbesondere soziale Inklusion sowie ökologische Nachhaltigkeit) zu erreichen. Dabei geht der Beitrag auch kurz auf das Verhältnis der nationalen zur europäischen Ebene ein.

2. *Nachhaltigkeitslücken in den europäischen Abgabensystemen*

Die europäischen Abgabensysteme weisen eine Reihe von strukturellen Defiziten auf, die als Nachhaltigkeitslücken bezeichnet werden können (Schratzenstaller et al. 2017). Die europäischen Abgabensysteme speisen sich stark aus Steuern und Abgaben auf Arbeitseinkommen. Im Durchschnitt der gesamten EU stammten 2017 46,5 Prozent des gesamten Abgabenaufkommens aus Abgaben auf die Arbeit. Das deutsche Abgabensystem kennzeichnet, ebenso wie das österreichische, ein deutlich überdurchschnittliches Gewicht der Abgaben auf Arbeit (Abbildung 1).

Abbildung 1: Struktur der Abgabensysteme in Europa, Österreich und Deutschland (2005 und 2017)

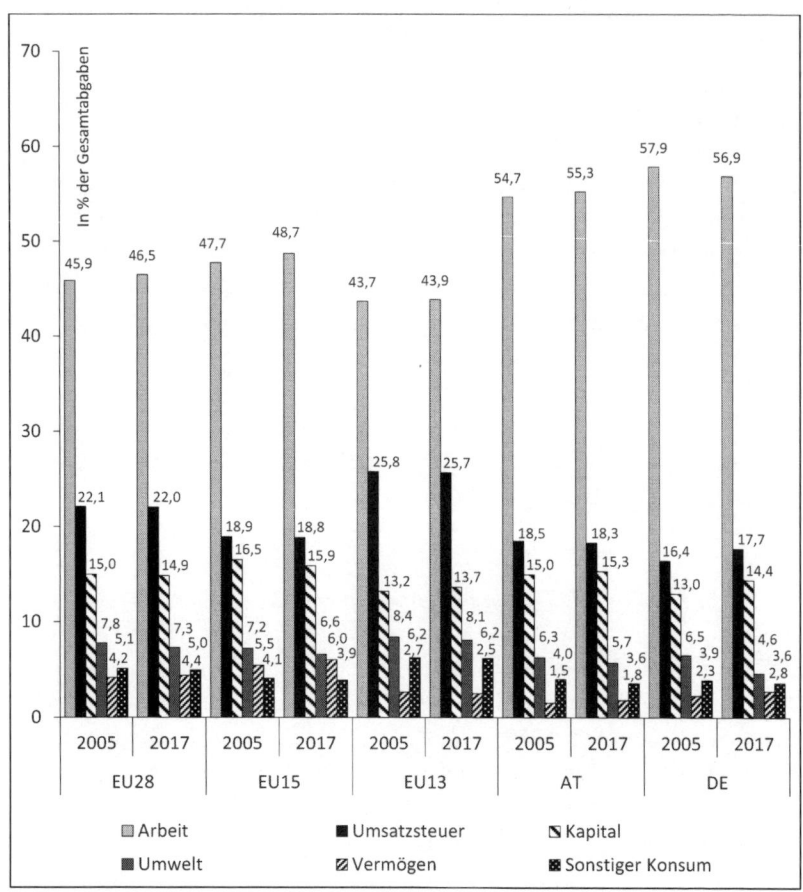

EU13: Bulgarien, Estland, Kroatien, Lettland, Litauen, Malta, Polen, Rumänien, Slowakei, Slowenien, Tschechische Republik, Ungarn und Zypern.

Quelle: European Commission (2019b), WIFO-Zusammenstellung. Arithmetische Mittel.

Abbildung 2: Umweltsteuern in der EU, Deutschland, Österreich und der Schweiz (1995 bis 2017)

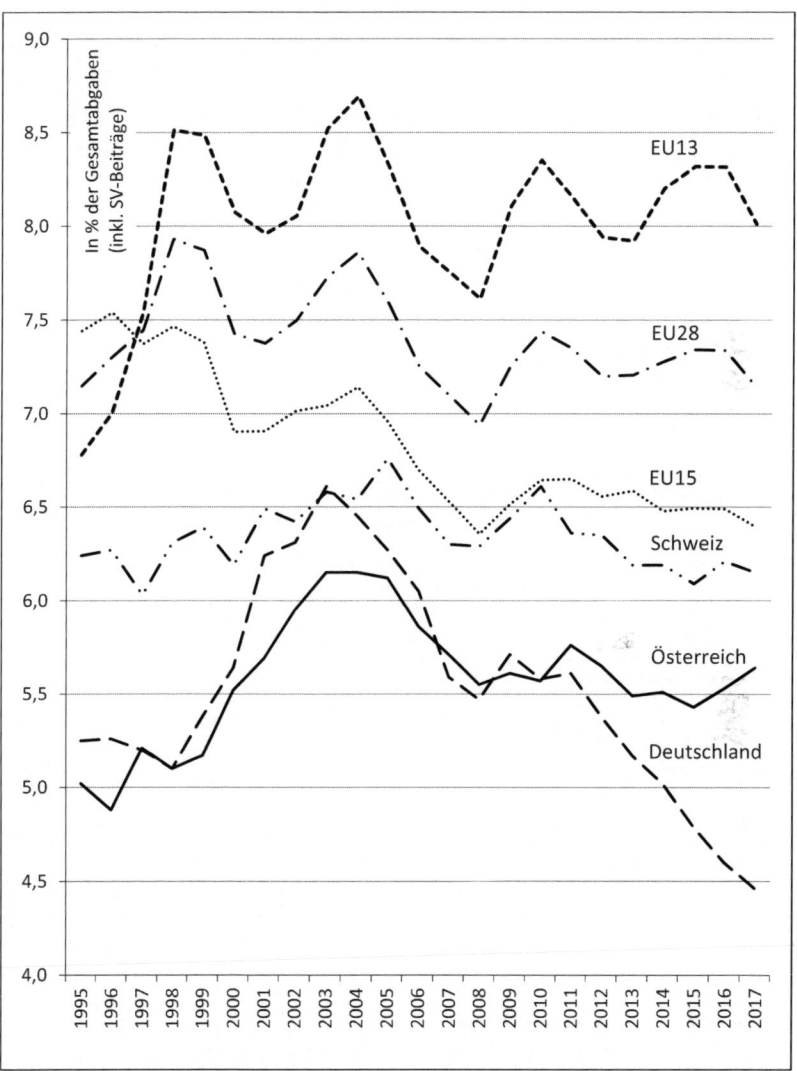

EU13: Bulgarien, Estland, Kroatien, Lettland, Litauen, Malta, Polen, Rumänien, Slowakei, Slowenien, Tschechische Republik, Ungarn und Zypern.

Quelle: Eurostat Datenbank, https://appsso.eurostat.ec.europa.eu/nui/show.do?dataset= env_ac_tax&lang=de [27.05.2019], WIFO-Zusammenstellung. Arithmetische Mittel.

Im Durchschnitt der EU15 sind die Arbeitseinkommen besonders stark im unteren und mittleren Einkommensbereich belastet. Tabelle 1 weist den persönlichen Durchschnittsabgabensatz im Durchschnitt der EU15 sowie der OECD für verschiedene Einkommenshöhen aus. Dieser Durchschnittsabgabensatz bezieht die gesamten Lohnsteuer- und Sozialversicherungsbeitragszahlungen von Arbeitnehmerinnen und Arbeitnehmern auf deren gesamtes Bruttoeinkommen. Er belief sich 2018 im Durchschnitt der „alten" EU auf 23,8 Prozent für jemanden, der 67 Prozent des Durchschnittsgehaltes verdient. Mit zunehmendem Gehalt steigt der Wert und erreicht 36,9 Prozent für eine Person, die 167 Prozent des Durchschnittsgehaltes verdient. Die Arbeitseinkommen sind damit in der EU15 etwas höher belastet als im Durchschnitt der 36 OECD-Länder. Deutlich über dem EU15-Durchschnitt liegen wiederum Österreich und vor allem Deutschland.

Tabelle 1: Persönlicher Durchschnittsabgabensatz EU15, OECD, Deutschland und Österreich 2018

	Persönlicher Durchschnittsabgabensatz 2018							
	bei einem durchschnittlichen Bruttoverdienst von							
	67%	100%	133%	167%	67%	100%	133%	167%
	Arbeitnehmerabgaben (Steuer und Sozialbeiträge in % des Bruttoeinkommens[1])				Veränderung 2000/2018			
OECD	21,0	25,5	28,5	30,7	−1,5	−0,8	−1,0	−1,0
EU15	23,8	29,7	33,8	36,9	−2,3	−1,2	−0,9	−0,4
Deutschland	34,8	39,7	42,4	43,8	−2,1	−3,5	−4,6	−5,0
Österreich	27,2	32,8	36,6	38,0	1,6	1,8	1,9	1,6

[1] Durchschnittliche Vollzeit-Bruttolöhne bzw. -gehälter von Arbeitnehmern und -nehmerinnen.

Quelle: OECD (2019) (Taxing Wages).

Tabelle 2 zeigt den persönlichen Grenzabgabensatz für unterschiedliche Einkommenshöhen im Durchschnitt von OECD, EU15, Deutschland und Österreich. Der Grenzabgabensatz gibt die zusätzliche Abgabenbelastung aufgrund der Erhöhung des Bruttoeinkommens um eine Einheit an. Dieser Satz steigt im Durchschnitt der EU15 und der OECD mit steigendem Einkommen. In Österreich liegt dieser Satz für drei der vier betrachteten Einkommensgruppen knapp, in Deutschland deutlich über den Werten des EU15-Durchschnitts. Für die oberste Einkommensgruppe (167 Prozent eines Durchschnittsverdienstes) fällt die Grenzbelastung in diesen beiden Ländern aber wegen der Beitragsbemessungsgrenze in der Sozialversicherung[6] unter die Werte für geringere Bruttoverdienste.

Tabelle 2: Persönlicher Grenzabgabensatz EU15, OECD, Deutschland und Österreich 2018

	Persönlicher Grenzabgabensatz 2018							
	bei einem durchschnittlichen Bruttoverdienst von							
	67%	100%	133%	167%	67%	100%	133%	167%
	Arbeitnehmerabgaben (Steuer und Sozialbeiträge in % des Bruttoeinkommens[1])				Veränderung 2000/2018			
OECD	32,6	36,2	38,8	39,3	0,7	−1,4	−0,9	−1,3
EU15	39,0	43,7	48,2	48,6	0,6	−1,4	1,0	0,8
Deutschland	47,0	52,5	52,1	44,3	−6,0	−6,8	−5,8	−7,2
Österreich	43,3	48,2	48,2	36,9	2,8	7,0	0,2	−1,6

[1] Durchschnittliche Vollzeit-Bruttolöhne bzw. -gehälter von Arbeitnehmern und -nehmerinnen.

Quelle: OECD (2019) (Taxing Wages).

Die hohe Belastung der Arbeitseinkommen ist aus beschäftigungspolitischer Sicht problematisch. Der Durchschnittsabgabensatz beeinflusst die Partizipationsentscheidung, also die Entscheidung über die Arbeitsaufnahme; der Grenzabgabensatz beeinflusst dagegen die Entscheidung über die Zahl der Arbeitsstunden (Meghir/Phillips 2010, Keane 2010, Econpubblica 2011, Koskela 2002). Eine Reihe von empirischen Studien belegt, dass der Einfluss von Steuern und Abgaben auf das Arbeitsange-

[6] Beitragsbemessungsgrenze ist eine festgelegte Höhe eines Bruttoeinkommens, bis zu der Versicherte Beiträge zur Sozialversicherung zahlen.

bot von Frauen mit Kindern besonders stark ausgeprägt ist, während bei Männern die Elastizität des Arbeitsangebots außer bei den Geringqualifizierten relativ gering ist.[7] Die hohe Belastung der unteren und mittleren Arbeitseinkommen in Europa ist daher auch ein Hindernis für die Gleichstellung von Frauen und Männern in der Erwerbsarbeit beziehungsweise letztlich für eine gleichmäßigere Verteilung der bezahlten und unbezahlten Arbeit zwischen Frauen und Männern (Gunnarsson et al. 2017). Nicht zuletzt sind in Europa die hohe Abgabenbelastung auf Arbeit und damit die hohen Arbeitskosten ein Hindernis unter anderen für eine Transformation zu einer Kreislaufwirtschaft, in der arbeitsintensive Dienstleistungen beispielsweise im Reparatur- und Wiederverwertungsbereich eine große Rolle spielen würden (Köppl et al. 2019).

Der Anteil der Umweltsteuern am Abgabenaufkommen in der gesamten EU hat zwischen 2005 und 2017 abgenommen (Abbildung 1). Eine längerfristige Betrachtung zeigt, dass der Anteil der Umweltsteuern am Gesamtabgabenaufkommen in Österreich 2017 zwar etwas höher war als Mitte der 1990er Jahre (Abbildung 2). In Deutschland dagegen ist dieser Anteil nach der ökologischen Steuerreform von 1998[8] bis 2003 angestiegen, seither aber deutlich unter den Wert von 1995 gefallen. In beiden Ländern lag der Anteil der Umweltsteuern 2017 deutlich unter seinem Höchststand Mitte der 2000er Jahre.

Auffallend ist schließlich, dass der Anteil der vermögensbezogenen Steuern in Deutschland wie in Österreich deutlich unter dem EU-Schnitt liegt (Abbildung 1). Vermögensbezogene Steuern haben aber insgesamt nur ein geringes Gewicht in den europäischen Abgabensystemen (Krenek/Schratzenstaller 2018).

Diese Daten zeigen, dass die europäischen Abgabensysteme, inklusive dem deutschen und österreichischen, mehrere Nachhaltigkeitslücken aufweisen (Gunnarsson et al. 2019): hohe und teilweise steigende Abgaben auf Arbeit, steuerliche Hindernisse für die Gleichstellung von Frauen und Männern auf dem Arbeitsmarkt, geringe und abnehmende Lenkungssteuern im Umweltbereich sowie sinkende Progressivität der Besteuerung.

---

[7] Vgl. für einen Überblick über empirische Resultate zum Ausmaß der Arbeitsangebotselastizität und zum Einfluss von Steuern auf das Arbeitsangebot Schratzenstaller/Dellinger (2018a, 2018b) und die hierin zitierte Literatur.
[8] Seit dieser Steuerreform sind die Umweltsteuersätze mehr oder weniger konstant geblieben, während andere Steuersätze und -aufkommen zugenommen haben.

3. Eckpunkte einer beschäftigungsförderlichen und nachhaltigkeitsorientierten Ausgestaltung der Abgabensysteme

Eine beschäftigungsförderliche und nachhaltigkeitsorientierte Ausgestaltung der Abgabensysteme erfordert einen umfassenden Ansatz, der eine deutliche Entlastung der Abgaben auf Arbeit mit einer stärkeren Belastung mit Umweltsteuern und vermögensbezogenen Steuern verbindet.[9] Zentral für solch einen fundamentalen Umbau der Abgabensysteme, in denen Arbeitseinkommen deutlich weniger besteuert würden, ist die Erschließung alternativer Steuerquellen: Erstens um die Einnahmenausfälle aus der Reduktion von Lohnsteuer und Sozialversicherungsbeiträgen sowie gegebenenfalls weiterer lohnbezogener Abgaben[10] zu kompensieren. Zweitens aber auch, weil ein solcher Umbau das Abgabensystem insgesamt nachhaltigkeitsorientierter, also beschäftigungsförderlicher (3.1), ökologisch nachhaltiger (3.2) und sozial inklusiver (3.3) machen kann. Allerdings beinhalten Umweltsteuern auch ein fiskalisches Risiko: Wenn diese Steuern den gewünschten Lenkungseffekt haben, bewirken sie, dass die besteuerte Ressource weniger stark beansprucht wird. Dadurch sinken aber die Steuereinnahmen auf diese Ressource mit der Zeit. Diesem Effekt kann über längere Zeitperioden entgegengewirkt werden, wenn bereits bei der Reform des Steuersystems hin zur Besteuerung von Umwelt eine Anhebung der Steuersätze auf Umweltressourcen in mehreren Stufen eingeplant ist und die Umweltsteuern auf noch nicht besteuerte Umweltressourcen erweitert wird. Langfristig ist es jedoch notwendig zu bedenken, dass neue Herausforderungen für die Gestaltung eines Steuersystems mit beständigen Steuereinnahmen entstehen.

3.1 Entlastung der Arbeitseinkommen

Eine beschäftigungsförderliche Reform der europäischen Abgabensysteme muss zunächst die hohe Abgabenbelastung der Arbeitseinkommen reduzieren (Köppl/Schratzenstaller 2015b). Diese Entlastung ist zu fokus-

[9] Auch die Europäische Kommission empfiehlt in ihren regelmäßigen Analysen der Steuerpolitik der EU-Mitgliedsländer im Rahmen des Europäischen Semesters seit Jahren, Schritte in diese Richtung zu setzen (vgl. jüngst European Commission 2018).
[10] In Österreich sind dies etwa die Kommunalsteuer, die auf der Lohnsumme beruht, oder die Beiträge zum Familienleistungsausgleichsfonds und zur Wohnbauförderung.

sieren auf die unteren und mittleren Einkommen, die eine hohe Steuer-
und Abgabenlast tragen und wo gleichzeitig das Arbeitsangebot besonders sensibel auf (steuer- und abgabeninduzierte) Veränderungen der
Nettolöhne reagiert.

In Ländern wie Deutschland und Österreich, wo die Sozialversicherungssysteme gemäß dem Bismarck'schen System primär durch Sozialversicherungsbeiträge der Arbeitgeber und die Beschäftigten finanziert
werden, kann solch eine Entlastung nicht alleine durch eine Senkung der
Lohnsteuer herbeigeführt werden, denn die unteren Einkommen zahlen
aufgrund des Grundfreibetrages in der Lohnsteuer ohnehin keine oder nur
wenig Lohnsteuer.[11] Allerdings werden oberhalb der Geringfügigkeits-
grenze[12] Sozialversicherungsbeiträge fällig, die im unteren und mittleren
Einkommensbereich den Großteil der Gesamtabgabenbelastung verursachen. Um die Abgabensysteme beschäftigungsfreundlicher zu gestalten,
müssen daher neben der Lohnsteuer auch die Sozialversicherungsbeiträge
im unteren und mittleren Einkommensbereich reduziert werden. Um den
Einnahmenausfall zu kompensieren, sind die Sozialversicherungssysteme
stärker aus dem allgemeinen Steueraufkommen zu finanzieren.

Eine Verschiebung der Finanzierungsbasis der Sozialversicherung hin
zu einer stärkeren Steuerfinanzierung ist auch vor dem Hintergrund des
digitalen Wandels zu diskutieren (Schratzenstaller 2018). Vielfach werden von der Digitalisierung Beschäftigungsverluste sowie eine gewisse
Prekarisierung der Beschäftigung und damit ein Bedeutungsverlust regu-
lärer sozialversicherungspflichtiger Beschäftigung erwartet. Nach dieser
auch als „Erosionsthese" bezeichneten Erwartung höhlt die Digitalisierung die Finanzierungsbasis der Sozialversicherung aus. Auch wenn derzeit keine seriöse Prognose darüber gemacht werden kann, ob, in welchem
Ausmaß und in welcher Geschwindigkeit die Finanzierungsbasis tatsächlich derart erodieren wird, so liefern diese möglichen künftigen Entwicklungen doch ein weiteres Argument dafür, nach Finanzierungsalternati-
ven für den Sozialstaat jenseits der Arbeitseinkommen zu suchen.

---

[11] Der Grundfreibetrag in der Lohnsteuer stellt in Österreich die ersten 10 000 Euro
und in Deutschland die ersten 9 168 Euro des zu versteuernden Einkommens steuer-
frei.
[12] Dies ist eine Lohnsumme, ab der Sozialversicherungsbeiträge fällig werden. In
Österreich und Deutschland aktuell rund 450 Euro pro Monat.

Um steuerliche Barrieren für die Frauenerwerbstätigkeit zu beseitigen und damit indirekt auch zur gleichmäßigeren Verteilung der unbezahlten Arbeit beizutragen, sollten neben der generellen Entlastung der unteren und mittleren Arbeitseinkommen auch Regelungen beseitigt werden, die eine ungleiche Verteilung bezahlter und unbezahlter Arbeit unterstützen. So gibt es in vielen europäischen Abgabensystemen Regelungen, die eine traditionelle innerfamiliäre Arbeitsteilung unterstützen: etwa die gemeinsame steuerliche Veranlagung von Ehegatten oder steuerliche Erleichterungen für Alleinverdiener- oder Zuverdienerhaushalte (Gunnarsson et al. 2017). In Deutschland wären etwa das Ehegattensplitting, in Österreich diverse Regelungen (wie die beitragsfreie Mitversicherung in der Krankenversicherung, der Absetzbetrag für Alleinverdiener oder die Steuerbegünstigung von Überstunden; zu den Details vgl. Schratzenstaller/Dellinger 2018b) zu überprüfen.

3.2   Stärkere Nutzung von Umweltsteuern

Ein Kernstück eines nachhaltigkeitsorientierten Umbaus der europäischen Abgabensysteme sind Umweltsteuern. Umweltsteuern wurden in den letzten Jahrzehnten und bis heute insbesondere im Zusammenhang mit Energie und Klimawandel diskutiert und umgesetzt. Diese Diskussion ist eingebettet in eine breitere Diskussion zu Instrumenten in der Klimapolitik, in deren Zentrum zwei Kontroversen stehen: Soll über Preise oder über Mengenbegrenzungen reguliert werden, und sind ökonomische oder ordnungspolitische Instrumente zu bevorzugen? Zu ersterer hat Martin L. Weitzman bereits 1974 gezeigt, dass sich die Frage, ob Umweltsteuern oder ein Emissionshandel das bessere Instrument sind, nicht eindeutig beantworten lässt. Sein Argument lautet, dass die gleiche Kosten- und Grenzkosteninformation notwendig wäre, um das richtige Mengen- oder Preissignal zu setzen. Weitzman argumentiert weiter, dass es von den konkreten Verläufen der Kosten- und Nutzenannahmen abhängt, ob Steuern- oder Mengeninstrumente vorzuziehen sind. Er führt hingegen an, dass aus anderen Gründen einem der beiden Instrumente der Vorzug gegeben werden kann. Darunter fielen zum Beispiel die politische Akzeptanz oder administrative Voraussetzungen (Weitzman 1974).

Ähnliche Argumente gibt es in der Kontroverse ökonomische versus ordnungsrechtliche Instrumente: Auch hier ist die Antwort nicht eindeutig. So können beispielsweise Standards eher dazu beitragen, einen klimaverträglichen Gebäudebestandes zu erreichen, als Umweltsteuern. Zusammenfassend könnte man die Diskussion um Instrumente in der Klimapolitik dahingehend beantworten, dass es weniger darum geht, das beste Instruments zu wählen, sondern vielmehr um einen geeigneten Instrumentenmix, der die Vorteile der einzelnen Instrumente so kombiniert, dass ein Höchstmaß an effektiver Klimapolitik erreicht wird.

Die im Kontext eines arbeitsförderlichen Abgabensystems in der Literatur vorgeschlagenen Konzepte betonen dabei die Bedeutung einer Einbettung von Umweltsteuern in eine ökosoziale Steuerreform. Dabei sollen die erzielten Einnahmen für die Senkung anderer, weniger nachhaltigkeitsorientierter Abgaben (etwa jener auf Arbeit) verwendet werden; für Investitionen in die Verbesserung der Umweltqualität oder um unerwünschte Verteilungswirkungen auszugleichen (etwa über die Zahlung eines Ökobonus). Auf diese Weise gehen die Einnahmen aus Umweltsteuern nicht in den allgemeinen Steuertopf ein. Welche Alternative oder welche Kombination an Alternativen der Mittelverwendung gewählt wird, hängt von den politischen Präferenzen ab.

In der Ökonomie gibt es einen breiten Konsens, dass eine Besteuerung umweltschädlicher Aktivitäten sinnvoll ist, um durch ein Preissignal einen Anreiz gegen eine Übernutzung von Umweltressourcen zu setzen. Dies gilt für eine klimarelevante Besteuerung ebenso wie für andere Bereiche des Umweltverbrauchs.[13] Wie effektiv in Hinblick auf die Lenkungswirkung Umweltsteuern sind, lässt sich häufig nicht im Vorhinein abschätzen. Eine Ex-post-Bewertung durch das Deutsche Institut für Wirtschaftsforschung zwanzig Jahre nach der ökologischen Steuerreform von 1998 führt zu einer ernüchternden Beurteilung der Umwelteffekte (Kemfert et al. 2019). Das hängt damit zusammen, dass das Preissignal nicht ausreichend hoch war, um eine nachhaltige Verhaltensänderung herbeizuführen. Der Spielraum für Steuersätze, die ausreichend hoch sind, um einen Lenkungsaffekt zu erzielen, ist wegen der politischen Akzeptanz begrenzt. Dieser Umstand stärkt das Argument, Umweltsteuern müssten in einen breiteren Instrumentenmix eingebettet werden.

Eine Ökologisierung des Abgabensystems muss grundsätzlich auf drei Säulen beruhen. Die erste Säule besteht in einer systematischen Reform

---

[13] Eine allgemeinere Diskussion der Umweltsteuern in der EU findet sich in European Environmental Agency (2016).

ökologisch problematischer Subventionen (Kletzan-Slamanig/Köppl 2016), die in allen europäischen Abgabensystemen zu finden sind. Beispiele sind das Dieselprivileg, eine aus ökologischer Sicht nicht zu begründende steuerliche Besserstellung eines Treibstoffes – in fast allen EU-Ländern (Kettner-Marx/Kletzan-Slamanig 2018, Nerudová et al. 2018) – oder das Dienstwagenprivileg (European Commission 2018). Ökologisch eindeutig kontraproduktive Steuerbegünstigungen wie etwa das Dieselprivileg oder die gänzliche Steuerbefreiung von Kerosin sollten beseitigt werden. Steuerausnahmen wie die Pendlerpauschale oder Steuerbefreiungen für energieintensive Unternehmen, deren Abbau zu Wettbewerbsproblemen oder anderen wirtschaftspolitischen oder sozialen Problemen führen könnte, müssen mit Übergangsregelungen, industrie- und innovationspolitischen Begleitmaßnahmen, einem Ausbau des öffentlichen Verkehrs und Ähnlichem abgefedert werden.

Die zweite Säule einer Ökologisierung des Abgabensystems umfasst positive Steueranreize, die umweltpolitisch erwünschte Verhaltensweisen fördern, etwa im Verkehrs- oder Wohnbereich. Dazu gehören auch steuerliche Anreize zur Förderung der Transformation zu einer Kreislaufwirtschaft, wie die in Schweden praktizierte steuerliche Begünstigung von Reparaturdienstleistungen (Köppl et al. 2019).

Die dritte Säule beinhaltet die Erhöhung bestehender beziehungsweise die Einführung neuer Umweltsteuern. Sie ist wie der Abbau ökologisch schädlicher Steuerausnahmen, der ebenfalls steuerliche Mehreinnahmen erbringt, in einen strukturellen Umbau des Gesamtabgabensystems einzubinden. Eine solche ökosoziale Abgabenstrukturreform kann dazu beitragen, ökologische Ziele mit sozialen und beschäftigungspolitischen Anliegen in Übereinstimmung zu bringen. Konkret sollten dazu mit den Steuermehreinnahmen – beispielsweise aus einer breiteren Ressourcenbesteuerung – vor allem die Abgaben auf die Arbeit gesenkt und es sollte zielgerichtet in klimapolitische Maßnahmen investiert werden, um klimafreundlicheres Verhalten überhaupt zu ermöglichen. Dabei ist darauf zu achten, dass auch geringe Einkommen, die von bestimmten Umweltsteuererhöhungen besonders stark betroffen sind, entlastet werden. Soweit dies über steuerliche Entlastungsmaßnahmen nicht möglich ist, sind begleitende Erhöhungen von Sozialtransfers erforderlich. Unterschiedlichen Optionen zur Rückverteilung und Verwendung der Ökosteuereinnahmen kommt in Hinblick auf die öffentliche Akzeptanz eine herausragende Rolle zu (Carattini et al. 2019, Timilsinas 2018). Eine der diskutierten

Alternativen für eine Rückverteilung der zusätzlichen Umweltsteuerein-
nahmen wäre ein Ökobonus.

Eine Ökologisierung der europäischen Abgabensysteme muss einerseits in einen breiteren Instrumentenmix eingebunden sein (dazu zählen
Steuern und ordnungsrechtliche Instrumente ebenso wie die Forschungs-
politik), um ökologisch möglichst effektiv zu sein (Stiglitz 2019a), andererseits muss sie am Verkehr als zweitgrößtem Verursacher von CO_2-
Emissionen ansetzen. Die schrittweise Anhebung der Mineralölsteuer
und die Beseitigung des Dieselprivilegs wären wichtige Elemente. Dis-
kussionswürdig sind auch eine nutzungsabhängige PKW-Maut und eine
Ausdehnung der LKW-Maut auf das niederrangige Straßennetz. Gerade
für diesen Sektor lässt sich für die Notwendigkeit argumentieren, beglei-
tend in eine Veränderung der Infrastruktur zu investieren, da die Verkehrs-
infrastruktur individuelle Mobilitätsentscheidungen prägt. Des Weiteren
bietet sich die Einführung einer sektorübergreifenden CO_2-Steuer an, die
die Emissionsintensität fossiler Energieträger widerspiegelt. Im Zusammenhang mit dem Anliegen, den Wandel hin zur Kreislaufwirtschaft zu
fördern, muss Ressourcensteuern eine größere Rolle als bisher zukom-
men: insbesondere auch deshalb, weil der digitale Wandel und die dafür
erforderliche Hardware mit einem steigenden Bedarf an Ressourcen wie
etwa seltene Erden verbunden ist, die mit erheblichen ökologischen, sozialen und politischen Problemen (insbesondere in den Abbauländern, den
Krisen- und Kriegsregionen in Afrika) verbunden sind (Schratzenstaller
2018). Auch Abgaben auf Abfall können einen Beitrag zur Umsetzung
einer Kreislaufwirtschaftsstrategie liefern (European Commission 2018).

3.3 Stärkere Nutzung von Steuern auf Vermögen
und Kapitaleinkommen

Schließlich sind auch höhere Steuern auf Vermögen und höhere Einkommen Bestandteil von Abgabenreformen, die Abgabensysteme beschäftigungsfreundlicher und sozial inklusiver machen. Auf nationalstaat-
licher Ebene sind Erbschafts- und Schenkungssteuern eine Option, um die
steigende Vermögensungleichheit zu begrenzen. Solche Steuern gelten
gleichzeitig als relativ wachstums- und beschäftigungsverträglich (European Commission 2018). Auch bei der Besteuerung von Kapitaleinkommen gibt es Spielraum. Fast alle EU-Länder haben in den letzten Jahr-

zehnten ihre Einkommensteuersysteme dualisiert und besteuern Kapitaleinkommen teilweise deutlich geringer als Arbeitseinkommen: Während
2018 der für Arbeitseinkommen geltende Spitzensteuersatz im Durchschnitt der EU 39 Prozent betrug, war der durchschnittliche Steuersatz
für Kapitaleinkommen mit 19 Prozent nur halb so hoch (Stiglitz 2019b).

Neben diesen konventionellen Steuern auf Vermögen und Kapitaleinkommen wird jüngst verstärkt eine Besteuerung der „Roboter" (also auto-
matisierter Maschinen und Produktionsprozesse) respektive ihrer Eigen-
tümer diskutiert (Schratzenstaller 2018). Sie könnte eine mögliche Erosion
der Arbeitseinkommen und damit der Finanzierung der sozialen Sicherung
beziehungsweise der öffentlichen Haushalte kompensieren. Eine „Robot
Tax" würde sehr wahrscheinlich den technischen Fortschritt bremsen.
Manche begrüßen diesen Effekt, da er der Volkswirtschaft mehr Zeit zur
Anpassung an die ökonomischen und sozialen Auswirkungen der Digitalisierung verschaffe; andere sehen ihn als problematisch, da er Wohlfahrt
und Wettbewerbsfähigkeit erhöhende Innovationen behindere (UNCTAD
2017). Zudem trifft die Durchsetzung einer Wertschöpfungs- beziehungsweise Robotersteuer auf ähnliche Herausforderungen und Probleme, wie
sie der intensive internationale Steuerwettbewerb und die vielfachen
Möglichkeiten multinationaler Unternehmen, ihre steuerpflichtigen Gewinne durch entsprechende Konstruktionen zu minimieren, allgemein für
die Besteuerung von Unternehmensgewinnen und Kapitaleinkommen mit
sich bringen.

3.4 Die europäische Ebene

Eine nachhaltige Ausgestaltung der europäischen Steuersysteme erfordert
schließlich die Einbeziehung der europäischen Ebene. Eine stärkere Kooperation in Steuerfragen würde es ermöglichen, bestimmte Finanzie-
rungsalternativen, die derzeit aufgrund von Steuerwettbewerb und Steuer-
vermeidung nicht oder nur unzureichend genutzt werden können, stärker
auszuschöpfen und damit den Abgabendruck auf die Arbeitseinkommen
zu senken. Hier sind insbesondere drei Ansatzpunkte relevant (vgl. Stiglitz 2019b): Erstens die Festsetzung wirksamer Mindeststeuersätze im
Bereich von Umwelt- und Energiesteuern, die einem Unterbietungswettbewerb effektive Schranken setzen. Zu nennen wäre etwa die seit langem
ausstehende Neuregelung der EU-Energiesteuer-Richtlinie, aber auch Min-

deststeuersätze für eine CO_2-Steuer, wie sie bereits 2011 die Europäische Kommission vorschlug (European Commission 2011). Die Novellierung der Energiesteuer-Richtlinie für Sektoren, die nicht dem EU-Emissionshandel unterliegen, wurde von den Mitgliedsländern abgelehnt, ist aber weiterhin nötig.

Um zweitens der weiteren Erosion der Unternehmensbesteuerung zu begegnen, sollte eine EU-weit harmonisierte Bemessungsgrundlage für die Körperschaftsteuer mit einem Mindeststeuersatz eingeführt werden. Die rückläufige Unternehmensbesteuerung ist mit ein Grund für die langfristige Verschiebung der Abgabenlast hin zu Arbeitseinkommen, wie empirische Studien zeigen (Loretz/Schratzenstaller 2019).

Drittens könnte der Ersatz eines Teils der nationalen Beiträge, mit denen das EU-Budget finanziert wird, durch steuerbasierte Eigenmittel die Erhebung solcher Steuern ermöglichen, die im nationalen Alleingang nur schwer durchzusetzen sind (etwa Steuern auf den Flugverkehr, auf Finanztransaktionen oder Vermögen) (Schratzenstaller/Krenek 2019). Dies würde Spielraum für die EU-Mitgliedsländer schaffen, im Gegenzug Abgaben auf die Arbeit zu senken.

4. Schlussbemerkung

Die bestehenden europäischen Abgabensysteme sind aus Nachhaltigkeitssicht nicht mehr zeitgemäß. Sie ruhen stark auf der Besteuerung der Arbeit, wobei nach wie vor viele Abgabensysteme von einem (in der Regel männlichen) Hauptverdiener auf der Basis eines Normalarbeitsverhältnisses und einer Zuverdienerin ausgehen. Lenkungssteuern zur Bewältigung der großen Herausforderungen in Klima- und Umweltpolitik werden zu wenig genutzt und der Beitrag der Abgabensysteme zur Erreichung verteilungspolitischer Zielsetzungen hat langfristig abgenommen. Um die europäischen Abgabensysteme zukunftsfähig zu machen, ist ein fundamentaler Umbau mit einer Umschichtung der Abgabenlast weg von Arbeitseinkommen hin zu Emissionen beziehungsweise Umwelt- und Energieverbrauch einerseits sowie zu Vermögen und höheren Einkommen andererseits erforderlich. Wie kaum in einem anderen Politikbereich haben Strukturreformen im Abgabensystem das Potenzial, die verschiedenen Dimensionen der Nachhaltigkeit gleichzeitig zu adressieren.

Literatur

Carattini, S., Kallbekken, S., Orlov, A. (2019): How to Win Public Support for a Global Carbon Tax, in: Nature, 565(7739), 289-291

Econpubblica (2011): The Role and Impact of Labour Taxation Policies, Università Bocconi, Centre for Research on the Public Sector, Milano

European Commission (2011): Communication from the Commission to the European Parliament, the Council and the European Economic and Social Committee on Smarter Energy Taxation for the EU: Proposal for a Revision of the Energy Taxation Directive 2003, Brussels

European Commission (2018): Tax Policies in the European Union 2018 Survey, Luxembourg, ec.europa.eu/taxation_customs/sites/taxation/files/tax_policies_survey_2018.pdf

European Commission (2019a): Towards a Sustainable Europe by 2030, Brussels, ec.europa.eu/commission/sites/beta-political/files/rp_sustainable_europe_30-01_en_web.pdf

European Commission (2019b): Taxation Trends in the European Union. Aktualisierte Daten, https://ec.europa.eu/taxation_customs/business/economic-analysis-taxation/data-taxation_en [05.06.2019]

EEA (European Environmental Agency) (2016): Environmental Taxation and EU Environmental Policies, EEA Report No 17

Gunnarsson, Å., Nerudová, D., Schratzenstaller, M. (2019): About Fair Tax, in: Intereconomics, 54(3), 133

Gunnarsson, Å., Schratzenstaller, M., Spangenberg, U. (2017): Gender Equality and Taxation in the European Union, Directorate-general for Internal Policies, Policy Department C – Citizens's Rights and Constitutional Affairs, Study for the EMM Committee, Brussels

Keane, M.P. (2010): Labor Supply and Taxes: A Survey, Sydney

Kemfert, C., Schill, W.-P., Wagner, N., Zaklan, A. (2019): Umweltwirkungen der Ökosteuer begrenzt, CO2-Bepreisung der nächste Schritt, in: DIW Wochenbericht, 86(13), 215-221

Kettner-Marx, C., Kletzan-Slamanig, D. (2018): Energy and Carbon Taxes in the EU. Empirical Evidence with Focus on the Transport Sector, WIFO Working Paper 555

Kettner-Marx C., Kletzan-Slamanig, D., Köppl, A., Littig, B., Zielinska, I. (2018): Monitoring Sustainable Development. Climate and Energy Policy Indicators, WIFO Working Paper 573

Kettner-Marx C., Kletzan-Slamanig, D., Köppl, A., Littig, B., Zielinska, I. (2019): Monitoring Sustainable Energy Development: A Cross-country Comparison of Selected EU Members, WIFO Working Paper 575

Kletzan-Slamanig, D., Köppl, A. (2016): Subventionen und Steuern mit Um-
weltrelevanz in den Bereichen Energie und Verkehr, Wien

Köppl, A., Schleicher, S. (2018): What Will Make Energy Systems Sustainable,
in: Sustainability, 10(7), 2537

Köppl, A., Schratzenstaller, M. (2015a) Das österreichische Abgabensystem –
Status-quo, in: WIFO-Monatsberichte, 88(2), 109-126

Köppl, A., Schratzenstaller, M. (2015b): Das österreichische Abgabensystem –
Reformperspektiven, in: WIFO-Monatsberichte, 88(2), 127-135

Köppl, A., Loretz, S., Meyer, I., Schratzenstaller, M. (2019): Effekte eines
ermäßigten Mehrwertsteuersatzes für Reparaturdienstleistungen, Wien

Koskela, E. (2002): Labour Taxation and Employment in Trade Union Models:
A Partial Survey, in: Ilmakunnas, S., Koskela, E. (Hg.): Towards Higher
Employment: The Role of Labour Market Institutions, Helsinki, 63-86

Krenek, A., Schratzenstaller, M. (2018): A European Net Wealth Tax, WIFO
Working Paper 561

Loretz, S., Schratzenstaller, M. (2019): Der EU-Vorschlag zur Harmonisierung
der Körperschaftsteuer. Auswirkungen für Österreich, in: WIFO-Monatsberichte, 92(1), 61-71

Meghir, C., Phillips, D. (2010): Labour Supply and Taxes, in: Mirrlees, J., Adam,
S., Besley, T., Blundell, R., Bond, S., Chote, R., Gammie, M., Johnson,
P., Myles, G., Poterba, J. (Hg.): Dimensions of Tax Design, The Mirrlees
Review, Oxford, 202-274

Nerudová, D., Dobranschi, M., Solilová, V., Schratzenstaller, M. (2018): Sus-
tainability-oriented Future EU Funding: A Fuel Tax Surcharge, FairTax
Working Paper 21

Schratzenstaller, M. (2018): Auswirkungen der Digitalisierung auf den öffentlichen Sektor – ein erster Überblick, in: Wirtschaftsdienst, 98(11), 799-804

Schratzenstaller, M., Dellinger, F. (2018a): Regelungen im österreichischen Abgabensystem mit gleichstellungspolitischer Relevanz, in: WIFO-Monatsberichte 91(2), 121-137

Schratzenstaller, M., Dellinger, F. (2018b): Genderdifferenzierte Lenkungswir-
kungen des Abgabensystems auf das Arbeitsangebot, in: WIFO-Monatsberichte 91(2), 105-120

Schratzenstaller, M., Krenek, A. (2019): Tax-based Own Resources to Finance
the EU Budget, in: Intereconomics, 54(3), 171-177

Schratzenstaller, M., Krenek, A., Nerudová, D. et al. (2017): EU Taxes for the
EU Budget in the Light of Sustainability Orientation – a Survey, in: Jahr-
bücher für Nationalökonomie und Statistik, 237(3), 163-189

Stiglitz, J.E. (2019a): Addressing Climate Change through Price and Non-Price
Interventions, NBER Working Paper 25939

Stiglitz, J.E. (2019b): Rewriting the Rules for the European Economy, FEPS –
    Foundation for European Progressive Studies, Brussels
Timilsina, G. (2018): Where Is the Carbon Tax after Thirty Years of Research?,
    World Bank Working Paper 8493
UNCTAD (2017): Trade and Development Report. Beyond Austerity: Towards
    a Global New Deal, New York, Geneva

Arbeit in Entwicklungs- und Schwellenländern

Georg Stoll[*]

Zusammenfassung: Die mehrheitlich europäischen und (nord-)amerikanischen Beiträge zur Postwachstumsgesellschaft konzentrieren sich in der Regel auf ihren eigenen ökonomischen, politischen, sozialen und kulturellen Kontext – während Debattenbeiträge aus dem Globalen Süden zu diesem Themenkomplex rar sind: Hier interessieren eher Fragen sozialer Gerechtigkeit und internationaler Abhängigkeiten. Trotz zahlreicher möglicher Anknüpfungspunkte verlaufen die Diskursfäden zu der Frage, in welchen Gesellschaften wir angesichts global wirksamer ökologischer und sozialer Parameter leben wollen, weitgehend unverbunden nebeneinander. Der Beitrag zeigt Unterschiede in der Lebens- und Arbeitswelt von Menschen im Globalen Süden auf und thematisiert die Rolle des Wirtschaftswachstums im Norden und Süden. Dieser Blick kann auch die Reflexion des Tätigseins in der Postwachstumsgesellschaft ergänzen und befruchten.

1. Die Gesichter der Arbeit

„Wie geht's denn so?" – Wenn sich in Brasilien Jugendliche begegnen, die sich eine Zeitlang nicht gesehen haben, kommen sie über kurz oder

---

[*] Ich danke all denen, die durch ihre wertvollen Hinweise zu diesem Artikel beigetragen haben: Aravind Unni von der Indo-Global Social Service Society (stellvertretend für zahlreiche Misereor-Projektpartner) sowie meinen Kolleginnen und Kollegen bei Misereor, Almute Heider, Astrid Meyer, Anselm Meyer-Antz, Thorsten Nilges, Regina Reinart, Steffen Ulrich und Markus Zander. Der vorliegende Text stellt keine Position des Hilfswerks Misereor dar; die Verantwortung liegt allein beim Autor.

lang auch auf das Thema Arbeit zu sprechen: „Tem emprego?" – „Hast Du
eine Beschäftigung?", lautet dann die Frage, womit ein vertraglich und
sozial abgesichertes Beschäftigungsverhältnis gemeint ist. Wenn diese
Frage verneint wird – jeder dritte Jugendliche in Brasilien ist arbeitslos –,
lautet die nächste Frage: „Tem trabalho?" – „Hast Du Arbeit?", womit
jede (legale) Tätigkeit gemeint ist, mit der man den notwendigen Lebensunterhalt bestreitet, sofern man nicht vom Solidaritätsnetz der Familie
aufgefangen wird.

Dieser Unterschied zwischen einer formellen Arbeit (mit gesetzlich
geregelten und geschützten Mindeststandards sowie Rechtsansprüchen)
und einer informellen Arbeit (ohne solchen Schutz) ist für die meisten
Menschen in Niedrigeinkommensländern und für viele in Mitteleinkommensländern[1] existentiell, und zwar umso mehr, je geringer ihr Einkommen ist. In diesen Ländern sind geregelte und geschützte Arbeitsverhältnisse die Ausnahme und nicht die Regel, anders als in den früh-industrialisierten Hocheinkommensländern mit ihren hohen materiellen Wohl-
standsniveaus und ihren im Laufe der Industrialisierung erkämpften Arbeitnehmerrechten. Für die informell Beschäftigten bedeutet das: kein
garantiertes Mindesteinkommen, kein Schutz vor kurzfristigem Verlust
der Arbeit, keine festgelegten Sicherheitsstandards am Arbeitsplatz, keine
Ansprüche auf arbeitsfreie Wochentage oder bezahlten Jahresurlaub, kein
oder nur unzureichender Zugang zu sozialen Sicherungssystemen und in
aller Regel auch keine gewerkschaftliche Organisation. Diese Merkmale
sind aber gemäß internationalen Maßstäben wie der Allgemeinen Erklärung der Menschenrechte oder der Internationalen Arbeitsorganisation
(ILO) Bestandteil menschenwürdiger Arbeit.[2]

---

[1] Ich verwende im Folgenden vorrangig die Begriffe Niedrigeinkommensländer,
Mitteleinkommensländer und Hocheinkommensländer anstelle der bei der Internationalen Arbeitsorganisation (ILO) und anderen UN-Organisationen allgemein üblichen Terminologie von „Entwicklungsländern" (developing countries) „Schwellenländern" (emerging economies) und „Entwickelten Ländern" (developed countries). Die Länderklassifizierung der ILO ist zwar deckungsgleich mit der Weltbank-
Einteilung in Niedrig-, Mittel- und Hocheinkommensländer (vgl. ILO 2018b, 76),
insinuiert aber mit ihrer Begrifflichkeit einen mit dem Pro-Kopf-Einkommen verbundenen Entwicklungsstand dieser Ländergruppen.
[2] UN 1948, Art. 23-25; UN 1966, Art. 6-10; ILO 2008, zum Beispiel S. 2 mit den
vier Punkten der „Decent Work"-Agenda der ILO: Verfügbarkeit von Arbeit, Rechte
am Arbeitsplatz, soziale Absicherung, sozialer Dialog.

Auf über 60 Prozent schätzt die ILO weltweit den Anteil der informell Beschäftigten an der Gesamtzahl aller Beschäftigten.[3] Wer sind diese zwei Milliarden Menschen? Es sind Kleinbauern und Plantagenarbeiter auf dem Land; Frauen, die ohne feste Verträge in den Haushalten der Mittel- und Oberschichten Indiens, Brasiliens oder auch Deutschlands arbeiten; Jugendliche, die keinen Platz auf dem offiziellen Arbeitsmarkt finden; Arbeiter in den informellen Minen Afrikas oder auf den Großbaustellen des Nahen Ostens; fliegende Händlerinnen in den Städten; Müllsortierer, die importierten Elektroschrott demontieren; Migranten und Flüchtlinge, die ökonomische Nischen in ihren Aufnahmeländern suchen; Arbeiterinnen in Zulieferbetrieben der Textil- oder Elektroindustrie; Menschen, die in Konfliktregionen ihre Arbeit verloren haben und nun unter den Bedingungen vielfältiger Gewalt und zerstörter Infrastruktur ihren Lebensunterhalt sichern müssen. Informalität ist für diese Menschen ein Synonym für Armut. Denn sie bedeutet nicht nur prekäre Lebensverhältnisse, sondern auch tägliche soziale Marginalisierung. Wer einer informellen Tätigkeit nachgeht oder in einer informellen Siedlung lebt (beides geht meist Hand in Hand), wer keinen Arbeitsvertrag oder amtliche Arbeitskarte und keine offizielle Adresse nachweisen kann, ist als BürgerIn zweiter Klasse ständig Diskriminierungen ausgesetzt.

---

[3] ILO (2018b), 13. Beschäftigte oder Erwerbstätige („employed") sind nach Definition der ILO alle Personen, die mindestens 15 Jahre alt sind und mindestens eine Stunde pro Woche gegen Bezahlung einer Arbeit nachgehen. Das umfasst Angestellte („employees") ebenso wie Selbstständige („own-account workers") und Arbeitgeber („employers"), aber auch Familienangehörige, die im Betrieb eines Verwandten mitarbeiten („contributing family members"), selbst wenn sie dafür keine individuelle Bezahlung erhalten; ILO (1982), Nr. 9.

Daten zur informellen Arbeit weltweit

Die ILO verwendet für statistische Zwecke eine scharf abgegrenzte Definition für *„Arbeit"* als Oberbegriff sowie Definitionen für Unterkategorien.[4] *„Informelle Arbeit"* – als eine der Unterkategorien – ist komplex und mit Unschärfen behaftet: Sie umfasst sowohl lohnabhängige als auch selbstständige Beschäftigung, durch die Waren und Dienstleistungen für Dritte produziert beziehungsweise bereitgestellt werden. *„Lohnabhängig Beschäftigte"* gehen dann einer informellen Arbeit nach, wenn ihr Beschäftigungsverhältnis nicht von nationaler Arbeitsgesetzgebung, Einkommenssteuer, sozialen Sicherungssystemen oder Rechtsansprüchen auf Kündigungsfristen, bezahlte Urlaubs- oder Krankentage und Ähnliches erfasst wird. Als entscheidende Indikatoren gelten die Zahlung von Sozialversicherungsbeiträgen durch den Arbeitgeber oder Ansprüche des Arbeitnehmers auf bezahlten Jahresurlaub und Lohnfortzahlung im Krankheitsfall. *„Selbstständig Beschäftigte"* gehen dann einer informellen Arbeit nach, wenn sie dem informellen Sektor zuzurechnen sind, das heißt wenn sie ihre ökonomische Tätigkeit in einem Personen- oder Familienunternehmen ohne eigene Rechtskörperschaft oder in einem Privathaushalt ausüben und dabei über keine vollständige Buchführung verfügen und/oder nicht nach nationalem Recht registriert sind. *„Mitarbeitende Familienmitglieder"*, deren Arbeit nicht allein auf den Eigenbedarf ausgerichtet ist, gelten immer als informell Beschäftigte.[5]

Schaut man mit dieser statistischen Brille auf das Phänomen informeller Beschäftigung, so ergibt sich folgendes Bild:

Regionale Verteilung: Informelle Arbeit ist vor allem in Afrika (86 Prozent an der Gesamtbeschäftigung), den arabischen Ländern (69 Prozent) und Asien/Pazifik (68 Prozent) verbreitet (zum Vergleich Nord- und Südamerika: 40 Prozent, Europa/Zentralasien: 25 Prozent).[6] Doch

---

[4] ILO (2013), 2-9. Arbeit wird folgendermaßen definiert: „Work comprises any activity performed by persons of any sex and age to produce goods or to provide services for use by others or for own use" (ebd, 2).
[5] ILO (2018a), 1-2; ILO (2018b), 7-11.
[6] Ich folge hier den geografischen Ländergruppen der ILO: Africa, Americas, Arab States, Asia and the Pacific, Europe and Central Asia; ILO (2018b), 75.

dabei könnte es sich um ein abgeleitetes Phänomen handeln, denn es gibt einen deutlichen Zusammenhang mit folgenden Faktoren:

Verteilung nach Einkommensgruppen: Während fast 70 Prozent der Erwerbstätigen in Niedrig- und Mitteleinkommensländern einer informellen Beschäftigung nachgehen, beträgt dieser Anteil im Durchschnitt der Hocheinkommensländer lediglich 18 Prozent. Das Land mit dem tiefsten Anteil ist Luxemburg (1,2 Prozent), das Land mit dem höchsten Burkina Faso (94,6 Prozent).[7]

Sektoren: Der mit Abstand größte Anteil informell Beschäftigter findet sich in der Landwirtschaft. Global sind es dort 94 Prozent und auch in den sogenannten Developed Countries immer noch 59 Prozent. Die Industrie folgt mit 57 Prozent (Developed Countries: 16 Prozent) und der Dienstleistungsbereich mit 47 Prozent (Developed Countries: 18 Prozent). Besonders strak trägt der Agrarsektor zu informeller Arbeit in Afrika und Asien bei.[8]

Bildungsstand: Je niedriger der Bildungsabschluss einer Person, desto höher die Wahrscheinlichkeit, in einem informellen Beschäftigungsverhältnis tätig zu sein. Dieser Zusammenhang lässt sich in allen Regionen nachweisen. Die Spannbreite reicht global betrachtet von 24 Prozent (mit tertiärem Bildungsabschluss) bis 94 Prozent (ohne Bildungsabschluss). Bildung garantiert in Entwicklungs- und Schwellenländern aber noch lange kein formelles Arbeitsverhältnis. Auch knapp zwei Drittel der InhaberInnen eines sekundären Bildungsabschlusses und immer noch ein Drittel mit tertiärem Bildungsabschluss finden in diesen Ländern keine formelle Beschäftigung.[9]

Alter: Zwei Altersgruppen stechen statistisch hervor. Bei den Jüngsten (15 bis 24 Jahre) und bei den Ältesten (ab 65 Jahre) liegt der Anteil an informeller Beschäftigung jeweils bei über 77 Prozent, während er in allen anderen Altersgruppen maximal 63 Prozent erreicht. Dieser Zusam-

---

[7] Ebd., 23, 98, 102. In der Kategorie der „Developed Countries" (= Hocheinkommensländer) tauchen die Regionen Afrika und arabische Staaten nicht auf.
[8] Ebd., 23, 26.
[9] Ebd., 25.

menhang findet sich mehr oder minder ausgeprägt in allen Regionen wieder.[10]

Geschlecht: Hier ist die Situation komplexer. Unter den zwei Milliarden informell Erwerbstätigen sind 740 Millionen Frauen. Dem Anteil von 68 Prozent informell beschäftigten Männern steht ein Anteil von 58 Prozent bei den Frauen gegenüber. Allerdings wird dieses Bild maßgeblich durch China und Russland geprägt. In der Mehrzahl der Länder (56 Prozent) sind anteilsmäßig mehr Frauen als Männer informell beschäftigt. Das gilt insbesondere für Afrika, Südasien und Lateinamerika. Die Internationale Arbeitsorganisation verweist aber noch auf einen anderen Aspekt: Der Anteil von Frauen ist besonders hoch in der Kategorie der mitarbeitenden Familienangehörigen – einer Gruppe, die als besonders verletzlich gilt, weil nicht nur die soziale Absicherung fehlt, sondern in der Regel nicht einmal ein individuelles Arbeitsentgelt gezahlt wird.[11]

Informelle Arbeit im formellen Sektor: Gut ein Viertel aller informell arbeitenden Angestellten arbeitet im formellen Sektor, also in öffentlichen Unternehmen, Nichtregierungsorganisationen oder Privatunternehmen, die Buchhaltung führen und bei nationalen Behörden für Steuererhebung und Sozialversicherung registriert sind.[12] Das ist ein erstaunlicher Befund, besagt er doch, dass zahlreiche Unternehmen, die den gesetzlichen Auflagen des formellen Sektors unterliegen, Angestellte unter den Bedingungen weitgehend ungeschützter informeller Arbeit beschäftigen. Inwieweit sie dabei Gesetzeslücken nutzen oder Gesetze verletzen, ist den Statistiken nicht zu entnehmen.

Auch wenn Statistiken zu informeller Arbeit nicht die Realität jedes und jeder einzelnen Arbeitenden abbilden können[13], liefern sie doch ein deutliches Gesamtbild: Die meisten Menschen in Niedrigeinkommensländern

[10] Ebd.
[11] Ebd., 20f., 25.
[12] Ebd., 16, 23.
[13] In der Praxis der Arbeitenden und Arbeitsuchenden gibt es oft erhebliche Grauzonen und Übergänge zwischen „formeller" und „informeller" Arbeit; vgl. Diaz et al. (2018).

und große Teile der Bevölkerung in Mitteleinkommensländern arbeiten unter Bedingungen, die ihrem Menschenrecht auf auskömmliche und sichere Arbeit Hohn sprechen. Statistiken und Untersuchungen zu „working poor"[14], zu Kinderarbeit[15] oder zu Arbeitnehmerrechten[16] ergänzen und bestätigen dieses Bild.

Wer unter solchen Bedingungen arbeitet, tut das in aller Regel nicht aus freier Entscheidung, sondern mangels besserer Alternativen. Es mögen Qualifikationen fehlen, vor allem aber fehlt ein ausreichendes Angebot an guten Beschäftigungsmöglichkeiten. Dies zeigt sich nur deshalb nicht in noch höheren Arbeitslosenquoten, weil die sozialen Sicherungssysteme unzureichend sind und demzufolge Arbeitslose sich nicht bei Arbeitsämtern melden oder anderweitig registriert werden. Weder die öffentliche Hand noch die Privatwirtschaft sind in der Lage, in auch nur annähernd ausreichendem Umfang Beschäftigungsverhältnisse mit sozialen Mindeststandards (und eine entsprechende Ausbildung) anzubieten. Es gibt solche regulären Arbeitsverhältnisse, vorrangig in der öffentlichen Verwaltung und bei größeren Unternehmen, aber nur für eine Minderheit, die selbst häufig unter Druck steht: Bei den Unternehmen durch Rationalisierungsmaßnahmen und bei der öffentlichen Hand durch die Knappheit der öffentlichen Einnahmen und den Druck seitens internationaler Wirtschafts-, Handels- und Entwicklungspolitiken, die auf Privatisierung und Liberalisierung setzen und diese Agenda mit entsprechenden Instrumenten durchzusetzen versuchen.

---

[14] ILO (2018c), 8, 65. Als „working poor" gelten Menschen, die trotz (formeller oder informeller) Erwerbstätigkeit in Armut leben. So leben 68 Prozent der Erwerbstätigen in Niedrigeinkommensländern in Haushalten mit einem täglichen Pro-Kopf-Einkommen von weniger als 3,1 US-Dollar (Kaufkraftparität), 40 Prozent sogar in absoluter Armut (unter 1,9 US-Dollar). Für Mitteleinkommensländer liegen die Anteile bei 22 Prozent (unter 3,1 US-Dollar) bzw. 7 Prozent (unter 1,9 US-Dollar).

[15] ILO (2017a), 9. Von den weltweit 152 Millionen arbeitenden Kindern (unter 15 Jahre) leben 72 Millionen in Subsahara-Afrika (fast jedes fünfte Kind in dieser Region) und 62 Millionen in Asien/Pazifik.

[16] ITUC (2018). Unter den 70 Ländern auf den untersten Plätzen des Ratings des Internationalen Gewerkschaftsbunds zum Status von Arbeitsrechten befinden sich nur vier Hocheinkommensländer: Katar, Saudi-Arabien, die Vereinigten Arabischen Emirate und die Vereinigten Staaten von Amerika. Zumindest in den ersten drei Ländern sind insbesondere MigrantInnen aus Entwicklungs- und Schwellenländern von der Verletzung international anerkannter Arbeitnehmerrechte betroffen.

Das Grundmuster ist meist überall dasselbe: Menschen, die sich in einer Zwangslage befinden, lassen sich auf Ausbeutungsverhältnisse ein, weil der Markt ihnen keine bessere Alternative anbietet und weder Recht noch Staat sie ausreichend schützen. Zu diesem Grundmuster gehört allerdings auch die Nachfrageseite, also alle, die solche informellen Beschäftigungsverhältnisse und Dienstleistungen in Anspruch nehmen und von ihnen profitieren. Dazu zählen andere in der Informalität lebende Arme im direkten Umfeld, vor allem aber Angehörige der Mittelschichten und am Ende internationaler Wertschöpfungsketten KonsumentInnen, die billige Produkte suchen sowie Unternehmen, die billigst produzieren und Güter einkaufen wollen. Ausbeutungsverhältnisse reichen bis hin zu Zwangsarbeit, Kinderarbeit oder sexueller Ausbeutung und Menschenhandel, die zwar international geächtet, aber dennoch weitverbreitet sind.[17] Auch ohne diese extremen Formen von Kriminalität zeigt die Verbreitung informeller und prekärer Arbeit, dass die globalen Märkte von dieser Art von Beschäftigung profitieren und die politisch Verantwortlichen im Norden und Süden sie nicht wirksam einschränken können oder wollen.[18]

Der informelle Sektor hat aber auch positive Seiten: In der Vielfalt informeller Arbeit ist eine enorme Energie an Eigeninitiative, Kreativität und Flexibilität erkennbar. Auch wenn diese Eigenschaften aus der Not entstanden sind, stellen sie wichtige Ressourcen nicht nur für die individuelle wirtschaftliche Tätigkeit und Zufriedenheit dar, sondern auch für die gesamtgesellschaftliche ökonomische Leistungsfähigkeit. Das Drama der informell Arbeitenden besteht darin, dass diese Potenziale behindert

---

[17] Die Schätzungen für Zwangsarbeit liegen bei 25 Millionen Menschen (inkl. Zwangsheiraten 40 Millionen), mit Schwerpunkt in Asien (ILO 2017b, 18f.). Die Zahl der entdeckten und gemeldeten Fälle von Menschenhandel wird für das Jahr 2016 mit knapp 25 000 angegeben (UNODC 2018, 21). 59 Prozent der Fälle betreffen sexuelle Ausbeutung (von den Frauen, die Opfer von Menschenhandel sind, werden 83 Prozent sexuell ausgebeutet), 34 Prozent betreffen Zwangsarbeit (82 Prozent aller männlichen Opfer von Menschenhandel müssen Zwangsarbeit leisten); ebd., 28f. Bei dieser Zahl muss allerdings mit erheblichen statistischen Ungenauigkeiten und Dunkelziffern gerechnet werden. Zu Kinderarbeit vgl. Fußnote 16.

[18] Eine differenziertere Analyse müsste hier deutlicher zwischen nationalen und internationalen Rahmenbedingungen und Dynamiken im Hinblick auf das Phänomen der Informalität unterscheiden, wie sie bereits in de Soto (1992) oder Altvater/ Mahnkopf (2002) dargestellt und diskutiert wurden.

werden und zum größten Teil nicht ihnen selbst, sondern anderen zugute-
kommen.

Das Heer der informell Beschäftigten und der „working poor" leistet
unverzichtbare Beiträge für das Funktionieren der formellen Ökonomie
und der Gesellschaft insgesamt. Das gilt sowohl national wie international. Wie sähen Städte ohne die Arbeit der MüllsammlerInnen aus? Was
kosteten Lebensmittel ohne das Arbeitskräftereservoir der Plantagen- und
SaisonarbeiterInnen? Wer bediente, versorgte und bewachte die aufstre-
benden Mittelschichten, reinigte ihre Haushalte und ermöglichte ihnen,
ihrer gut bezahlten formellen Arbeit nachzugehen? Wer pflegte Alte und
Kranke ohne schlecht bezahlte MigrantInnen? Diese insgesamt positiven
Beiträge gehen auf Kosten der informell Beschäftigten und ihres sozialen
Umfeldes.

2. Nachhaltige Existenzsicherung durch Wirtschaftswachstum – ein Dilemma zwischen ökologischen und sozialen Zielen

Prekäre Arbeit im oben beschriebenen Sinn ist als Massenphänomen gerade in denjenigen Ländern zu beobachten, in denen niedrige Pro-Kopf-
Einkommen und niedrige Staatseinnahmen so gut wie keine finanziellen
Spielräume für eine dauerhafte und umfassende Sicherung menschenwürdiger Lebensbedingungen für die gesamte Bevölkerung lassen. Nimmt
man den Schwellenwert von maximal 1005 US-Dollar Pro-Kopf-Einkommen für die Weltbank-Kategorie der Niedrigeinkommensländer, so bedeutet das: Selbst wenn das Bruttonationaleinkommen völlig gleichmäßig
verteilt wäre, lebten die Bevölkerungen dieser Länder zwischen absoluter
Armut (1,9 US-Dollar pro Tag, also 693,5 US-Dollar pro Jahr) und mode-
rater Armut (3,1 US-Dollar pro Tag, also 1131,5 US-Dollar pro Jahr)[19] –
trotz der Erwerbstätigkeiten, denen die Menschen nachgehen. Unter solchen Bedingungen ist ein deutliches Wachstum der Wirtschaft eine notwendige, wenn auch keine hinreichende Voraussetzung für wirksame
Armutsbekämpfung. Entsprechend kreisen politische und ökonomische
Strategien um die Frage, wie dieses Wachstum erreicht und verteilt werden kann. Fragen globaler ökologischer Nachhaltigkeit oder gar einer

---

[19] Andy Sumner macht auf diesen wichtigen Unterschied zwischen Niedrig- und
Mitteleinkommensländern aufmerksam (Sumner 2012).

wachstumsunabhängigen Entwicklung stehen in diesen Kontexten in aller Regel nicht zur Debatte.[20]

In vielen Mitteleinkommensländern bietet die gesamtwirtschaftliche Lage grundsätzlich die finanziellen Voraussetzungen, die Armut mittels Sozial- und Verteilungspolitik zu bekämpfen. So spiegelt sich das höhere Pro-Kopf-Einkommen in wachsenden Mittelschichten, die zunehmend politisches Gehör einfordern, aber auch in einem markanten Anstieg von Umweltbelastung und Ressourcenverbrauch. Einzelne kritische Stimmen aus Wissenschaft, Zivilgesellschaft und Politik hinterfragen deshalb den Weg einer nachholenden Entwicklung in den ausgetretenen Spuren der reichen Industrieländer.[21] Allerdings genießt auch in den Mitteleinkommensländern Wirtschaftswachstum eine hohe Plausibilität im Hinblick auf die Beseitigung von Armut und die Steigerung von Wohlstand. Wie in Niedrigeinkommensländern bewegt sich auch in den meisten Schwellenländern das Pro-Kopf-Einkommen noch auf einem Niveau, auf dem es in hohem Maße mit Indikatoren von Lebenszufriedenheit korreliert.[22]

Die Steigerung von Wirtschaftswachstum und Produktivität zählt zum Kernbestand nationaler wirtschaftspolitischer Strategien und auch von Politikempfehlungen multilateraler und bilateraler Kooperationspartner wie etwa der Weltbank. Die zugrunde liegende Theorie ist: Durch eine verstärkte Integration der Ökonomien von Niedrig- und Mitteleinkommensländern in die globalen Märkte sollen einerseits Zugänge zu Roh-

---

[20] Diese und die folgenden Aussagen stützen sich auf Gespräche, die Misereor im Rahmen des kontinuierlichen Projektdialogs regelmäßig mit seinen zivilgesellschaftlichen Projektpartnern in Afrika, Asien und Lateinamerika führt. Das Interesse der Partnerorganisationen insbesondere in Niedrigeinkommensländern konzentriert sich vor allem auf zwei Bereiche: einkommensfördernde Maßnahmen auf lokaler Ebene und die Stärkung ökonomischer und politischer Teilhabe auf nationaler Ebene. Fragen nach ökologischer Nachhaltigkeit spielen demgegenüber meist nur dann eine Rolle, wenn sie als unmittelbare Probleme vor Ort spürbar werden.

[21] Exemplarisch seien hier AutorInnen wie Ashish Kothari und Vandana Shiva aus Indien oder Alberto Acosta (Ecuador) und Eduardo Gudynas (Uruguay) genannt. Politisches Aufsehen erregte 2007 die (gescheiterte) Initiative Ecuadors, gegen eine finanzielle Kompensation auf Erdölförderung im Yasuní-Nationalpark, einem globalen Biodiversitäts-Hotspot, zu verzichten.

[22] Zu diesem Zusammenhang vergleiche Wilkinson/Pickett (2009). Auch die Ergebnisse des World Values Survey (http://www.worldvaluessurvey.org/WVSContents.jsp) zeigen eine enge Relation zwischen wirtschaftlicher Entwicklung und Lebenszufriedenheit, ohne dass sich daraus allerdings eine monokausale Beziehung ableiten ließe.

stoffen und billigen Arbeitskräften sowie Absatzmärkte für die Unternehmen der Hocheinkommensländer gesichert werden. Andererseits sollen Niedrig- und Mitteleinkommensländer verstärkt die Möglichkeit haben, durch den Export von Rohstoffen, Halbfertigwaren und Endprodukten sowie Dienstleistungen mehr und höher qualifizierte Arbeitsplätze in der formalen Wirtschaft und gleichzeitig ausreichende Einkommens- und Konsummöglichkeiten für ihre wachsenden Bevölkerungen zu schaffen. „Inklusives Wachstum" ist das entsprechende Schlüsselwort, das sich in Reden von Politikern wie dem indischen Ministerpräsidenten Narendra Modi[23] ebenso findet wie in der 2030 Agenda for Sustainable Development („Promote sustained, inclusive and sustainable economic growth, full and productive employment and decent work for all").[24]

Um zu gewährleisten, dass Wirtschaftswachstum tatsächlich inklusiv ist, also die gesamte Bevölkerung fair daran beteiligt wird, begleiten meistens politische Maßnahmen zur Formalisierung von Unternehmen und Beschäftigungsverhältnissen die wirtschaftspolitische Wachstumsagenda. Die neuen Arbeitsplätze sollen im formellen Sektor angesiedelt sein und die bestehenden informellen Arbeitsverhältnisse in reguläre Formen der lohnabhängigen oder selbstständigen Arbeit überführt werden. Das achte Sustainable Development Goal beispielsweise will diese beiden Ziele in den Unterzielen 8.1 („Sustain per capita economic growth ..."), 8.2 („Achieve higher levels of economic productivity ...") und 8.3 („... encourage the formalization and growth of micro-, small- and medium-sized enterprises ...") zusammenführen.

Zivilgesellschaftliche Akteure und Nichtregierungsorganisationen (NGO), die sich um informell Arbeitende kümmern, sind meist skeptisch, ob Formalisierung ein Erfolg versprechender Weg zu menschenwürdigen Arbeitsverhältnissen für alle ist. Sie misstrauen den Versprechen ihrer

---

[23] Beispielsweise in der Hindustan Times vom 15. Juli 2018 oder in einem werbenden Youtube-Beitrag vom 1.Oktober 2018 unter dem Titel „Inclusive Growth is our tribute to Mahatma Gandhi: PM Modi".

[24] Auch wenn keine allgemeine Definition von „inclusive growth" existiert, lassen sich zwei Charakteristika bei der Verwendung des Begriffs durch Organisationen wie die Weltbank, den IWF, die OECD oder die UN ausmachen: alle gesellschaftlichen Schichten und Gruppen sollen von Wirtschaftswachstum profitieren, und alle sollen die Gelegenheit haben, dazu beizutragen. Die OECD bringt es auf ihrer Website auf die Formel: „Inclusive growth is economic growth that is distributed fairly across society and creates opportunities for all." (www.oecd.org/inclusive-growth)

Regierungen, ausreichend geregelte Arbeitsplätze zur Verfügung stellen zu können, und kritisieren, dass öffentliche Programme sich einseitig auf reguläre Arbeit konzentrieren und dabei die Potenziale informeller Arbeit ebenso vernachlässigen wie die bereits jetzt vorhandenen Möglichkeiten, die Bedingungen für informell Arbeitende zu verbessern. So beklagt das Parliamentary Liaison Office der Südafrikanischen Katholischen Bischofskonferenz, dass der informelle Sektor im Jahr 2018 zwar 2,9 Millionen Menschen zu ihrem Lebensunterhalt verholfen habe, der Nationale Entwicklungsplan der Regierung jedoch keinerlei konkrete Vorschläge für die Entwicklung dieses Sektors enthalte.[25] In Indien engagieren sich NGOs für die Verabschiedung von Arbeitsschutzbestimmungen beispielsweise für Bauarbeiter oder Hausangestellte in informellen Beschäftigungsverhältnissen und unterstützen diese anschließend dabei, ihre Rechte auch in Anspruch zu nehmen. In São Paulo in Brasilien leistet das Centro Gaspar Garcia de Direitos Humanos Sozialarbeit, Rechtsbeistand und politische Lobbyarbeit für StraßenhändlerInnen und MüllsammlerInnen, die häufig von Gewalt, Vertreibung und Obdachlosigkeit bedroht sind. All diesen Beispielen ist gemeinsam, dass sie bei den aktuellen Arbeitsbedingungen und potenziell Betroffenen ansetzen und dabei die Umsetzung von Regierungsversprechen zwar weiter einfordern, auf deren Umsetzung aber nicht warten.

Doch wenn es gelänge, Wirtschaftswachstum in Niedrig- und Mitteleinkommensländern sozial inklusiv zu gestalten und allen Erwerbssuchenden einen Zugang zu auskömmlicher und menschenwürdiger Arbeit zu verschaffen, würde dies die ökologischen Probleme verschärfen. Denn mit dem Wachstum, das für eine Hebung der Lebensstandards und für die soziale Absicherung in vielen Ländern notwendig ist, nehmen unter den geltenden politischen und ökonomischen Rahmenbedingungen die Umweltbelastungen und der Ressourcenverbrauch zu. Man kann von einem entwicklungspolitischen Dilemma sprechen: In dem Maße, in dem durch Wirtschaftswachstum die Armut zurückgeht und Menschen mit ihrer Arbeit dauerhaft und ausreichend ihren Lebensunterhalt bestreiten können, nimmt die bereits heute bedrohliche Überlastung ökologischer Systeme und Kreisläufe weiter zu.[26] Geht man mit der Internationalen Arbeits-

---

[25] SACBC (2018).
[26] Am Beispiel Chinas lässt sich dieser Zusammenhang besonders deutlich beobachten. Während der Großteil der globalen Reduzierung absoluter Armut in den ver-

organisation davon aus, dass weltweit etwa 1,2 Milliarden Arbeitsplätze – 40 Prozent der globalen Beschäftigungsverhältnisse – direkt von Ökosystemdienstleistungen abhängen und die meisten dieser Beschäftigungsverhältnisse in Afrika, Asien und der Pazifikregion anzutreffen sind,[27] wird klar, dass ein Überschreiten ökologischer Nachhaltigkeitsgrenzen sehr schnell auch gravierende soziale Folgen nach sich zieht (beispielsweise den Verlust von Wohnraum und Erwerbsgrundlage oder Land- und Ressourcenkonflikte). Menschenwürdige Lebens- und Arbeitsverhältnisse in globalem Maßstab durch anhaltendes Wirtschaftswachstum herstellen zu wollen, endet offensichtlich auf Dauer in einer Sackgasse.

3. Optionen zur Lösung des Dilemmas

Welche Optionen verbleiben angesichts dieses Dilemmas? An dieser Stelle sollen drei mögliche Wege skizziert werden:

3.1 Festhalten an der Zwei-Klassen-Weltgesellschaft

Eine erste Option besteht darin, die herrschenden globalen Ausbeutungsverhältnisse aufrecht zu erhalten. Die nicht-nachhaltigen Produktions- und Konsummuster der früh-industrialisierten Hocheinkommensländer (sowie inzwischen auch einiger Mitteleinkommensländer beziehungsweise einiger ihrer Bevölkerungsgruppen) könnten durch technische Effizienzmaßnahmen etwas weniger umweltbelastend gestaltet werden, müssten aber nicht auf ein ökologisch verträgliches Pro-Kopf-Niveau gesenkt werden. Denn die globalen Nachhaltigkeitsgrenzen würden bei dieser Option dadurch eingehalten, dass der zu hohe ökologische Fußabdruck der einen durch einen ausreichend niedrigen Fußabdruck anderer Länder kompensiert wird – freilich um den Preis des Verzichts auf globale Gerechtigkeit.

---

gangenen beiden Jahrzehnten auf die wirtschaftliche Entwicklung Chinas und die damit verbundene Steigerung der Pro-Kopf-Einkommen zurückzuführen ist, ist China im selben Zeitraum zum größten CO_2-Emittenten aufgestiegen und liegt auch bei den Pro-Kopf-Emissionen inzwischen über globalen Nachhaltigkeitsgrenzwerten.

[27] ILO (2018d), 19-21. Der Text nennt als Beispiele u.a. Landwirtschaft, Fischerei, Forstwirtschaft und Tourismus.

In Hinblick auf Arbeit bedeutet diese Option, dass auch in Zukunft ausreichend Menschen bereit wären, schlecht bezahlte und unsichere Arbeit
aufzunehmen, um zu überleben, und dass diese Menschen auf ausreichendem Abstand zu den Nutznießern dieses Modells gehalten würden. So
zynisch ein solches Modell einer Zwei-Klassen-Weltgesellschaft klingen
mag, es kommt der Wirklichkeit in Vergangenheit und Gegenwart nahe.
Und die mehr oder minder unverhohlene Verteidigung dieses Modells lässt
sich im politischen Mainstream beobachten.

3.2 Green Growth

Eine zweite Option wird mit Begriffen wie „green economy" (UN)[28],
„green growth" (OECD)[29], „sustainable growth"[30] und ähnlich beschrieben und oft mit dem Konzept der „nachhaltigen Entwicklung" assoziiert.
Dieses Vorgehen ist Favorit politischer Planung und Programme. Sie tritt
an mit dem Anspruch, globale ökologische Nachhaltigkeit mit menschenwürdigen Lebens- und Arbeitsbedingungen für alle zu versöhnen, ohne
mit dem Paradigma einer auf kontinuierliches Wachstum ausgerichteten
Wirtschaft brechen zu müssen. In Hinblick auf Arbeit setzt dieses Modell
auf die schrittweise Verbesserung der Arbeitsbedingungen sowie auf eine
ausreichende Zahl von Arbeitsplätzen in ökologisch unbedenklichen
Wirtschaftssektoren. Die entscheidende Strategie dieser Option ist die
Entkopplung des Wirtschaftswachstums vom Verbrauch natürlicher Ressourcen und Senkenkapazitäten. Diese Entkopplung soll in erster Linie
durch technische Maßnahmen der Ressourceneffizienz, der Kreislaufwirtschaft und des Einsatzes kurzfristig erneuerbarer biologischer Rohstoffe vor allem im Energiesektor möglich gemacht werden.
    Die Probleme dieses Ansatzes sind bekannt. Die notwendige Entkopp-
lung müsste in allen ökologischen Bereichen weltweit die Einhaltung der

---

[28] Vgl. www.unenvironment.org/explore-topics/green-economy: „We promote the transition to economies that are low carbon, resource efficient and socially inclusive."
[29] Vgl. www.oecd.org/greengrowth: „Green Growth means fostering economic
growth and development, while ensuring that natural assets continue to provide the
resources and environmental services on which our well-being relies."
[30] Vgl. das Nachhaltige Entwicklungsziel 8 der 2030 Agenda for Sustainable Development: „Promote sustained, inclusive and sustainable economic growth, full and
productive employment and decent work for all."

Belastungsgrenzen gewährleisten („planetary boundaries")[31] – was bei der gegenwärtigen Überlastung etwa bei Treibhausgasemissionen oder Biodiversitätsverlust nicht nur eine Beendigung, sondern eine Umkehr bestehender Trends erfordern würde. Dass dies gelingen kann, ist zwar nicht grundsätzlich auszuschließen, im globalen Maßstab bislang allerdings nicht historisch belegt.[32] Die ILO hat sich kürzlich mit der Frage beschäftigt, ob ihr Ziel, „Decent Work" für alle zu erreichen, angesichts der Zusammenhänge zwischen Arbeit, Wirtschaft und Ressourcenverbrauch mit ökologischer Nachhaltigkeit verträglich sei. Sie bejaht diese Frage grundsätzlich unter Verweis auf die bereits erwähnte Entkopplung, obwohl sie zugibt, dass in globaler Betrachtung bislang lediglich relative, aber keine absolute Entkopplung nachzuweisen ist.[33] Ihren Optimismus sieht die Internationale Arbeitsorganisation dadurch gestützt, dass es zwischen 1995 und 2013 weltweit immerhin 23 Ländern geglückt sei, sowohl ihre produktionsbezogenen als auch ihre konsumbezogenen CO_2-Emissionen trotz einer Steigerung ihrer Pro-Kopf-Einkommen im selben Zeitraum zu reduzieren, also zumindest regional eine absolute Entkopplung zu erreichen.[34] Unerwähnt bleibt allerdings, dass es sich bei diesen Ländern, deren Emissionseinsparungen im Übrigen global durch Emissionssteigerungen anderer Länder deutlich überkompensiert wurden, zum

---

[31] Zum Konzept der „planetary boundaries" vgl. Rockström et al. (2009). Um das Versprechen eines nachhaltigkeitskonformen Wirtschaftswachstums einzulösen, reicht nicht eine beliebige Reduzierung der Ressourcenintensität aus (relative Entkopplung). Die Reduzierung muss vielmehr groß genug sein, um Umweltbelastungen nicht nur in ihrer Dynamik zu bremsen, sondern innerhalb absoluter Grenzwerte zu halten (absolute Entkopplung). Dafür muss sie sowohl die Wirkung global steigender Pro-Kopf-Einkommen als auch die Wirkung der wachsenden Weltbevölkerung auf die Ressourcennutzung kompensieren können.

[32] Tim Jackson behandelt diese Frage am Beispiel der Kohlenstoffintensität und kommt zu dem Ergebnis, dass selbst im günstigsten Fall die Kohlenstoffintensität zehnmal stärker fallen müsste als es seit 1990 im Durchschnitt der Fall war, wenn die Zielvorgaben des vierten Sachstandsberichts des IPCC zur Begrenzung der globalen Erwärmung eingehalten werden sollen (Jackson 2013, 70-73). Funke et al. (2016, 5) ignorieren in ihrer Kritik an Jackson diese Berechnungen und verwenden lediglich das grundsätzliche Argument, dass die Tatsache, dass eine absolute Entkopplung von CO_2-Ausstoß und Wirtschaftswachstum in der Vergangenheit nicht möglich war, nicht bedeutet, dass sie auch in Zukunft unmöglich sein muss.

[33] ILO (2018d), 13, 16.

[34] Ebd., 13f.

größten Teil um Staaten mit bereits sehr hohen Pro-Kopf-Emissionen (darunter Deutschland) oder um ehemalige Ostblockstaaten während des forcierten Umbaus ihrer Volkswirtschaften handelt. Diese regionalen Erfolgsgeschichten sind deshalb nicht geeignet, die These der Machbarkeit weltweiter absoluter Entkopplung zu stützen. Trotz der Beliebtheit dieses Ansatzes in der Politik bleiben erhebliche Zweifel, ob die bestehende Wachstumsökonomie mit ökologischer Nachhaltigkeit und sozialer Inklusion unter dem Etikett einer „green economy" in globalem Maßstab vereinbar ist.[35]

3.3 Systemwandel durch sozial-ökologische Transformation

So bleibt als dritte Option eine Strategie, die an den Ursachen für das derzeit bestehende Dilemma zwischen ökologischer Nachhaltigkeit und sozial gerechter wirtschaftlicher Entwicklung ansetzt. Im Zentrum dieser Strategie steht die Diagnose, dass das global dominante kapitalistische Wirtschaftssystem mit den für sein Funktionieren und seine Expansion notwendigen möglichst umfassenden und unregulierten Märkten und mit seiner grundsätzlich ungebremsten Wachstumslogik die entscheidende Ursache sowohl für die Störung und Zerstörung natürlicher Lebensgrundlagen als auch für das Abdrängen großer Bevölkerungsgruppen in menschenunwürdige Lebens- und Arbeitsverhältnisse ist. Indem Natur und menschliche Arbeit in diesem Wirtschaftssystem als marktgängige Güter (commodities) behandelt werden, sind sie der Logik der renditeoptimierten Kapitalverwertung unterworfen. Ihr Wert (und damit auch: der Wert von Leben) bemisst sich anhand der Preisbildungsmechanismen nach aktuellem Angebot und aktueller Nachfrage.

VertreterInnen der dritten Option wollen sich weder in dem bestehenden System möglichst vorteilhaft einrichten (Option eins), noch glauben sie an ausreichende systemimmanente Korrektivpotenziale, um Natur und Menschen wirksam gegen Ausbeutung schützen zu können (Option zwei). Sie streben einen grundlegenden Systemwandel, eine sozial-ökologische Transformation an. Auch wenn die Zielvorstellungen, Wegbeschreibungen und Konzepte für diesen Wandel aufgrund der Vielfalt der Ausgangslagen keinen eindeutigen Masterplan ergeben, lassen sich doch einige

[35] Vgl. Brand (2012) im Vorfeld der Rio+20-Gipfelkonferenz.

gemeinsame Elemente deutlich erkennen, so zum Beispiel: Befreiung vom ökonomischen Wachstumsdogma (Postwachstumsgesellschaft), Stärkung von Beteiligung und Demokratisierung, Stärkung lokaler Wirtschafts- kreisläufe, Freiheit von Fremdbestimmung (Dekolonialisierung), Öff- nung des verengten Naturverhältnisses der westlichen Moderne, Schutz globaler Gemeingüter, menschenwürdige Lebens- und Arbeitsbedingun- gen für alle.[36] Gleichwohl bleibt die Option eines grundlegenden sozial- ökologischen Wandels auf kontinuierliche Dialogprozesse angewiesen, um der Diversität der Akteure und ihrer Kontexte Rechnung zu tragen und der geforderten Partizipation den notwendigen Raum zu geben.

4. Sozial-ökologische Transformation und Strategien zur Gestaltung von Arbeit

Welche Anknüpfungspunkte, Handlungsmöglichkeiten und Forderungen ergeben sich aus Option drei für die Gestaltung von Arbeit unter den spe- zifischen, oben skizzierten Bedingungen in Entwicklungs- und Schwel- lenländern?

4.1 Widerstand gegen bestehende Ausbeutungsverhältnisse

Dass menschenwürdige Lebens- und Arbeitsbedingungen einerseits und ökologische Nachhaltigkeit andererseits in Widerspruch zueinander gera- ten können, hängt damit zusammen, dass sie in einem Wirtschaftssystem, das Natur und Arbeit als handelbare Marktgüter behandelt, gegeneinan- der ausgespielt werden können. Widerstand gegen dieses System richtet sich deshalb sowohl gegen die Ausbeutung von Menschen als auch gegen die Ausbeutung der Natur. Arbeit ist dabei eine wesentliche Schnittstelle zwischen Mensch und Natur. Häufig artikuliert sich der Widerstand aber noch getrennt, als Widerstand gegen die Zerstörung natürlicher Lebens- räume oder als Widerstand gegen Menschenrechtsverletzungen.[37] So

---

[36] Siehe beispielsweise Acosta/Brand (2018), Castillo et al. (2015), Kothari (2016).
[37] Temper et al. (2018) erwähnen in ihrer Analyse zur Rolle von „environmental justice movements", die sich für radikale Transformationen zur Nachhaltigkeit ein- setzen, das Thema Arbeit nicht. Barth et al. (2019) hingegen heben in Anlehnung an

wichtig der bestehende Widerstand ist: Um transformative Kräfte zu bündeln, wäre es besser, ausbeuterische Arbeitsverhältnisse in beiden Dimensionen (Mensch und Natur) zu erkennen – und das nicht nur dort, wo sie augenfällig zusammentreffen wie beispielsweise in zahlreichen Formen des Extraktivismus in Lateinamerika, Asien und Afrika. Zivilgesellschaftliche Organisationen, die sich für Menschenrechtsschutz und bessere Bedingungen in der Arbeitswelt oder für ökologische Nachhaltigkeit einsetzen, sollten deshalb vermehrt miteinander reden und zusammenarbeiten. Das gilt auf nationaler ebenso wie auf internationaler Ebene, sind doch gerade in den extraktiven Sektoren die Abhängigkeits- und Ausbeutungsverhältnisse maßgeblich international organisiert.[38]

4.2 Arbeitsproduktivität – nicht um jeden Preis

Die Steigerung der Arbeitsproduktivität gilt in einer auf Wachstum ausgerichteten Ökonomie als eine der zentralen Stellschrauben für die Erhöhung der Wettbewerbsfähigkeit von Unternehmen und ganzen Volkswirtschaften. Für Länder mit stark wachsender Erwerbsbevölkerung ist das freilich ein zweischneidiges Schwert: Sie müssten ihre Wettbewerbsfähigkeit mit hoher Arbeitslosigkeit (offen oder versteckt, etwa in informeller Beschäftigung) erkaufen oder sehr hohe Wachstumsraten erzielen. Als Alternative bietet sich an, arbeitsintensive Wirtschaftsbereiche und Unternehmen zu unterstützen, die weniger dem internationalen Wettbewerb ausgesetzt sind, solange dadurch die Preise für Grundgüter des täglichen Bedarfs nicht unzumutbar hoch steigen.[39] Auch aus ökologischer Perspektive legt sich eine solche Relativierung der Arbeitsproduktivität nahe. Denn im internationalen Vergleich ist in Regionen mit hoher Arbeitsproduktivität zugleich die Arbeit sehr material- und treibhausgasinten-

Karl Polanyi die Parallelen und Zusammenhänge zwischen Arbeit und Natur für eine sozial-ökologische Transformation ausdrücklich hervor.

[38] Ein Beispiel ist der Import von Steinkohle aus Südafrika, Kolumbien und Russland nach Deutschland, der die Beendigung der einheimischen Förderung kompensieren soll. Dieser Import trägt nicht nur zu den globalen CO_2-Emissionen bei, sondern bedingt auch Umweltzerstörungen und Menschenrechtsverletzungen in den Förderländern (Misereor 2018).

[39] Braun (2010, 124f.) spricht sich deshalb für eine staatliche Förderung des traditionellen Gewerbes und nicht der Industrie in Entwicklungsländern aus.

siv, während Regionen mit einem großen Subsistenzsektor deutlich niedrigere arbeitsbezogene Material- und Treibhausgasintensitäten haben.[40] Aus der volkswirtschaftlichen Berechnung der Arbeitsproduktivität (Bruttoinlandsprodukt geteilt durch die von Erwerbstätigen geleisteten Arbeitsstunden) wird deutlich, wie eng dieses Konzept mit dem Modell der Wachstumsökonomie verbunden ist: Arbeit wird mit Erwerbsarbeit gleichgesetzt und nur in dem Maß als produktiv anerkannt, in dem sie zum Bruttoinlandsprodukt beiträgt.

4.3 Lokale Strukturen stärken

Die lokale Ebene spielt für eine sozial und ökologisch angepasste Gestaltung von Arbeit eine besondere Rolle. Die spezifischen Bedürfnisse, Potenziale und Ausgangsbedingungen der Betroffenen können besser berücksichtigt werden. Die Externalisierung ökologischer Kosten etwa durch lange Handelswege kann reduziert werden. Und nicht zuletzt sind auch Beteiligung, Bildung und Verwaltung von Gemeinschaftsgütern sowie die zivilgesellschaftliche Kontrolle öffentlicher Akteure auf dieser Ebene leichter möglich. Lokale Strukturen zu stärken, ohne dabei den Blick auf globale Zusammenhänge zu verlieren, ist deshalb eine wichtige Strategie für eine sozial-ökologische Ausrichtung von Wirtschaft und Gesellschaft, gerade auch im Hinblick auf Arbeit. Städtische Gemeinschaftsgärten oder die Verbesserung von Vermarktungsmöglichkeiten für Kleinbauern im städtischen Umland sind Beispiele dafür, wie Arbeit Einkommen sichern und wertvolle soziale und ökologische Beiträge liefern kann.[41] Neben der Kommunalpolitik sind hier lokal verwurzelte Unternehmen und zivilgesellschaftliche Gruppen besonders gefragt.

Die Ebene von Städten und Stadtteilen, Dörfern und einzelnen Gemeinschaften ist auch der Nahraum, in dem traditionelle Wirtschafts- und Lebensweisen prägend sind, die häufig in vielfachen Spannungsverhält-

---

[40] ILO (2018d), 17f.

[41] Die brasilianische zivilgesellschaftliche Organisation AS-PTA beispielsweise unterstützt die Produktion und Vermarktung gesunder Lebensmittel in lokalen Märkten (aspta.org.br/2013/09/projeto-alimentos-saudaveis-nos-mercados-locais/). Dabei spielt die Bildung regionaler Ernährungsräte eine wichtige Rolle, wie es sie inzwischen auch zunehmend in Deutschland gibt.

nissen zu einem „modernen" westlichen Lebensstil stehen. In diesen Spannungen können Alternativen erkennbar werden, die den Alleinvertretungsanspruch dieses Lebensstils auf Fortschritt und gutes Leben in Frage stellen.[42] Das wohl prominenteste Beispiel dafür sind traditionelle andine Vorstellungen und Praktiken, die unter dem Begriff des „buen vivir" Eingang in internationale Diskurse gefunden haben. Die Geschwindigkeit, unter der die oft konfliktreiche Konfrontation von Tradition und Moderne stattfindet, erschwert es den Betroffenen, die Potenziale der eigenen Traditionen in einen kritischen und fruchtbaren Dialog mit dem Neuen zu bringen, das unter dem Anspruch von Modernität auftritt. Dabei wäre ein solcher Austausch nicht nur für die Betroffenen, sondern insgesamt für die Suche nach einer für alle gangbaren differenzierten Postwachstumsagenda von hohem Wert. Ähnliches gilt auch für die kreativen Potenziale, die immer wieder in alternativen Lösungsansätzen sichtbar werden, die Menschen unter den schwierigen Arbeitsbedingungen informeller Ökonomie entwickeln. Diese Potenziale auszuschöpfen und zugleich das Know-how und die technologischen Möglichkeiten einer modernen Wissensgesellschaft für Arbeitsformen nutzbar zu machen, die sozialen und ökologischen Ansprüchen genügen, wäre eine wichtige Aufgabe für Bildungs-, Wirtschafts- und Sozialpolitik.

4.4 Differenzierte Postwachstumsstrategien

Auch wenn das Konzept einer Postwachstumsgesellschaft[43] als Lösungsvorschlag für globale Strukturprobleme grundsätzlich ebenfalls einen globalen Geltungsanspruch erhebt, ist doch klar, dass seine Umsetzung die unterschiedlichen Kontexte von Hoch-, Mittel- und Niedrigeinkom-

---

[42] Die Bedeutung lokaler Gemeinschaften für einen sozial-ökologischen Wandel und die Spannung zwischen Tradition und Moderne, in der diese Gemeinschaften sich sehen, waren durchgehende Motive in den zivilgesellschaftlichen Dialogforen, die Misereor im Rahmen eines dreijährigen Projekts zum Thema „Weltgemeinwohl" 2012 bis 2015 durchgeführt hat (Stoll 2015, 264-266).

[43] Die zentralen Forderungen dieses Konzepts lassen sich nach Seidl/Zahrnt (2014) folgendermaßen zusammenfassen: keine allgemeine Politik der Wachstumsförderung; Umbau wachstumsabhängiger und wachstumstreibender Systeme und Institutionen mit dem Ziel der Wachstumsunabhängigkeit; Begrenzung der Umweltnutzung nach Maßgabe der Nachhaltigkeitsziele.

mensländern sowie deren Verflechtungen untereinander berücksichtigen muss.[44] Nach Munasinghe (2011) hätten Hocheinkommensländer die Verantwortung und die Möglichkeiten, mithilfe angepasster Postwachstumsstrategien ihre ökologischen Fußabdrücke schnellstmöglich unter die Schwellen globaler Nachhaltigkeitsgrenzen zu senken – und dabei zusätzliche Spielräume der Ressourcennutzung für Niedrigeinkommensländer zu öffnen. Diese werden zwar zur Herstellung menschenwürdiger Lebens- und Arbeitsverhältnisse vorübergehend nicht ohne hohe Wachstumsraten auskommen, könnten aber durch verantwortungsvolle Politik und mit Unterstützung reicher Länder von Anfang an dafür sorgen, dass dieses Wachstum gezielt in Sektoren erzeugt wird, die sozial nützlich und ökologisch unbedenklich sind. Mitteleinkommensländer schließlich sollten ihre finanziellen und politischen Spielräume nutzen, um ihre soziale Entwicklung ohne ökologisch schädliche Pfadabhängigkeiten voranzutreiben.[45]

4.4.1 Postwachstumsstrategien für Entwicklungsländer (niedriges Pro-Kopf-Einkommen)

Für Länder mit niedrigen Pro-Kopf-Einkommen folgt daraus in Hinblick auf Arbeit, dass die Wirtschaftspolitik nicht unbesehen dem Arbeit-durch-Wachstum-Rezept folgen sollte. Drei wichtige Korrekturen erscheinen angebracht:

– Die Bedeutung der Primärgüter exportierenden Sektoren sollte reduziert werden. Diese mit großen ökologischen Rucksäcken verbundenen Sektoren können zwar für schnelle Einnahmen sorgen, haben aber eine geringe Wertschöpfungstiefe und bringen hohe Abhängigkeiten vom Ausland.[46] Als Komplementärstrategie zur notwendigen Reduzierung des globalen Ressourcenverbrauchs hilft diese Korrektur außer-

---

[44] Ebd., 17; vgl. auch Acosta/Brand (2018), 118-121, Gudynas (2011), 8f.

[45] Dieses idealtypische Konzept einer differenzierten Postwachstumsstrategie geht von einer optimistischen Einschätzung der Qualität und der Steuerungsmöglichkeiten politischer Institutionen aus, die keineswegs unumstritten ist.

[46] Insbesondere in Lateinamerika wird dieses Thema in der Extraktivismus-Debatte intensiv diskutiert; vgl. dazu Kruip et al. (2019), Acosta/Brand (2018), Brand (2015). Die beiden letztgenannten gehen auch auf die Verbindungen zur stärker europäisch geprägten Postwachstums-/Degrowth-Debatte ein.

dem, gegen den zu erwartenden Rückgang an Arbeitsplätzen in diesen Sektoren resilienter zu werden.

– Wirtschaftswachstum sollte nicht in seiner national aggregierten Form, sondern selektiv gefördert (und gebremst) werden. Hierbei kommt denjenigen binnenwirtschaftlichen Sektoren besondere Bedeutung zu, die arbeitsintensiv sind und für die Versorgung der BürgerInnen mit Basisgütern und -dienstleistungen eine besondere Rolle spielen.

– Generell ist arbeitsintensiven Bereichen und Unternehmen gegenüber kapitalintensiven der Vorrang einzuräumen. Angesichts der vergleichsweise geringen Kapazität des formellen Sektors, Arbeitsplätze zu schaffen, bedeutet das gerade für Entwicklungsländer mit einer wachsenden Zahl an Erwerbspersonen, der Förderung des informellen Sektors mehr politische Aufmerksamkeit zu schenken.[47] Das beinhaltet, die Arbeitsbedingungen für informelle Kleinstunternehmen zu verbessern (Rechtsschutz, Zugang zu Krediten und Beratung, Abbau von Bürokratie, Korruptionsbekämpfung et cetera), die berufliche Bildung auch an den Qualifikationserfordernissen informeller Tätigkeiten auszurichten und schließlich eine ausreichende soziale Absicherung aufzubauen, die nicht an formelle Arbeitsverhältnisse gebunden ist.

4.4.2   Postwachstumsstrategien für Schwellenländer (mittleres Pro-Kopf-Einkommen)

In Schwellenländern mit mittleren Pro-Kopf-Einkommen liegen die Schwerpunkte einer angepassten Postwachstumsagenda im Hinblick auf Arbeit teilweise anders. Trifft die hohe Bedeutung von Primärgüter-Exporten auch auf zahlreiche Mitteleinkommensländer zu, so treten die meisten doch zugleich als Importeure von Primärgütern und Exporteure von Dienstleistungen und industriellen Fertig- und Halbfertigwaren auf. Mit der Industrie und dem Dienstleistungssektor wächst auch die Zahl der dort Beschäftigten. Die im Vergleich zu Niedrigeinkommensländern höheren Pro-Kopf-Einkommen haben zwar einerseits zur Bildung wachsender Mittelschichten geführt. Andererseits bedingt die ungleiche Einkommens- und Vermögensverteilung aber immer noch, dass ein hoher

---

[47] Am Beispiel Südafrika stellt Fourie (2013) diese Zusammenhänge dar. Vgl. auch Braun (2010), 124-136.

Anteil der Bevölkerung in Armut lebt.[48] So bleiben die Empfehlungen für eine Verbesserung der Arbeitsbedingungen von KleinstunternehmerInnen und Angestellten im informellen Sektor und für politische Anreize zur selektiven Förderung ökologisch unbedenklicher Wirtschaftsfelder auch für Mitteleinkommensländer bestehen. In Ergänzung dazu liegen zwei weitere Handlungsfelder nahe:

– Mitteleinkommensländer sollten ihre vergleichsweise größeren finanziellen Spielräume auch dazu nutzen, neue Wege wirtschaftlicher und sozialer Entwicklung zu erkunden und zu begehen, die Wohlstand für alle innerhalb ökologischer Leitplanken ermöglichen. Moderne Technologien können dabei mit traditionellen Praktiken verknüpft werden, die zugleich Beschäftigungsmöglichkeiten bieten. Beispiele wären die Verwendung lokal verfügbarer und ökologisch unbedenklicher Baumaterialien in modernen Verfahren bei der Schaffung von Wohnraum in den wachsenden Städten oder elektrisch betriebene Sammeltaxis in einem IT-gestützten Logistikverbund. Solche Initiativen benötigen finanzielle und politische Unterstützung, um im gegenwärtigen Wettbewerbsregime bestehen zu können, das soziale und ökologische Externalisierung in hohem Maße begünstigt (in den genannten Beispielen: die Zementindustrie und die konventionelle Kraftfahrzeugindustrie). Ohne eine Änderung dieses Regimes werden solche innovativen Initiativen kaum über Nischenanwendungen hinausgelangen.[49]

– Wenn die stark wachsenden Mittelschichten in den Schwellenländern den Konsummustern der Menschen in den früh-industrialisierten Ländern folgen, werden Ressourcenknappheiten noch größer und schneller spürbar. Neben der notwendigen (und auch ethisch gebotenen) Abkehr vom ressourcenintensiven Konsum- und Lebensstil in den Hocheinkommensländern spielt deshalb die Frage eine zentrale Rolle, welchen Konsum diese neuen Mittelschichten anstreben. Eine solche Frage gesellschaftlich zu thematisieren, ist keine leichte politische Aufgabe in Ländern, in denen für die große Mehrheit der Aufstieg in die Mittelschicht noch nicht lange zurückliegt und aufs engste mit einem Zu-

---

[48] 14 Prozent in den unteren Mitteleinkommensländern (Niedrigeinkommensländer im Vergleich: 42 Prozent). In absoluten Zahlen leben heute allerdings weltweit fast zwei Drittel der extrem Armen in Mitteleinkommensländern; World Bank (2018), 29.
[49] Scherhorn (2011), Hoffmann (2015).

wachs materieller Konsummöglichkeiten verbunden ist.[50] Regierungen umwerben ihre Mittelschichten, und exportierende Unternehmen aus Hocheinkommensländern tun das Ihre, um angesichts zunehmend enger Heimatmärkte den Konsum ihrer Produkte in Schwellenländern anzuheizen. Konsum aber hängt eng mit Arbeit zusammen. Materielle Konsumbedürfnisse erfordern entsprechend hohe Einkommen, die in erster Linie durch Erwerbsarbeit generiert werden. Während das Ziel, diese Einkommen zu maximieren, die bereits erwähnte Externalisierung von sozialen und ökologischen Kosten in Produktionsprozessen weiter begünstigt, geraten gleichzeitig traditionelle Formen von Subsistenzarbeit, Gemeinschaftsarbeit und Sorgearbeit ins Hintertreffen. Da von Politik und Wirtschaft eine öffentliche Debatte zu diesen Themen kaum zu erwarten ist, liegt hier eine besondere Verantwortung bei zivilgesellschaftlichen Akteuren.

5. Schluss

Differenzierte und komplementäre Strategien für die Gestaltung von Arbeit in Niedrig-, Mittel- und Hocheinkommensländern zu schaffen, die dem Ziel einer globalen Postwachstumsgesellschaft im Dienst einer Versöhnung von Menschen untereinander (soziale Gerechtigkeit) und mit der Natur (Respektierung natürlicher Grenzen und Kreisläufe) genügen, wird die Zusammenarbeit zahlreicher Politikbereiche erfordern. Vor allem aber werden solche Strategien auf die Kreativität und Mitwirkung all derjenigen angewiesen sein, die mit ihren prekären Arbeitsverhältnissen global nicht nur die Mehrheit der Erwerbstätigen bilden, sondern durch ihre Arbeit in das global vorherrschende Modell einer Ökonomie verstrickt sind, die offenbar weder ökologische Nachhaltigkeit noch die Geltung der Menschenrechte für alle gewährleisten kann.

---

[50] Herry Priyono (2015); Fernandes (2009); vgl. auch das laufende Forschungsprojekt des Deutschen Instituts für Entwicklungspolitik zu Konsum und Lebensstil neuer Mittelschichten in Ghana, Peru und den Philippinen. (www.die-gdi.de/ver anstaltungen/middle-classes-preferences-attitudes-and-environmental-impact/).

Literatur

Acosta, A., Brand, U. (2018): Radikale Alternativen. Warum man den Kapitalismus nur mit vereinten Kräften überwinden kann, München

Altvater, E., Mahnkopf, B. (2002): Globalisierung der Unsicherheit, Münster

Barth, Th. et al. (2019): Transformation of what? Or: The socio-ecological transformation of working society, IHS Working Paper, 1

Brand, U. (2012): Green Economy – the Next Oxymoron? No Lessons Learned from Failures of Implementing Sustainable Development, in: Gaia 21(1), 28-32

Brand, U. (2015): Degrowth und Post-Extraktivismus: Zwei Seiten einer Medaille?, Working Paper Nr. 5 der DFG-KollegforscherInnengruppe Postwachstumsgesellschaften

Braun, H.-G. (2010): Armut überwinden durch Soziale Marktwirtschaft und Mittlere Technologie. Ein Strategieentwurf für Entwicklungsländer, Münster

Castillo, O.L. et al. (2015): Reflections on the Global Common Good. Systematization of an Intercultural Dialogical Research Process, in: Reder, M. et al. (Hg.): Global Common Good. Intercultural Perspectives on a Just and Ecological Transformation, Frankfurt/New York, 243-259

De Soto, H. (1992): Marktwirtschaft von unten. Die unsichtbare Revolution in Entwicklungsländern, Zürich

Diaz, J.J. et al. (2018): Pathways to Formalization: Going Beyond the Formality Dichotomy, IZA Discussion Paper, 11750

Fernandes, L. (2009): The Political Economy of Lifestyle: Consumption, India's Middle Class and State-Led Development, in: Lange, H., Meier, L. (Hg.): The New Middle Classes, Dordrecht, 219-236

Fourie, F. (2013): Reducing unemployment: Waiting for high growth? Waiting for Godot?, Econ 3x3, March

Funke, F. et al. (2016): Wirtschaftswachstum aufgeben? – Eine Analyse wachstumskritischer Argumente, MCC Working paper, 1

Gudynas, E. (2011): Überholter Mythos. Die Suche nach grundlegenden Veränderungen, die über die Entwicklungsidee hinausführen, hat in Lateinamerika Hochkonjunktur, in: Misereor (Hg.): In den Grenzen von morgen. Für ein neues Verhältnis von Entwicklung, Wirtschaftswachstum und Umwelt, Welt-Sichten-Dossier, 9, 7-9

Herry Priyono, B. (2015): Nachzügler im Konsumdelirium. Indonesiens Mittelschichten und ihre Vorbilder – ein Realitätstest für die Streiter um globale Nachhaltigkeit, in: Misereor (Hg.): Baustellen einer Postwachstumsagenda. Nachhaltige und gerechte Entwicklung ohne Wachstumszwänge, Welt-Sichten-Dossier, 3, 21-23

Hoffmann, J. (2015): Rahmenbedingungen für nachhaltigen Wettbewerb. Der ökologische, soziale und kulturelle Raubbau ist ohne veränderte Spielregeln nicht aufzuhalten, in: Misereor (Hg.): Baustellen einer Postwachstumsagenda. Nachhaltige und gerechte Entwicklung ohne Wachstumszwänge, Welt-Sichten-Dossier, 3, 10-12

ILO (1982): Resolution concerning statistics of the economically active population, employment, unemployment and underemployment, adopted by the Thirteenth International Conference of Labour Statisticians (October 1982), Geneva

ILO (1998): ILO Declaration on Fundamental Principles and Rights at Work and its Follow-up (second edition with Annex revised 2010), Geneva

ILO (2002): Resolution concerning decent work and the informal economy, Geneva

ILO (2008): ILO Declaration on Social Justice for a Fair Globalization, Geneva

ILO (2013): Resolution concerning statistics of work, employment and labour underutilization (19th International Conference of Labour Statisticians, Resolution I), Geneva

ILO (2017a): Global estimates of child labour: Results and trends 2012-2016, Geneva

ILO (2017b): Global Estimates of Modern Slavery: Forced Labour and Forced Marriage, Geneva

ILO (2018a): Informality and Non-Standard Forms of Employment (Prepared for the G20 Employment Working Group meeting 20-22 February, Buenos Aires), Geneva

ILO (2018b): Women and Men in the Informal Economy: A Statistical Picture, Geneva

ILO (2018c): World Employment Social Outlook 2018: Trends, Geneva

ILO (2018d): World Employment Social Outlook 2018: Greening with jobs, Geneva

ITUC (2018): ITUC Global Rights Index. The World's Worst Countries for Workers, Bruxelles

Jackson, T. (2013): Wohlstand ohne Wachstum. Leben und Wirtschaften in einer endlichen Welt (2. Aufl., aktualisiert und überarbeitet; engl. Original: Prosperity Without Growth 2009), München

Kothari, A. (2016): The Search for Radical Alternatives. Key Elements and Principles, in: CounterCurrents, 11/3

Kruip, G. et al. (2019): Neo-Extraktivismus in Bolivien. Chancen, Risiken, Nachhaltigkeit, Forum Sozialethik, 20

Misereor (Hg.) (2018): Kohleausstieg – weltweit. Argumente für eine globale Energiewende, Welt-Sichten-Dossier, 5

Munasinghe, M. (2011): Addressing sustainable development and climate change together using sustainomics, in: WIREs Climate Change, 2, 7-18

Rockström, J. et al. (2009): Planetary boundaries: exploring the safe operating space for humanity, in: Ecology and Society, 14(2), 32

SACBC (2018): Southern African Catholic Bishops' Conference – Parliamentary Liaison Office: The Informal Sector. Creating Jobs, Briefing Paper, 470 (December)

Scherhorn, G. (2011): Die Welt als Allmende: marktwirtschaftlicher Wettbewerb und Gemeingüterschutz, in: Aus Politik und Zeitgeschichte, 28-30, 21-27

Seidl, I., Zahrnt, A. (2014): Postwachstumsgesellschaft. Die Emanzipation von Wachstumszwängen dient dem Gemeinwohl – auch in Schwellen- und Entwicklungsländern, in: Misereor et al. (Hg.): Weltgemeinwohl. Neue Ansätze zu Postwachstum und globaler Gerechtigkeit, Welt-Sichten-Dossier, 12/1, 13-17

Stoll, G. (2015): Views from Civil Society Practicioners, in: Reder et al. (Hg.): Global Common Good. Intercultural Perspectives on a Just and Ecological Transformation, Frankfurt/New York, 261-268

Sumner, A. (2012): Where will the World's Poor Live? An Update on Global Poverty and the New Bottom Billion, Center for Global Development Working Paper, 305

Temper, L. et al. (2018): A perspective on radical transformations to sustainability: resistances, movements and alternatives, in: Sustainability Science 13(3), 747-764

UN (1948): Universal Declaration of Human Rights. Adopted and proclaimed by General Assembly resolution 217 A (111) of 10 December 1948, New York

UN (1966): International Covenant on Economic, Social and Cultural Rights. Adopted and opened for signatures, ratification and accession by General Assembly resolution 2200 A (XXI) of 16 December 1966, New York

UNODC (2018): Global Report on Trafficking in Persons 2018, Wien

Wilkinson, R., Pickett, K. (2009): Gleichheit ist Glück. Warum gerechte Gesellschaften für alle besser sind (engl. Original: The Spirit Level: Why More Equal Societies Almost Always Do Better), Berlin

World Bank (2018): Piecing Together the Poverty Puzzle. Poverty and Shared Prosperity 2018, Washington

Die Autorinnen und Autoren

Stefanie Gerold, MSc., geb. 1987, wissenschaftliche Mitarbeiterin am Institut für Berufliche Bildung und Arbeitslehre der TU Berlin, Fachgebiet Arbeitslehre/Ökonomie und Nachhaltiger Konsum. Bachelorabschluss in Volkswirtschaftslehre sowie Politikwissenschaft, Masterabschluss in Socio-Ecological Economics and Policy. Promotion am Institut für Makroökonomie und Konjunkturforschung (IMK) der Hans-Böckler-Stiftung und am Institute for Ecological Economics an der Wirtschaftsuniversität Wien. Forschungsschwerpunkte: Nachhaltige Arbeit und sozial-ökologische Transformation, Arbeitszeitpolitik, Verteilung von Erwerbsarbeit und Einkommen, Zeitwohlstand und nachhaltige Lebensführung, Arbeitskritik.

Corinna Fischer, Dr. phil, geb. 1971, arbeitet seit 2010 als wissenschaftliche Mitarbeiterin im Bereich Produkte & Stoffströme am Öko-Institut e.V., Standort Darmstadt, und leitet die Forschungsgruppe Nachhaltige Produkte und Konsum. Sie studierte Politologie und Psychologie mit einem Abschluss als Diplom-Politologin und promovierte über die Motivation junger Menschen in Ostdeutschland zum Umweltengagement. Vor ihrer Zeit am Öko-Institut arbeitete Corinna Fischer als Referentin für energieeffiziente Produkte und Normung beim Verbraucherzentrale Bundesverband, als wissenschaftliche Mitarbeiterin an der Forschungsstelle für Umweltpolitik der FU Berlin sowie freiberuflich in der Politikberatung, politischen Bildung und Beratung von UmweltaktivistInnen. Aktuelle Arbeitsschwerpunkte sind nachhaltiger Konsum, Energiesparen in privaten Haushalten und Produktpolitik.

Ernst Fritz-Schubert, Dr. phil., Dipl. Volkswirt, Systemischer Therapeut, geb. 1948, Dozent an der SRH-Hochschule in Heidelberg. Der Autor zahlreicher Veröffentlichungen zum Thema Glück und Wohlbefinden leitet das nach ihm benannte Fritz-Schubert-Institut, das Methoden zur Persönlichkeitsstärkung erforscht und entwickelt. Nach dem Studium der Volkswirtschaftslehre und der Rechtswissenschaft in Heidelberg Eintritt in den Schuldienst. Promotion zum Dr. phil. an der Uni Kassel mit dem Thema

„Lernziel Wohlbefinden". Von 2000-2011 Schulleiter der Willy-Hellpach-Schule in Heidelberg, an der er 2007 das Schulfach Glück einführte.

Franz-Theo Gottwald, Dr. phil., Dipl. Theologe, geb. 1955, ist Organisations- und Politikberater, Stiftungsexperte, Publizist und Autor von Fachpublikationen in den Bereichen Ethik, Nachhaltige Entwicklung, Corporate Responsibility, ökologische Agrar- und Ernährungskultur sowie Bewusstseins- und Zukunftsforschung. Studium der katholischen Theologie, Philosophie, Sozialwissenschaften und Indologie. Seit 1988 leitet er als Vorstand die Schweisfurth Stiftung für nachhaltige Agrar- und Ernährungswirtschaft in München. Er forscht und lehrt als Honorarprofessor für Agrar-, Ernährungs- und Umweltethik an der Humboldt Universität Berlin. Seit 2010 führt er als Vorsitzender den Verein Kulinarisches Erbe Bayern. Mitglied einiger Fachorganisationen wie zum Beispiel der Vereinigung Deutscher Wissenschaftler, der Deutschen Gesellschaft für Philosophie, der Gesellschaft für Wirtschafts- und Sozialwissenschaften des Landbaus (GEWISOLA) e. V., der Bayerischen Akademie Ländlicher Raum e. V. und der Global Ecological Integrity Group (GEIG).

Gerrit von Jorck, Dipl. Volkswirt und Philosoph B.A., geb. 1986, Wissenschaftlicher Mitarbeiter am Institut für Berufliche Bildung und Arbeitslehre der TU Berlin, Fachgebiet Arbeitslehre/Ökonomie und Nachhaltiger Konsum. Studium der Volkswirtschaftslehre, Soziologie und Philosophie an der Universität zu Köln, der TU Berlin und der Corvinus Universität zu Budapest. Vorstandsmitglied der Vereinigung für ökologische Wirtschaftsforschung und Fellow am Institut für ökologische Wirtschaftsforschung. Aktuelle Arbeitsschwerpunkte: Sozial-ökologische Arbeitspolitik, Postwachstumsökonomie, Zeitwohlstand und Zeit-Rebound-Effekte.

Jonas Hagedorn, Dr. rer. pol., Dipl.-Theologe, geb. 1981, seit 2016 Wiss. Mitarbeiter am Oswald von Nell-Breuning-Institut für Wirtschafts- und Gesellschaftsethik der Philosophisch-Theologischen Hochschule Sankt Georgen (Frankfurt a. M.). Studium der kath. Theologie und der Sozialwissenschaften in Münster, Innsbruck und San Salvador (El Salvador). Promotion zum Dr. rer. pol. an der TU Darmstadt. Tätig in Forschungsprojekten zu häuslicher Pflegearbeit und zur Bedeutung und Organisation sozialer Dienstleistungsproduktion in (teil)stationären Einrichtungen. In seiner Dissertation zu Oswald von Nell-Breuning SJ und seinem Beitrag zu den wohlfahrtsstaatlichen Selbstverständigungsdebatten der Weimarer Republik standen die Arbeitsverhältnisse der Industriegesellschaft im Mittelpunkt. Von der „Arbeiterfrage" der deutschen Industriegesellschaft weitete sich seine Perspektive auf die „Arbeiterinnenfrage" europäischer Dienstleistungsgesellschaften, insbesondere auf die Organisation formeller und informeller Sorgearbeit.

Andrea Komlosy, geb. 1957, a.o. Professorin am Institut für Wirtschafts- und Sozialgeschichte der Universität Wien, arbeitet zu Fragen ungleicher regionaler Entwicklung im kleinräumigen und weltregionalen Maßstab. Sie verbindet eine regionalhistorische Herangehensweise mit einer global-historischen Verknüpfung und Einbettung der Regionen in einen weltweiten Interaktionszusammenhang. Mitarbeit im Leitungsteam der Global-geschichte-Studien an der Universität Wien. Auslandsstudienaufenthalte in Brest, Paris, Honolulu; 2014/15 Schumpeter Fellow am Wheatherhead Center for International Affairs an der Harvard University. Lehre und Vortragstätigkeit an zahlreichen in- und ausländischen Universitäten, in der LehrerInnenfortbildung sowie Erwachsenenbildung. Zahlreiche Veranstaltungen sowie Museums-, Ausstellungs- und Tourismusprojekte. Jüngste Buchveröffentlichungen: Grenzen. Räumliche und soziale Trennlinien im Zeitenlauf, Wien 2018 sowie Arbeit – eine globalhistorische Perspektive. 13. bis 21. Jahrhundert, Wien 2014.

Angela Köppl, Dr. rer. soc. oec., geb. 1960, von 1987 bis 1992 wissenschaftliche Mitarbeiterin der Abteilung Ökonomie am Institut für Höhere Studien (IHS) in Wien. Seit Oktober 1992 Umweltökonomin am Österreichischen Institut für Wirtschaftsforschung. Am WIFO hatte sie zweimal die Position der stellvertretenden Leiterin inne und war in dieser Position für die wissenschaftliche Koordination zuständig. Im Jahr 2002 verbrachte sie einen Forschungsaufenthalt am Massachusetts Institute of Technology in Cambridge. Sie hat Vorstandsagenden in der Österreichischen Nationalökonomischen Gesellschaft sowie im Austria Chapter of the Club of Rome. Als Mitglied des Vorstands des Climate Change Centers in den ersten Jahren hat sie wesentlich zu dessen Etablierung beigetragen. Schlüsselbereiche ihrer Forschungstätigkeit sind Fragen des Klimawandels und der Restrukturierung des Energiesystems sowie die österreichische und EU Energie- und Klimapolitik.

Bettina-Johanna Krings, Dr., geb. 1963, Sozialwissenschaftlerin, Senior Scientist am Institut für Technikfolgenabschätzung (ITAS) am Karlsruher Institut für Technologie (KIT), seit 2011 Leitung des Forschungsbereichs Wissensgesellschaft und Wissenspolitik des ITAS. Seit 2012 Forschungsgruppe zu Arbeit und Technik am ITAS, welche die Folgen der Informationstechnologien auf Arbeits- und Organisationsstrukturen in vielfältiger Weise beforscht. Thematische Schwerpunkte ihrer Arbeiten sind: Verhältnis von Technik auf Arbeitsstrukturen, Mensch-Maschine-Interaktionen sowie Soziologische Theorien der Modernisierung von Gesellschaften. Publikationen und Vorträge zu allen drei Themenbereichen.

Gisela Kubon-Gilke, Prof. Dr. rer. pol., geb. 1956, seit 1998 Professorin für Ökonomie und Sozialpolitik an der Evangelischen Hochschule Darmstadt. Studium der Volkswirtschaftslehre an der Universität Göttingen, 1989 Promotion und 1997 Habilitation in Volkswirtschaftslehre, jeweils an der TU Darmstadt. Ehrenmitglied der Gesellschaft für Gestalttheorie und ihre Anwendungen, Vorsitzende des Bildungsbeirates Darmstadt & Darmstadt-Dieburg. Mitglied im Kleinen Konvent der Schader-Stiftung. Veröffentlichungen unter anderem zur institutionellen Ökonomik, zur Theorie der Sozialpolitik, zur Bildungsökonomik und zu normativen Grundfragen der Ökonomik. Publizierte unter anderem folgende Bücher: Wi(e)der Elitebildung. Bildung aus ökonomischer Perspektive (2006); Außer Konkurrenz. Sozialpolitik im Spannungsfeld von Markt, Zentralsteuerung und Traditionssystemen (2011, 3. Aufl. 2018) sowie, gemeinsam mit 32 Mitwirkenden: Gestalten der Sozialpolitik. Theoretische Grundlagen und Anwendungsbeispiele (2018).

Linda Nierling, Dr., geb. 1980, Wissenschaftlerin am Institut für Technikfolgenabschätzung und Systemanalyse (ITAS) am Karlsruher Institut für Technologie (KIT), Studium der Umweltwissenschaften und Betriebswirtschaftslehre an der Universität Lüneburg sowie der ETH Zürich. 2011 Promotion an der Goethe-Universität Frankfurt am Main über Anerkennungsverhältnisse in erweiterten Arbeitskontexten. Aktuelle Forschungsschwerpunkte: Digitalisierung der Arbeit, Postwachstum und Technologie, Normativität in der Technikfolgenabschätzung und qualitativen Sozialforschung.

Norbert Reuter, Dr. rer. pol., geb. 1960, Abteilungsleiter Tarifpolitische Grundsätze beim Bundesvorstand der Vereinten Dienstleistungsgewerkschaft (ver.di) in Berlin (seit 2016). Studium der Volkswirtschaftslehre und der Politischen Wissenschaft an der Rheinisch-Westfälischen Technischen Hochschule (RWTH) Aachen und der University of York (Großbritannien). 1994 Promotion, 2000 Habilitation im Fach Volkswirtschaftslehre; Mitglied der Enquete-Kommission „Wachstum, Wohlstand, Lebensqualität" des Deutschen Bundestages (2011-2013). Veröffentlichungen zur institutionellen Ökonomik, zur Arbeitsmarktpolitik, zur Wachstumsproblematik und zur wirtschaftlichen Entwicklung von Industriegesellschaften. Publizierte unter anderem: Wachstumseuphorie und Verteilungsrealität. Wirtschaftspolitische Leitbilder zwischen Gestern und Morgen (2. Aufl. 2007) sowie Ökonomik der „langen Frist". Zur Evolution der Wachstumsgrundlagen in Industriegesellschaften (2005).

Ulf Schrader, Prof. Dr. rer. pol., Dipl. Ökonom und Politikwissenschaftler M.A., geb. 1968, Leiter des Fachgebiets Arbeitslehre/Ökonomie und Nachhaltiger Konsum (ALÖNK) an der TU Berlin, Direktor der School of Education der TU Berlin (SETUB). Nach dem Studium in Göttingen, Dublin und Hannover war er vor allem als Wissenschaftlicher Mitarbeiter am Institut für Marketing und Konsum der Leibniz Universität Hannover tätig. Seit 2008 Hochschullehrer an der TU Berlin in der Lehrkräfteausbildung für das Schulfach Wirtschaft-Arbeit-Technik. Er war unter anderem Mitglied im Wissenschaftlichen Beirat Verbraucher- und Ernährungspolitik beim Bundesministerium für Ernährung, Landwirtschaft und Verbraucherschutz. Seine Arbeitsschwerpunkte liegen in den Bereichen Nachhaltiger Konsum, Verbraucherbildung und gesellschaftliche Verantwortung von Unternehmen. In diesen Bereichen leitet(e) er zahlreiche transdisziplinäre Forschungsprojekte.

Margit Schratzenstaller, Dr. rer. pol., geb. 1968. Nach Studium der Ökonomie an den Universitäten Gießen (Dipl.-Oec.) und Milwaukee (M.A., Econ) Post-Doc am DFG-Graduiertenkolleg Zukunft des europäischen Sozialmodells an der Universität Göttingen. Seit April 2003 arbeitet sie am Österreichischen Institut für Wirtschaftsforschung (WIFO) Wien zu EU-Budget, Steuerwettbewerb und -harmonisierung, Fiskalföderalismus sowie Familienpolitik und Gender Budgeting. Stellvertretende Leiterin 2006-2008 und 2015-2019. Forschungsaufenthalte am Deutschen Institut für Wirtschaftsforschung Berlin (2012), an der FU Berlin (2012) und der Hochschule für Wirtschaft und Recht Berlin (2015). Expertin im Österreichischen Fiskalrat, Lehrbeauftragte an der Universität Wien, Vizekoordinatorin des EU-Forschungsprojekts Welfare, Wealth and Work for Europe (2012-2016), Partnerin im EU-Forschungsprojekt FairTax (2015-2019). Frauenpreis der Stadt Wien (2009), Progressive-Economy-Preis (2016), Mobilitätspreis des Verkehrsclub Österreich (2017), Kurt-Rothschild-Preis (2018).

Irmi Seidl, Dr. oec., Titularprofessorin der Universität Zürich, Maître ès Science Economiques, geb. 1962, Leiterin der Forschungseinheit Wirtschafts- und Sozialwissenschaften an der Eidg. Forschungsanstalt Wald, Schnee und Landschaft, Birmensdorf. Lehre zu Ökologischer Ökonomik an der Universität Zürich und der ETH Zürich. Seit ihrer Dissertation an der Hochschule St. Gallen tätig in der inter- und transdisziplinären Umweltforschung. Sie ist Mitherausgeberin der Zeitschrift GAIA und hat zusammen mit Angelika Zahrnt das Buch Postwachstumsgesellschaft – Konzepte für die Zukunft herausgegeben und den Blog Postwachstum.de initiiert. Aktuelle Arbeitsschwerpunkte sind: Ökonomik der Flächennutzung und Siedlungsentwicklung, Naturschutz und Biodiversität, Erneuerbare Energie und Energiegenossenschaften, Nutzung und Entwicklung peripherer Gebiete der Schweiz, Postwachstumsgesellschaft.

Immanuel Stieß, Dr. rer. pol, geb. 1962, ist langjähriger wissenschaftlicher Mitarbeiter am Institut für sozial-ökologische Forschung (ISOE) und leitet den Forschungsschwerpunkt Energie und Klimaschutz im Alltag. Er studierte Philosophie und Sozialwissenschaften an der Universität Frankfurt und hat im Fachbereich Architektur, Stadt-, Landschaftsplanung der Universität Kassel promoviert. Er forscht zu CO_2-armen Lebensstilen und Alltagspraktiken, vor allem in den Handlungsfeldern Bauen und Wohnen, Energienutzung im Haushalt und Ernährung. Aktuelle Arbeitsschwerpunkte sind klima- und generationengerechtes Wohnen, effiziente Wohnraumnutzung, nachhaltiger Konsum und soziale Teilhabe sowie Klimapolitik und Geschlechtergerechtigkeit.

Georg Stoll, Dr. theol., geb. 1960, Referent in der Abteilung Politik und Globale Zukunftsfragen des katholischen Entwicklungshilfswerks Misereor. Studium der Philosophie (München), Theologie (Frankfurt, Paris,

Rom) und Religionswissenschaften (Paris). Nach journalistischen Tätigkeiten seit 2001 Beschäftigung mit entwicklungspolitischen Querschnittsfragen bei Misereor, unter anderem zu Verschuldung, Zivilgesellschaft, Steuergerechtigkeit und seit 2010 verstärkt zu Fragen von Wirtschaftswachstum, Nachhaltigkeit und sozial-ökologischem Wandel. Langjährige Mitarbeit in der Sachverständigengruppe Weltwirtschaft und Sozialethik der Deutschen Bischofskonferenz und im Ökumenischen Prozess Umkehr zum Leben – Den Wandel gestalten. Zahlreiche Veröffentlichungen und Bildungsveranstaltungen zur Rolle kirchlicher Akteure und zum Nord-Süd-Verhältnis vor dem Horizont einer sozial-ökologischen Transformation.

Theo Wehner, geb. 1949, Prof. em. Dr. phil., Dipl.-Psych. studierte nach abgeschlossener Berufsausbildung Psychologie und Soziologie. Anschließend arbeitete er als wissenschaftlicher Mitarbeiter an den Universitäten Münster und Bremen, promovierte und habilitierte sich ebenfalls dort. Von 1989 bis 1997 war er Professor für Arbeitspsychologie an der TU Hamburg-Harburg, seit 1997 ordentlicher Professor an der ETH und Leiter des ETH-Zentrums für Organisations- und Arbeitswissenschaften. Schwerpunkte seiner wissenschaftlichen Arbeit sind unter anderem die psychologische Fehlerforschung, das Verhältnis von Erfahrung und Wissen, kooperatives Handeln und Sicherheitsforschung. Einen Schwerpunkt bilden Projekte zur frei-gemeinnützigen Tätigkeit und zum gemeinnützigen Engagement von Unternehmen. Er hat gut 500 Artikel in Journals und (eigenen) Sammelbänden veröffentlicht und bemüht sich auch um eine Vermittlung psychologischen Denkens über (journalistische) Medien. Seit 2015 kuratiert er Themenausstellungen, bspw. zum Scheitern und zum Schlaf.

Angelika Zahrnt, Prof. Dr. rer. pol., geb. 1944. Zunächst beruflich tätig, dann in Familie, ehrenamtlich und freiberuflich aktiv. Engagement in der Frauenbewegung, der Kommunalpolitik und vor allem der Ökologiebewegung. Von 1990 bis 2007 zunächst Stellvertretende, dann Vorsitzende des Bund für Umwelt und Naturschutz Deutschland (BUND). Von 2001 bis 2013 Mitglied im Rat für Nachhaltige Entwicklung der deutschen Bundesregierung. Mitglied im Beirat des Institute for Advanced Sustainability Studies (IASS) Postdam und Fellow am Institut für ökologische Wirtschaftsforschung (IÖW, Berlin). Initiatorin der Studien Zukunftsfähiges Deutschland (1996, 2008). Mit Irmi Seidl Herausgeberin des Buches Postwachstumsgesellschaft (2010) und Mit-Initiatorin des Blogs Postwachstum.de. Gemeinsam mit Uwe Schneidewind Veröffentlichung des Buches Damit gutes Leben einfacher wird – Perspektiven einer Suffizienzpolitik (2013). 2006 und 2013 Verleihung des Bundesverdienstkreuzes, 2009 des Deutschen Umweltpreises.

Lektor:

Marcel Hänggi, M.A., geb. 1969, Journalist, Buchautor und Lehrer in Zürich. www.mhaenggi.ch